Band 61

## Schriften zum Sozialrecht

hervorgegangen aus den von Prof. Dr. Ulrich Becker begründeten
„Schriften zum deutschen und europäischen Sozialrecht"

## Herausgegeben von

Martin Burgi | Gerhard Igl

# Rechtliche Voraussetzungen und Möglichkeiten der Etablierung von Community Health Nursing (CHN) in Deutschland

**Nomos**

Die Veröffentlichung der Druckausgabe sowie die Open Access-Veröffentlichung der elektronischen Fassung wurde von der Robert Bosch Stiftung im Rahmen des Programms „Community Health Nursing" ermöglicht.

**Die Deutsche Nationalbibliothek** verzeichnet diese Publikation in der Deutschen Nationalbibliografie; detaillierte bibliografische Daten sind im Internet über http://dnb.d-nb.de abrufbar.

1. Auflage 2021

© Martin Burgi | Gerhard Igl

Publiziert von
Nomos Verlagsgesellschaft mbH & Co. KG
Waldseestraße 3-5 | 76530 Baden-Baden
www.nomos.de

Gesamtherstellung:
Nomos Verlagsgesellschaft mbH & Co. KG
Waldseestraße 3-5 | 76530 Baden-Baden

ISBN (Print): 978-3-8487-8042-6
ISBN (ePDF): 978-3-7489-2431-9

DOI: https://doi.org/10.5771/9783748924319

Onlineversion
Nomos eLibrary

## Hinweis der Autoren

Das vorliegende Rechtsgutachten wurde in Teil 1 und 2 von Prof. Dr. Gerhard Igl, in Teil 3 und 4 von Prof. Dr. Martin Burgi, und in Teil 5 von beiden Autoren verfasst. Dieses Gutachten steht in allen Teilen in der gemeinsamen Verantwortung der beiden Autoren.

München/Hamburg                                    September 2020

*Prof. Dr. Martin Burgi*                           *Prof. Dr. Gerhard Igl*

# Vorwort der Robert Bosch Stiftung GmbH.
## Community Health Nursing – warum?

Seit langem wird der demografische Wandel in Deutschland thematisiert und auf die damit einhergehenden Herausforderungen aufmerksam gemacht. Die kommenden zehn Jahre werden entscheidend sein. Denn die Babyboomer-Jahrgänge werden in den Ruhestand eintreten und erreichen ein Alter, in dem sich viele, vor allem chronische Erkrankungen manifestieren. In der Altersgruppe der 65- bis 74-Jährigen sind laut Robert Koch-Institut 76 % der Frauen und 68 % der Männer von zwei und mehr Erkrankungen betroffen. Das Bundesinstitut für Bevölkerungsforschung prognostiziert einen Anstieg der Anzahl der Pflegebedürftigen von rund 2 Millionen bis zum Jahr 2050.

Damit wird es zu erhöhten Anforderungen an das Gesundheitsversorgungssystem kommen. Den oft komplexen Bedarfen und der Kontinuität in der Betreuung chronisch Kranker kommt dabei eine erhebliche Bedeutung zu. Die Unterstützung der wachsenden Zahl älterer und alleinstehender Menschen verstärkt ebenfalls eine koordinierte Verknüpfung von medizinisch-pflegerischen Leistungen mit Aktivitäten des Quartiersmanagements im kommunalen Lebensumfeld. Eine Antwort darauf ist eine gut entwickelte Primärversorgung, die gesundheitsfördernde, präventive, kurative, pflegerische, rehabilitative und palliative Maßnahmen umfasst und die – einem gemeindenahen Ansatz folgend – eine multiprofessionelle und integrative Versorgung so nahe wie möglich an den Wohnort und Arbeitsplatz der Menschen bringt.

Sie beinhaltet die akute Behandlung von Betroffenen mit punktuellen Gesundheitsproblemen und die Langzeitversorgung chronisch kranker Menschen.

In Deutschland gibt es seit einiger Zeit Bemühungen, die Primärversorgung zu stärken, den zunehmenden Mangel an Hausärzten in ländlichen Regionen und unterversorgten Gebieten wie benachteiligten Stadtteilen aufzufangen sowie die sektorale Trennung zwischen ambulanter und stationärer Versorgung zu überwinden. Das von der Robert Bosch Stiftung geförderte Modell der Patientenorientierten Zentren zur Primär- und Langzeitversorgung „PORT" bahnt Wege in diese Richtung. Dem international anerkannten Berufsprofil der „Community Health Nurse" kommt in den Zentren eine zentrale Rolle zu. Als konstitutiver Part eines multiprofessionellen Teams gewährleistet sie Koordination und Kontinuität der Patientenversorgung.

Aber auch außerhalb von Gesundheitszentren könnten „Community Health Nurses" tätig werden, zum Beispiel im Bereich der öffentlichen Gesundheit mit Tätigkeiten wie Screenings, Vorsorgeuntersuchungen und Bedarfserhebungen. Die Erfahrung mit der Corona-Pandemie eröffnet diverse Einsatzmöglichkeiten und unterstreicht die zunehmende Bedeutung und Bedarf an qualifiziertem Personal auch in diesem Bereich.

„Community Health Nurses" können somit wesentliche Beiträge zu einer zukunftsfähigen Gesundheitsversorgung in Deutschland leisten. Ihr erweitertes Aufgabenprofil bietet zudem attraktive Perspektiven für die berufliche Weiterentwicklung in der Pflege.

Seit 2017 arbeitet die Robert Bosch Stiftung mit der Agnes-Karll-Gesellschaft in Kooperation mit dem Deutschen Berufsverband für Pflegeberufe - DBfK Bundesverband e.V. daran, das Berufsbild der „Community Health Nurse" in Deutschland einzuführen und zu verankern. Auf eine detaillierte Beschreibung des Profils folgte die Entwicklung der Curricula von Masterstudiengängen, die mit Förderung der Robert Bosch Stiftung an der Philosophisch-Theologischen Hochschule Vallendar, der Katholischen Stiftungshochschule München und der Universität Witten-Herdecke ab Wintersemester 2020/21 angeboten werden.

Wesentlich für die Verankerung der Rolle in der Berufspraxis ist es, sie im Berufsrecht sowie Leistungs- und Leistungserbringungsrecht zu verorten und die Wege aufzuzeigen, die schon heute genutzt werden können. Darüber hinaus ist der Blick auf die Wege zu richten, die erforderlich sind, um das Potenzial der „Community Health Nurse" voll umfänglich zu erschließen. Das vorliegende Rechtsgutachten zeigt auf, wie dies gelingen kann. Es soll diejenigen Verantwortlichen in Politik und Fachkreisen unterstützen, die den Mut haben, Veränderungen für eine zukunftsfähige Primärversorgung einzuleiten.

Unser Dank geht an die Autoren dieses Fachbuchs sowie an die Agnes-Karll-Gesellschaft und den Deutschen Berufsverband für Pflegeberufe - DBfK Bundesverband e.V.

Robert Bosch Stiftung GmbH                              Dezember 2020

## Vorwort der Agnes-Karll-Gesellschaft.
## Pflege macht sich stark – in der Primärversorgung

Das international bewährte Konzept Community Health Nursing (CHN) könnte auch in Deutschland wirkungsvoll die Gesundheitsversorgung sichern und verbessern. Der Deutsche Berufsverband für Pflegeberufe (DBfK) setzt sich seit langem für die Professionalisierung der Pflege ein. Besonderer Fokus liegt auf der Entwicklung von Public Health-geprägten Rollen in der Primärversorgung.

Hilfreich für das Verständnis von CHN ist ein Blick ins Ausland, wie z.B. Skandinavien und Kanada: Speziell qualifizierte Pflegefachpersonen, Community Health Nurses, sind eigenverantwortlich in der Primärversorgung tätig. Vor allem für Menschen mit chronischen Krankheiten und komplexen Gesundheitsproblemen ist Community Health Nursing sehr hilfreich. Als Lotse/in und erste Ansprechpartner/in zu Gesundheit und Krankheit übernehmen diese den Erstkontakt und ggfs. die weitere Behandlung. Sie beraten, koordinieren, begleiten und befähigen. Pflegefachpersonen mit diesem speziellen Profil können aber auch in Schulen als School Nurses oder in Betrieben zur betrieblichen Gesundheitspflege eingesetzt werden.

Deutschland ist reif für dieses Konzept. Immer noch herrscht eine tradierte und mittlerweile überholte Aufgabenverteilung vor, bei der der Arzt die dominierende Rolle spielt. Der Schwerpunkt der Versorgung kranker Menschen liegt bei der Akutbehandlung. Es fehlen jedoch sektorenübergreifende und gut erreichbare niedrigschwellige Versorgungsstrukturen für Menschen mit komplexen Problemlagen. Das wären typische Einsatzfelder für hochschulisch ausgebildete Pflegefachpersonen.

Allmählich beginnt auch in Deutschland ein Umdenken und es werden neue Rollen- und Aufgabenverteilungen im Gesundheitswesen diskutiert. Anzeichen dafür sind z.B.

- die Diskussionen im Rahmen der Konzertierten Aktion Pflege (KAP) zur Aufgabenübertragung an Pflegefachpersonen;
- das Inkrafttreten des Pflegeberufegesetzes Anfang 2020, welches die Ausbildung für Pflegefachpersonen grundlegend reformiert, die Spezia-

lisierung durch eine hochschulische Pflegeausbildung fördert und zum ersten Mal nur den Pflegefachberufen vorbehaltene Aufgaben beschreibt;

- die Erprobung neuer Versorgungsformen, gefördert durch Mittel des Innovationsfonds, z.B. das Projekt FAMOUS – Fallbezogene Versorgung multimorbider Patientinnen und Patienten in der Hausarztpraxis durch Advanced Practice Nurses (APN).

Darüber hinaus hat die Bundesregierung einen Pakt für den Öffentlichen Gesundheitsdienst (ÖGD) beschlossen: der ÖGD soll gestärkt werden, um so einen nachhaltigen Beitrag zur Bevölkerungsgesundheit zu leisten. Wünschenswert wäre es, den ÖGD wieder dahin zu führen, wo er ursprünglich angesiedelt war, nämlich bei der Gesundheitsförderung und Prävention. Auch dabei können Community Health Nurses eingesetzt werden und Nutzen stiften, insbesondere durch Aktivitäten im Bereich Public Health.

Immer noch aktuell sind die Empfehlungen des Sachverständigenrates zur Begutachtung der Entwicklung im Gesundheitswesen (2007, 2009, 2014): Darin wird für eine neue Aufgabenverteilung im Gesundheitswesen, eine stärkere Zusammenarbeit von ärztlichen und nicht-ärztlichen Gesundheitsberufen, den Aufbau von lokalen Gesundheitszentren und der stärkeren Einbeziehung der Pflegeberufe insbesondere zur Prävention von Pflegebedürftigkeit plädiert.

Die Pflege steht dafür in den Startlöchern! Durch die zunehmende Professionalisierung der Pflegeberufe steigt der Anteil hochschulisch qualifizierter Pflegefachpersonen. In den vergangenen Jahren sind Studienangebote sowohl auf Bachelor- als auch auf Masterniveau entstanden. Die Agnes-Karll-Gesellschaft im DBfK arbeitet eng mit drei Hochschulen zusammen, um die Masterprogramme zu Community Health Nursing mit Leben zu füllen. Das Angebot wird zunehmend angenommen und die Absolvent/innen werden neue berufliche Rollen besetzen können, sei es in der Häuslichkeit, als School Nurse, in der stationären Langzeitpflege oder in der sonstigen gesundheitlichen Versorgung.

Konzeptioneller Rahmen dafür ist das international etablierte „Advanced Practice Nursing" (APN). Eine Ausprägung von APN ist Community Health Nursing. Um das volle Potenzial dieser Rolle zu nutzen, ist jedoch eine Neujustierung der Aufgabenverteilung mit einer Erweiterung von Zuständigkeiten der Pflegefachpersonen erforderlich. Um hier mehr Klarheit und Handlungssicherheit für alle zu stiften hat die Robert Bosch Stiftung das vorliegende Gutachten bei den Professoren Dr. Gerhard Igl und Dr. Martin Burgi beauftragt. Es wird dazu beitragen, Handlungsfelder für Pflegeberufe weiter zu entwickeln und das Aufgabenprofil zu schärfen – für hohe Versorgungsqualität und Sicherheit für die Menschen mit unterschiedlichsten Versorgungsbedarfen. Großer Dank gilt den Autoren sowie der Robert Bosch Stiftung, die dieses Gutachten ermöglicht hat.

Agnes-Karll-Gesellschaft                                    Dezember 2020

# Inhaltsübersicht

# Inhaltsverzeichnis

# 1 Sachverhalte – Vorfragen

## 1.1 Beschreibung von Community Health Nursing (CHN)

### 1.1.1 Bezugsrahmen

„Community Health Nursing" stellt - anders als in Skandinavien, dem Vereinigten Königreich, den USA und in Kanada - in Deutschland keine spezifische Erscheinungsform der gesundheitlichen und pflegerischen Versorgung[1] dar, die rechtlich, etwa im Recht der Gesetzlichen Krankenversicherung, verfasst ist. Unabhängig davon haben sich regional und lokal Organisationsformen der gesundheitlichen und pflegerischen Versorgung herausgebildet, die mit diesem Begriff oder mit ähnlicher Terminologie versehen werden.[2] Darüber hinaus existieren Organisationsformen, die sich an „Community Health Nursing" orientieren.[3] Diese Organisationsformen handeln im aktuell gegebenen rechtlichen Rahmen. Spezifische rechtliche Festlegungen zu „Community Health Nursing" existieren nicht. Damit fehlt es auch an begrifflichen Festlegungen zu diesem Thema.

Für die Zwecke einer rechtswissenschaftlichen Begutachtung bedarf es jedoch eines Bezugsrahmens für die Herstellung einer auf einem gemeinsamen Vorverständnis beruhenden Begrifflichkeit. Anhaltspunkte für diesen Bezugsrahmen sollen – im Einvernehmen mit der Auftraggeberin – aus den einschlägigen Ausführungen in der Broschüre „Community Health Nursing in Deutschland – Konzeptionelle Ansatzpunkte für Berufsbild und Curriculum"[4] entnommen werden.

---

1 Im Folgenden wird nur noch von der gesundheitlichen Versorgung gesprochen, die die pflegerische Versorgung mit umfasst. Nur wenn die pflegerische Versorgung im engeren Sinn, etwa der Langzeitpflege oder der Akutkrankenpflege, gemeint ist, wird dies jeweils spezifiziert.
2 So z. B. das Programm einer „Community Health Nurse auf der Veddel", das auch mit „Gemeindeschwester 2.0" betitelt wird, http://poliklinik1.org/community-heal th-nurse-auf-der-veddel (Zugriff: 10.06.2020).
3 S. die Beispiele in *Agnes-Karll-Gesellschaft für Gesundheitsbildung und Pflegeforschung mbH* (Hrsg.), Community Health Nursing in Deutschland – Konzeptionelle Ansatzpunkte für Berufsbild und Curriculum (künftig zitiert als: *Agnes-Karll-Gesellschaft*, CHN Deutschland), S. 37 ff.
4 *Agnes-Karll-Gesellschaft*, CHN Deutschland.

In der vorliegenden rechtswissenschaftlichen Begutachtung wird explizit nicht auf die zur Zeit der Erstellung des Gutachtens bereits vorliegenden oder geplanten Programme verschiedener Hochschulen eingegangen.[5]

## 1.1.2 CHN – Begriffsklärungen

### 1.1.2.1 „Community"

Zu dem Begriff „Community Health Nursing"[6] existiert kein Pendant auf dem Gebiet der deutschen Gesundheitsversorgung.[7] Aus diesem Grund soll dieser englischsprachige Begriff auch im Folgenden verwendet werden.[8]

Die Problematik einer Übersetzung des Begriffs CHN in die deutsche Sprache beginnt schon mit der Übersetzung des Wortes „Community". In der deutschen Sprache kann darunter eine Gemeinschaft oder eine Gemeinde verstanden werden.[9] Rechtlich muss aber Klarheit darüber bestehen, was gemeint ist. Der Begriff der Gemeinde wird in Deutschland als Bezeichnung einer Gebietskörperschaft verwendet. Diesem Begriff entspricht im englischen Sprachgebrauch aber meist die „municipality". Aus der im Ausland verwendeten Begrifflichkeit des „Community Health Nursing" wird deshalb nicht ohne weiteres deutlich, dass damit „Health Nursing" nur auf der Ebene der Gemeinden gemeint ist. Vielmehr können damit auch Stadtviertel, Regionen oder Quartiere gemeint sein.[10]

Zur Verständigung über den Begriff der „Community" wird deshalb vorgeschlagen, dass hierfür eine an örtlichen Merkmalen anknüpfende Definition verwendet wird, die dem deutschen Sprachgebrauch der „Kommune" entspricht. Kommune in diesem Sinn können Gemeinden jedweder Kategorie (einschließlich kreisfreier Städte), Landkreise sowie Institutionen der interkommunalen Zusammenarbeit (z. B. Zweckverbände) sein.

---

5  S. die Beschreibung eines Forschungsprogramms bei *Ströhm/Stemmer*, APN im ländlichen Raum, Die Schwester Der Pfleger 9/2020, S. 46. Zu neuen Masterstudiengängen zu CHN *Lücke*, Community Health Nursing studieren, Die Schwester Der Pfleger 9/2020, S. 70-73.

6  Künftig abgekürzt als: CHN.

7  S. den Überblick bei *Völkel/Weidner*, Community Health Nursing – Meilenstein in der Primärversorgung und der kommunalen Daseinsvorsorge, S. 318-329.

8  So auch bei *Büscher*, Regionalisierung und Gesundheitsberufe, S. 60.

9  So auch *Agnes-Karll-Gesellschaft*, CHN Deutschland, S. 9.

10  *Agnes-Karll-Gesellschaft*, CHN Deutschland, S. 9.

Das schließt nicht aus, dass im Rahmen von Kommunen CHN auch in kleineren gebietlichen Einheiten stattfinden kann.


### 1.1.2.2 „Health Nursing"

Der Begriff „Health Nursing" könnte wörtlich mit Gesundheitspflege übersetzt werden. Der Begriff findet sich auch in der Berufsbezeichnung „Gesundheits- und Kinderkrankenpflegerin" / „Gesundheits- und Kinderkrankenpfleger", wie sie in § 1 Abs. 1 S. 1 Nr. 1 Krankenpflegegesetz (KrPflG) verwendet wird. Zu dieser Begriffsverwendung wird in der Gesetzesbegründung[11] zum KrPflG ausgeführt:

> „Die Berufsbezeichnungen „Gesundheits- und Krankenpflegerin", „Gesundheits- und Krankenpfleger" [...] unterstreichen bereits sprachlich den neuen Ansatz in der Pflege, wonach im Zusammenhang mit der kurativen Pflege auch Maßnahmen der Gesundheitsförderung, der Prävention und der Rehabilitation erbracht werden. Diese Bezeichnungen tragen dem Vorschlag der Bund-Länder-Arbeitsgruppe Rechnung und entsprechen den im deutschsprachigen Raum, in Österreich und der Schweiz, verwandten Begriffen."

Wendet man diese Erläuterung wörtlich auf den Begriff der Gesundheitspflege an, würden von der Gesundheitspflege auch die Maßnahmen der Gesundheitsförderung, der Prävention und der Rehabilitation, nicht aber der kurativen Krankenpflege erfasst sein. Ob eine solche begriffliche Einschränkung mit einem Verständnis von CHN einhergeht, wie es im Ausland gepflegt wird, ist anhand der Beschreibung der Aufgaben zu klären, die im Rahmen des CHN erfüllt werden sollen. Aus dieser Aufgabenbeschreibung wird ersichtlich, dass auch krankenpflegerische Aufgaben mit umfasst sind.[12]

---

11 Deutscher Bundestag, Drucksache 15/13, S. 17 f.
12 S. dazu unten Abschnitt 1.1.3.2.

### 1.1.3 CHN – Aufgaben und Tätigkeiten

#### 1.1.3.1 Zur Unterscheidung zwischen Aufgaben und Tätigkeiten

Im Berufsrecht der Heilberufe wird von Aufgaben gesprochen, vgl. etwa § 5 Abs. 3 Nr. 1 Pflegeberufegesetz (PflBG). Im Recht der Leistungen und der Leistungserbringung des Kranken- und Pflegeversicherungsrechts existieren zwar ebenfalls Aufgabennormen, so etwa in § 1 SGB V und § 1 Abs. 4 SGB XI, die aber als Aufgabennormen für den jeweiligen Sozialversicherungszweig, nicht als Aufgabennormen für die beruflich Handelnden konzipiert sind. Für Letztere existieren vor allem Tätigkeitsnormen, die dann im Einzelnen sehr kleinteilig bis hin in die Vergütungsvorschriften heruntergebrochen werden können. Dennoch ist es sinnvoll, im Rahmen des CHN zwischen Aufgaben und Tätigkeiten zu unterscheiden.[13] Eine Aufgabenbeschreibung kann vor allem dazu dienen, den Kontext der Tätigkeiten verständlich zu machen.

#### 1.1.3.2 Aufgaben

Als Kernaufgaben des CHN werden aufgeführt:[14]
- Primärversorgung und Sicherung von Versorgungskontinuität im ambulanten Sektor
- erweiterte Gesundheitsförderung sowie Primär- und Sekundärpräventionsprogramme (z. B. Sturz, Unfall, Tabakentwöhnung)
- Wiederholungs- und Kontrolluntersuchungen sowie Screenings auf Krebserkrankungen oder andere Vorsorgeuntersuchungen/Check-ups
- Eigenverantwortliche Behandlung von z. B. Erkältungskrankheiten
- Monitoring und Management chronischer Krankheiten sowie die Beteiligung an strukturierten Behandlungsprogrammen (z. B. Disease Management für Diabetes, Arthritis, Asthma etc.)
- Selbstmanagement der Patienten durch Information, Beratung und Anleitung
- Versorgungskoordination und Navigation durch das Gesundheitssystem sowie integrierte Versorgung durch Kooperation im ambulanten und stationären Sektor.

---

13 So auch *Agnes-Karll-Gesellschaft*, CHN Deutschland, S. 13 (Aufgaben), S. 13 ff. (Tätigkeiten).
14 *Agnes-Karll-Gesellschaft*, CHN Deutschland, S. 13.

Aus dieser Aufgabenbeschreibung geht hervor, dass neben Maßnahmen der Gesundheitsförderung und der Prävention auch Maßnahmen der kurativen Krankenpflege erfasst sind.

### 1.1.3.3 Tätigkeiten

Folgende Tätigkeiten im Rahmen des CHN werden genannt:[15]

- **Klinisches Assessment und körperliche Untersuchung:** Es findet eine umfassende symptomfokussierte Anamnese statt. Dazu gehören die Auskultation, Inspektion, Palpation und Perkussion. Herz-Kreislauf-System, Thorax und Lunge, Nervensystem/Neurologie, HNO, Bewegungsapparat, Haut und Abdomen – jeweils Norm und Abweichungen von der Norm – werden registriert und dokumentiert. Die Community Health Nurse beurteilt die Dringlichkeit der Situation und leitet entsprechende Maßnahmen ein. Die erhobenen Daten werden mit anderen Berufsgruppen, insbesondere Ärzten kommuniziert.
- **Ersteinschätzung und Beratung:** Aufgabe der Community Health Nurse ist es, Patienten zu ihren spezifischen Gesundheits- oder Krankheitsfragen zu beraten. Diese Beratung sollte [...] nach den Merkmalen des guten und richtigen Rates [...] erfolgen und diverse Beratungsansätze nutzen sowie durch sachliche Richtigkeit, reflexive Haltung der Berater, Anwendung sachlichen Wissens, persönliches Wissen des Beraters und die Bereitschaft, das allgemeine Wissen auf einen konkreten Fall anzuwenden, gekennzeichnet sein. Aufgabe der Community Health Nurse wäre demnach, die Lebenswelt der Ratsuchenden zu respektieren und sie als gegeben zu betrachten. Ein wichtiger Aspekt des Gespräches sind die Prinzipien der „Sprechenden Medizin".
Auf Grundlage von Assessments und Gesprächen trifft die Community Health Nurse die Entscheidung über den weiteren Behandlungsverlauf. Dazu gehört auch, dass sie Medikamente verabreicht und anordnet, je nach Spezialisierung, Qualifikation und Zuständigkeitsbereich. Sie unterstützt darüber hinaus besonders Menschen mit chronischen Erkran-

---

15  *Agnes-Karll-Gesellschaft,* CHN Deutschland, S. 13 ff. Die in den daraus entnommenen Beschreibungen enthaltenen Zitierungen sind hier im Text nicht aufgeführt. Weitere Beschreibungen zum Handlungsfeld der CHN in Deutschland finden sich auf S. 45 ff. Diese Beschreibungen decken sich weitgehend mit den Beschreibungen S. 13 ff., so dass im Folgenden nur die erstgenannten Beschreibungen herangezogen werden.

kungen bei der Bewältigung von deren teilweise komplexen Medikamentenregimen.

- **Gesundheitserhaltung und -förderung:** Die Community Health Nurse unterstützt die Patienten in der Gesundheitserhaltung und -förderung. Sie stärkt die Gesundheitskompetenz des Einzelnen und der Familien/Gruppen. Unter Gesundheitskompetenz (Health Literacy) wird das Wissen, die Motivation und die Fähigkeit verstanden, gesundheitsrelevante Informationen ausfindig zu machen, zu verstehen, zu beurteilen und zu nutzen, um die Gesundheit zu erhalten, sich bei Krankheiten die nötige Unterstützung im Gesundheitssystem zu sichern oder sich kooperativ an der Behandlung und Versorgung zu beteiligen und die dazu nötigen Entscheidungen treffen zu können […]. Eine umfassende Patienteninformation, Patientenberatung und -schulung sowie die Optimierung der Eigenverantwortung fördern die Gesundheitskompetenz und sind […] „Schlüsselkonzepte" für die erfolgreiche Versorgung chronisch Erkrankter.

- **Befähigung von Patienten:** Aufgabe der Community Health Nurse ist es, Patienten zu Selbstmanagement zu befähigen, z. B. sie darin zu unterstützen, alltägliche (Gesundheits-)Probleme selber zu bewältigen und die Therapieabsprachen einzuhalten. Die Community Health Nurse soll in der Selbstregulation unterstützen und den Patienten im individuellen und subjektiven, körperlichen und seelischen Umgang mit ihrer Gesundheit und Krankheit zur Seite stehen […]. Sie unterstützt das Selbst-Monitoring der Patienten, indem sie die Betroffenen dazu anleitet, ihre körperliche und geistige Verfasstheit zu überwachen (z. B. mittels Tagebuch). Das ist besonders wichtig bei psychischen und chronischen Erkrankungen und Gebrechlichkeit. Chronisch Erkrankte sind mit wiederkehrenden Schwierigkeiten konfrontiert. Anfänglich fehlen ihnen die Erfahrungen im Umgang mit der Krankheit, aber auch zu der Erkrankung selber und der Therapie. Das kann Irritationen und Ängste hervorrufen. Eine anfänglich hohe Therapiemotivation kann sinken, u. a. weil es schwer fällt, Routinen im Umgang mit Arzneimitteln zu entwickeln. Sie stoßen bei professionellen Akteuren auf wenig Resonanz mit ihren Fragen zu Alltagsschwierigkeiten und zum Umgang mit Medikamenten – ihre Hoffnung auf Normalisierung wird enttäuscht. Daher suchen sie selbst nach Lösungsstrategien – ein Schritt, der zu weiterer Expertise im Umgang mit Arzneimitteln führen, aber auch überfordernd und belastend sein kann. Aufgabe von Pflegefachpersonen ist es, den Patienten bei der Bewältigung beispielsweise der regelmäßigen Einnahme von Medikamenten motivierend-unterstützend zur Seite zu stehen. Sie sollen die Patienten unterstützen, ein adäquates Selbstmanagement zu entwickeln [...]. Wesentliche Voraussetzung dafür ist eine unterstützende Beziehung zu dem Gesundheitsversorger, z. B. durch eine pflegebezogene Form des Coaching [...]. Langfristiges Ziel ist es, dass Patienten dazu befähigt werden, mit den komplexen Auswirkungen der Krankheiten selbständig umzugehen.

- **Koordination, Kooperation, Leadership:** Die Community Health Nurse ist für die Sicherstellung einer umfassenden, koordinierten Versorgung, die Bündelung der Leistungserbringung und eine Basisversorgung in strukturschwachen Regionen zuständig. Neben Aufgaben in der direkten Patientenversorgung (z. B. Wundversorgung), der Steuerung von Prozessen, Leadership-Aufgaben sowie in besonderen Fällen Forschungs- und Erhebungsaufgaben, „hält sie die Fäden in der Hand" und steuert die Primärversorgung. Das gilt auch für die Überleitung, z. B. in Form eines Case- und Care Managements, in deren Rahmen ihr auch die Sicherstellung der nachfolgenden Gesundheitsversorgung obliegt. Beispiele aus Kanada zeigen, dass auch bei einem Krankenhausaufenthalt der Hausarzt bzw. das Team (Family Health Team) involviert und verantwortlich für die Versorgungskoordination und –integration bleibt. Große Hoffnung gilt der Einführung der elektronischen Patientenakte. Der Koordinationsaufwand soll sich zukünftig dadurch noch minimieren [...].
- **Bedarfserhebung:** Bei einem Public Health-geprägten Handlungsfeld kann z. B. die Erhebung von Gesundheitsproblemen von Einzelnen oder Gruppen in einer Region hinzukommen. Dabei kann es sich z. B. um Unfallschwerpunkte, Fehl-, Über- oder Unterversorgung in speziellen Gruppen oder auch um Atemwegserkrankungen aufgrund von Umweltverschmutzung etc. handeln. Aufgabe der Community Health Nurse wäre es dann, die Probleme zu benennen, zu quantifizieren und den Kontakt zu den verantwortlichen Gremien in der öffentlichen Verwaltung herzustellen, um die Probleme zu bearbeiten.

### 1.1.4 Verschränkungen: Advanced Practice Nurse – Nurse Practitioner

In beruflicher Hinsicht soll eine Verschränkung mit Advanced Practice Nurses (APN) und mit Nurse Practitioners (NP) stattfinden.[16]

---

16 *Agnes-Karll-Gesellschaft*, CHN Deutschland, S. 6.

Hierzu wird zur Qualifikation der „Community Health Nurse" ausgeführt:[17]

> „Die Qualifizierung für Community Health Nursing wird internatio-
> nal unterschiedlich gehandhabt. Es lässt sich jedoch anhand der inter-
> nationalen fachlichen Diskussion festhalten, dass eine Community
> Health Nurse in der Regel eine spezialisierte „Pflegeexpertin APN/
> Pflegeexperte APN (Advanced Practice Nurse/Nurse Practitioner)" mit
> akademischer Qualifikation auf Masterniveau ist.
> Laut ICN [International Council of Nursing] (2008) verfügt eine Ad-
> vanced Practice Nurse/Nurse Practitioner über Expertenwissen, Fähig-
> keiten zur Entscheidungsfindung bei komplexen Sachverhalten und
> klinische Kompetenzen für eine erweiterte pflegerische Praxis. Diese
> ist in spezifischen sektoralen Versorgungsbereichen autonom tätig.
> Schober und Affara (2008) benennen als Merkmale eines Pflegeexper-
> ten (APN): „Spezialwissen und Expertise, klinisches Urteilvermögen,
> hoch qualifizierte, selbst initiierte Pflege und Forschungsinteresse".
> Der DBfK orientiert sich an Vorgaben und Definitionen des ICN (In-
> ternational Council of Nurses). Für den deutschsprachigen Raum wur-
> de der Begriff „Pflegeexpertin APN/Pflegeexperte APN" (Advanced
> Practice Nurse) definiert […]. Die Charakteristika der Kompetenzen
> werden vom Kontext und/oder den Bedingungen der jeweiligen Le-
> benswelt geprägt, in der dieser die Tätigkeit ausübt."

In der jüngsten Veröffentlichung des International Council of Nurses[18]
wird die Advanced Practice Nurse (APN) wie folgt definiert:

> „An Advanced Practice Nurse (APN) is a generalist or specialised nurse
> who has acquired, through additional graduate education (minimum
> of a master's degree), the expert knowledge base, complex decision-
> making skills and clinical competencies for Advanced Nursing Prac-
> tice, the characteristics of which are shaped by the context in which
> they are credentialed to practice (adapted from ICN, 2008). The two
> most commonly identified APN roles are CNS and NP."

---

17 *Agnes-Karll-Gesellschaft*, CHN Deutschland, S. 7 (hier wiedergegeben mit teilweiser Auslassung von Zitierungen).
18 *International Council of Nurses*, Guidelines on Advanced Practice Nursing, S. 5.

Die Definition für Nurse Practitioner (NP)[19] lautet:

"A Nurse Practitioner is an Advanced Practice Nurse who integrates clinical skills associated with nursing and medicine in order to assess, diagnose and manage patients in primary healthcare (PHC) settings and acute care populations as well as ongoing care for populations with chronic illness."

### 1.1.5 Verschränkungen: Kommunale Gesundheitszentren

An mehreren Stellen wird hervorgehoben, dass CHN in kommunalen Gesundheitszentren stattfinden soll.[20] Hierzu heißt es:[21]

„Verortet und institutionell angebunden sind die Community Health Nurses in kommunalen Zentren für primäre Gesundheitsversorgung. Das Besondere an der Leistungserbringung: ein multiprofessionell zusammengesetztes Team bietet aufeinander bezogene, integrierte Versorgungsangebote. Das geht weit über den in Deutschland üblichen Arztbesuch hinaus. Im kommunalen Gesundheitszentrum gibt es Angebote für Menschen mit Behinderung, Pflegebedürftige, demenziell Erkrankte, chronisch- oder mehrfach Erkrankte, akut Erkrankte, pflegende Angehörige, (werdende) Eltern, Familien, Säuglinge, Kinder, Jugendliche und Mobilitätseingeschränkte sowie Hinweise zu Selbsthilfegruppen u.a.. Die Gesundheitsberufe arbeiten im Team unter einem Dach: Pflegefachpersonen, Ärzte, Therapeuten, Sozialarbeiter und andere Professionen. Die Community Health Nurses übernehmen in den Gesundheitszentren oft auch eine zentrale Rolle in der Organisation: Sie sind es, die den Versorgungsprozess steuern und koordinieren. Darüber hinaus sind sie oft auch für die organisatorische Leitung des Zentrums verantwortlich."

Weiter wird zu den kommunalen Gesundheitszentren ausgeführt:[22]

„Zusammenfassend lässt sich sagen, dass in den Gesundheitszentren unterschiedliche Angebote und Professionen unter einem Dach gebündelt werden. Es wird eine integrierte und wohnortnahe Primärver-

---

19 *International Council of Nurses*, Guidelines on Advanced Practice Nursing, S. 5.
20 *Agnes-Karll-Gesellschaft*, CHN Deutschland, S. 6, 7, 8.
21 *Agnes-Karll-Gesellschaft*, CHN Deutschland, S. 6.
22 *Agnes-Karll-Gesellschaft*, CHN Deutschland, S. 30.

sorgung geboten, die auch bei komplexen Problemlagen tragfähig, leicht zugänglich und gut erreichbar ist. Durch den sektorenübergreifenden Charakter ist eine Versorgungskontinuität gewährleistet; Versorgungsbrüche können – auch durch gemischte Pflegearrangements – vermieden werden. Die Versorgung wird umfassend und flexibel gestaltet. Laut Hämel und Schaeffer bleiben viele der bisher in Deutschland entwickelten integrierten Versorgungsmodelle weit hinter diesem Ansatz zurück (Hämel/Schaeffer 2014).

Für die Entwicklung in Deutschland empfiehlt der Sachverständigenrat (SVR 2014) die Etablierung von Zentren, die eine gemeindenahe umfassende Primär- und/oder Langzeitversorgung ermöglichen und das ganze dazu nötige Leistungsspektrum (oft unter Einbeziehung von Case und Care Management) unter einem Dach vorhalten (SVR 2014)."

### 1.1.6 Verschränkungen: Public Health

Zur Verschränkung des CHN mit dem Bereich des „Public Health" wird Folgendes ausgeführt:[23]

„Einige Merkmale von Community Health Nursing, wie Gesundheitsförderung und Prävention, stammen aus dem Bereich Public Health.

Der Begriff Public Health wird zunehmend auch in Deutschland verwendet, wenngleich die wörtliche Übersetzung („öffentliche Gesundheit" oder „Öffentlicher Gesundheitsdienst") nicht das trifft, was im angelsächsischen Sprachraum gemeint ist. In Forschung und Lehre findet man eher den Begriff Gesundheitswissenschaften, der sich mit der wissenschaftlichen Dimension der Gesundheitssicherung befasst […]. Gemäß der Deutschen Gesellschaft für Public Health (DGPH 2012) ist „Public Health – in Anlehnung an international verbreitete Definitionen (…) – die Wissenschaft und Praxis zur Vermeidung von Krankheiten, zur Verlängerung des Lebens und zur Förderung von physischer und psychischer Gesundheit unter Berücksichtigung einer gerechten Verteilung und einer effizienten Nutzung der vorhandenen Ressourcen." Public Health-Maßnahmen zielen primär auf die Gesunderhaltung der Bevölkerung und einzelner Bevölkerungsgruppen

---

23 *Agnes-Karll-Gesellschaft*, CHN Deutschland, S. 11 f. (hier wiedergegeben mit teilweiser Auslassung von Zitierungen).

durch organisiertes gesellschaftliches Handeln (DGPH 2012). Das hat in Europa eine lange Tradition und wird durch die Rahmenprogramme der UN und der WHO [...] kontinuierlich weitergeführt.

Drei wesentliche Charakteristika von Public Health, die auch für das Handlungsfeld Public Health Nursing relevant sind:

- Anwendungsbezug: Public Health ist Theorie und Praxis. Wissenschaftliche Erkenntnisse und ihre Anwendung sind immer miteinander verbunden. Damit spielen auch Fragen der Angemessenheit von Maßnahmen sowie ihrer Folgen für die Gesellschaft eine wichtige Rolle.
- Bevölkerungsbezug: Im Gegensatz zur Individualmedizin bezieht sich Public Health auf die Gesundheit der Bevölkerung. Damit einher geht auch ein System-, Politik- bzw. Organisationsbezug. Public Health ist eine Gemeinschaftsaufgabe und liegt in der Verantwortung der Gesellschaft.
- Multi- bzw. Interdisziplinarität: Der umfassende Ansatz von Public Health führt dazu, dass eine Vielzahl von Einzeldisziplinen beteiligt ist und eine Vielfalt von Methoden genutzt wird [...].

**Public Health Nursing** bezeichnet ganz allgemein den Beitrag, den die Pflegeberufe zur Bewältigung public-health-bezogener Aufgaben leisten. Das Aufgabengebiet ist nicht einheitlich definiert und Handlungsfelder und Aufgabenzuschnitt sind in den Ländern unterschiedlich ausgestaltet [...]. Einen Rahmen für die Ausgestaltung von Public Health Nursing setzt die allgemeine Definition von Pflege des ICN (International Council of Nurses). Es wird deutlich, welch breit gefächertes Aufgabenspektrum Pflege, auch im Hinblick auf Public Health, abdecken kann. Die Tätigkeit der Community Health Nurse weist Schnittmengen zum Public Health Nursing auf."

## 1.2 Erläuterung der Gegenstände des Rechtsgutachtens

Das Rechtsgutachten enthält neben dem vorstehenden Abschnitt über die Sachverhalte und Vorfragen sowie die Zusammenfassung der Ergebnisse im Abschnitt über die „Perspektiven *de lege ferenda*" (Abschnitt 5) drei Teile:

- Berufsrecht (Abschnitt 2)
- Leistungsrecht (Leistungen, Leistungserbringung und Leistungsvergütung) (Abschnitt 3)

- Institutionelle Grundentscheidungen und organisatorische Gestaltungsoptionen (Abschnitt 4).

Das Rechtsgutachten hat die folgenden gesundheits-, grund- und staatsorganisationsrechtlichen Bezüge:

- Heilberuferecht, Grundrechte (Berufsfreiheit)
- Leistungs- und Leistungserbringungsrecht insbesondere auf dem Gebiet der Gesetzlichen Krankenversicherung (SGB V) der Sozialen Pflegeversicherung (SGB XI) und der Rehabilitation und Teilhabe (SGB IX)
- Recht des öffentlichen Gesundheitsdienstes, Kommunalrecht, Verfassungsrecht (Staatsorganisationsrecht).

### 1.3 Zur Darstellung der rechtlichen Situationen de lege lata und de lege ferenda (aktueller und künftiger rechtlicher Rahmen)

Das Rechtsgutachten muss sich im Wesentlichen auf die aktuelle Rechtssituation beziehen *(de lege lata)*. Da mit CHN ein versorgungspolitisches Konzept verfolgt wird, das in dem in Abschnitt 1.1 beschriebenen Umfang noch nicht versorgungspolitische Realität ist und damit rechtlich noch nicht gerahmt ist, kommt es vor allem darauf an, die existierenden rechtlichen Rahmenbedingung darzulegen und die daraus resultierenden rechtlichen Konsequenzen für CHN aufzuzeigen. Soweit es möglich ist, sollen jedoch auch schon mögliche rechtliche Lösungen für einen künftigen rechtlichen Rahmen *(de lege ferenda)* bzw. die Voraussetzungen für mögliche rechtliche Lösungen skizziert werden. Das detailliertere Aufzeigen eines künftigen Rechtsrahmens für CHN bleibt einem späteren Projekt vorbehalten.

### 1.4 Rechtsgutachterliche Vorgehensweisen

Das Rechtsgutachten wird von zwei Gutachtern erstellt. Die in der Gliederung des Gutachtens aufgeführten Abschnitte 2 bis 5 sind inhaltlich miteinander verschränkt. Die Klärung der berufsrechtlichen Fragestellungen in Abschnitt 2 ist Voraussetzung für die Ausführungen zu den Leistungen, zur Leistungserbringung und zur Vergütung (Abschnitt 3). Hingegen können die organisatorischen und institutionellen einschließlich der finanziellen Zusammenhänge (Abschnitt 4) relativ unabhängig von den Ausführungen in den anderen Abschnitten geklärt werden. In Abschnitt 5 werden die aus den vorigen Abschnitten gewonnenen Erkenntnisse perspektivisch für die künftige Gesetzgebung in den Blick genommen.

# 2 Berufsrecht

## 2.1 Berufsrechtliche Fragestellungen

Die hier zu erörternden berufsrechtlichen Fragestellungen können dem direkten Berufsrecht[24] zugeordnet werden. Zum direkten Berufsrecht zählen in erster Linie die Berufsausbildung, die Berufszulassung, die Berufsausübung und deren Beendigung, sodann die Verfassung der Berufe in Berufskammern, die Berufsordnung, schließlich die Vergütung der Leistungen außerhalb des sozialrechtlichen Leistungserbringungssystems.

Zum indirekten Berufsrecht zählen insbesondere die sozialleistungserbringungsrechtlichen Vorschriften des SGB V und des SGB XI sowie das Haftungsrecht und das berufsspezifische Strafrecht. Die im vorliegenden Zusammenhang interessierenden sozialleistungserbringungsrechtlichen Vorschriften werden in Abschnitt 3 behandelt.

Die Durchführung von Tätigkeiten auf dem Gebiet der Erbringung von personalen Gesundheitsleistungen ist mehrfach begrenzt:

- Zunächst ist zu fragen, ob diese Tätigkeiten eine Ausübung von Heilkunde darstellen.
- Ist dies zu bejahen, ist weiter zu fragen, ob diese heilkundlichen Tätigkeiten selbstständig ausgeübt werden, da die selbstständige Ausübung von Heilkunde bestimmten Berufen (Ärzten und Heilpraktikern) vorbehalten ist.
- Schließlich ist zu fragen, ob es sich bei diesen Tätigkeiten um solche handelt, die einer bestimmten Berufsgruppe vorbehalten sind (vorbehaltene Tätigkeiten).

Stellen bestimmte Tätigkeiten im Rahmen von CHN keine heilkundlichen Tätigkeiten dar, greifen die hier vorgestellten öffentlich-rechtlichen Maßgaben nicht. Das hat aber nicht zur Folge, dass sich Personen, die diese Tätigkeiten ausüben, im rechtsfreien Raum bewegen. So ist insbesondere das zivilrechtlich geregelte Haftungsrecht einschlägig.

---

24 Zur Unterscheidung zwischen direktem und indirektem Berufsrecht *Igl*, in: Igl/Welti (Hrsg.), Gesundheitsrecht, S. 43 ff. Diese Unterscheidung wird mittlerweile in der einschlägigen Literatur aufgenommen, so bei *Lennartz*, in: Wenzel (Hrsg.), Handbuch des Fachanwalts Medizinrecht, S. 1257, Rn. 335.

Ergibt die rechtliche Analyse der verschiedenen Tätigkeiten im Rahmen des CHN, dass diese als heilkundliche Tätigkeiten zu qualifizieren sind, die dann bei selbstständiger Ausübung von Heilkunde nur Ärzten oder Heilpraktikern vorbehalten sind, stellen sich zwei weitere Fragen:

- Handelt es sich bei diesen Tätigkeiten um solche, die nur dem Arzt vorbehalten oder den Pflegeberufen vorbehalten sind?
- Existieren schon *de lege lata* Möglichkeiten der Erteilung einer sektoralen Heilpraktikererlaubnis für bestimmte selbstständig auszuführende Tätigkeiten der Heilkunde?

Dabei ist auch die Frage zu diskutieren, ob der Weg über die Erteilung einer sektoralen Heilpraktikererlaubnis für bestimmte Tätigkeiten nicht nur ein gangbarer, sondern auch ein sinnvoller Weg ist.[25]

## 2.2 Ausübung von Heilkunde

Die Ausübung von Heilkunde, ohne als Arzt bestallt zu sein, bedarf der Erlaubnis (§ 1 Abs. 1 Heilpraktikergesetz - HeilprG). Ausübung der Heilkunde ist jede berufs- oder gewerbsmäßig vorgenommene Tätigkeit zu Feststellung, Heilung oder Linderung von Krankheiten, Leiden oder Körperschäden bei Menschen, auch wenn sie im Dienste von anderen ausgeübt wird (§ 1 Abs. 2 HeilprG).[26]

### 2.2.1 Begriff der Heilkunde

Der Begriff der *Heilkunde* ist abstrakt-objektiv auszulegen. Es kommt nicht auf die Qualifikation oder Ausbildung des Ausübenden an.

Der Begriff der *Feststellung* betrifft alle Tätigkeiten, die die Entscheidung über das Vorliegen einer Krankheit, eines Leidens oder eines Körperschadens ermöglichen sollen, also insbesondere Untersuchungen und Befunderhebungen.

*Heilung* ist die vollständige Behebung eines anormalen Zustands.

Unter *Linderung* ist die nicht unerhebliche Verbesserung des Zustandes in Richtung auf den Normalzustand zu verstehen.

---

25  S. dazu unten Abschnitt 2.3.3.3.2.
26  Zu den folgenden begrifflichen Erläuterungen *Schelling*, in: Spickhoff (Hrsg.), Medizinrecht, § 1 HeilprG, Rn. 7 ff.

*Krankheit* ist jede, auch nur unerhebliche oder vorübergehende Störung der normalen Beschaffenheit oder Tätigkeit des Körpers, die geheilt oder gelindert werden kann. Unter den Begriff der Krankheit fallen demnach alle Abweichungen vom Leitbild des gesunden Menschen.

*Leiden* sind langanhaltende, häufig kaum oder nicht mehr therapeutisch beeinflussbare Funktionsstörungen.

Unter *Körperschäden* sind alle grundsätzlich irreparablen, nicht krankhaften Veränderungen des Zustands oder der Funktion des Körpers, einzelner Organe oder Organteile zu verstehen.

### 2.2.2 Selbstständige Ausübung von Heilkunde bei Ärzten und Heilpraktikern

*Berufs- oder gewerbsmäßige Ausübung* bedeutet eine dauernde, zumindest wiederkehrende Beschäftigung. Die berufs- oder gewerbsmäßige Ausübung kann freiberuflich oder im Dienste von anderen, also auch als angestellte Person, stattfinden, wobei das nur dann der Fall ist, wenn diese Person eigenverantwortlich und weisungsfrei praktiziert. Wird die angestellte Person als Hilfsperson, auch im Rahmen einer Delegation ärztlicher Tätigkeiten, unter Anleitung und Aufsicht eines Arztes tätig, liegt keine Tätigkeit im Dienste von anderen vor.

Die Rechtsprechung hat den sehr weit gefassten Heilkundebegriff verfassungskonform dahingehend ausgelegt, dass hierunter Tätigkeiten verstanden werden, die ärztliche oder medizinische Fachkenntnisse erfordern und die bei generalisierender Betrachtungsweise typischerweise gesundheitliche Schädigungen verursachen können. Hierzu liegt mittlerweile umfangreiche Rechtsprechung vor.[27]

§ 2 Abs. 5 Bundesärzteordnung (BÄO) besagt, dass die Ausübung des ärztlichen Berufs die Ausübung der Heilkunde unter der Berufsbezeichnung „Arzt" oder „Ärztin" ist. Damit nimmt die Vorschrift Bezug auf § 1 Abs. 2 HeilprG.

Die Heilpraktikererlaubnis berechtigt grundsätzlich zur Ausübung der gesamten Heilkunde ohne Beschränkung auf ein bestimmtes Fachgebiet und damit zur Anwendung aller Untersuchungs- und Behandlungsmetho-

---

27  S. hierzu *Schelling*, in: Spickhoff (Hrsg.), Medizinrecht, § 1 HeilprG, Rn. 12 ff.; *Igl*, in: Igl (Hrsg.), Recht der Gesundheitsfachberufe, Heilpraktiker und sonstigen Berufe im Gesundheitswesen, § 1 HeilprG, 30.1, Rn. 38 ff.

den ohne Ansehung ihrer Gefährlichkeit. Damit sind z. B. auch operative Maßnahmen erfasst.[28]

### 2.2.3 Selbstständige Ausübung von bestimmten Bereichen der Heilkunde bei sektoraler Heilpraktikererlaubnis

Ursprünglich wurde in der Rechtsprechung von der Unbeschränkbarkeit der Heilpraktikererlaubnis ausgegangen, bis dann in den neunziger Jahren das Bundesverwaltungsgericht die Teilbarkeit der Heilpraktikererlaubnis zuließ.[29] Das bedeutet, dass sich die Heilpraktikererlaubnis auf ein bestimmtes abgrenzbares Gebiet beschränken kann. Mittlerweile hält das Bundesverwaltungsgericht ausgehend von einer Entscheidung zur Erteilung einer beschränkten (sektoralen) Heilpraktikererlaubnis auf dem Gebiet der Psychotherapie[30] eine solche Erteilung auch auf den Gebieten der Physiotherapie,[31] der Ergotherapie[32] und der Logopädie[33] für möglich. In erst- und zweitinstanzlichen Urteilen ist die Erteilung einer beschränkten Heilpraktikererlaubnis auch für die Osteopathie, Podologie und die Chiropraktik anerkannt worden.[34]

Für die Erteilung einer Heilpraktikererlaubnis ist eine Kenntnisprüfung abzulegen, aus der sich ergeben muss, dass die Ausübung der Heilkunde durch den Betreffenden keine Gefahr für die Gesundheit der Bevölkerung oder für die ihn aufsuchenden Patientinnen und Patienten bedeuten wird.[35] Bei Erteilung einer beschränkten Heilpraktikererlaubnis ist nach der Rechtsprechung des Bundesverwaltungsgerichts eine auf das jeweilige durch die Erlaubnis erfasste Gebiet beschränkte Kenntnisprüfung abzulegen.[36] Mittlerweile existieren Leitlinien des Bundesministeriums für Ge-

---

28  S. hierzu *Sasse*, Der Heilpraktiker, S. 33 ff.
29  Zur Entwicklung und zum aktuellen Stand der Rechtsprechung *Kenntner*, NVwZ 2020, S. 438-442.
30  BVerwGE 91, 356 (361 f.).
31  BVerwGE 134, 345.
32  BVerwG, Urt. v. 10.10.2019 – Az.: 3 C 10/17, NVwZ 2020, 483.
33  BVerwG, Urt. v. 10.10.2019 – Az.: 3 C 8/17, NVwZ-RR 2020, 450.
34  S. hierzu *Igl*, in: Igl (Hrsg.), Recht der Gesundheitsfachberufe, Heilpraktiker und sonstigen Berufe im Gesundheitswesen, § 1 HeilprG, 30.1, Rn. 8 ff.
35  § 2 Abs. 1 Buchst. i der Ersten Durchführungsverordnung zum Gesetz über die berufsmäßige Ausübung der Heilkunde ohne Bestallung (Heilpraktikergesetz).
36  S. hierzu *Igl*, in: Igl (Hrsg.), Recht der Gesundheitsfachberufe, Heilpraktiker und sonstigen Berufe im Gesundheitswesen, § 2 1. HeilprGDV, 30.1.1, Rn. 25 ff.

sundheit[37] zur Kenntnisprüfung. Diese Leitlinien äußern sich auch zur Kenntnisprüfung bei der sektoralen Heilpraktikererlaubnis, wonach sich die Überprüfung gezielt auf die Inhalte erstrecken soll, auf die sich die sektorale Heilpraktikererlaubnis bezieht.[38]

### 2.2.4 Ausbildungsspezifische selbstständige Ausübung von Heilkunde bei den anderen als ärztlichen Heilberufen

#### 2.2.4.1 Problematik einer fehlenden Erlaubnis zur selbstständigen Ausübung von Heilkunde

Während bei Zahnärztinnen und Zahnärzten[39] und bei Psychotherapeutinnen und –therapeuten[40] eine beschränkte Approbation erteilt wird, ist eine solche beschränkte Approbation bei bestimmten anderen als ärztlichen Heilberufen, die in ihrer beruflichen Praxis ganz oder teilweise auf ihrem durch die Ausbildungsgesetze bestimmten Gebiet Heilkunde ausüben, nicht vorgesehen. Damit fehlt eine ausdrückliche Erlaubnis zur selbstständigen Ausübung von Heilkunde. Die Erlaubnis zum Führen der jeweiligen Berufsbezeichnung und damit der Berufsbezeichnungsschutz stellt keine solche ausdrückliche Erlaubnis zur selbstständigen Ausübung von Heilkunde dar.

Das gilt vor allem für die Therapieberufe (Diätassistentinnen und –assistenten,[41] Ergotherapeutinnen und –therapeuten,[42] Physiotherapeutinnen und -therapeuten,[43] Logopädinnen und Logopäden[44], Orthoptistinnen

---

37  Leitlinien zur Überprüfung von Heilpraktikeranwärterinnen und –anwärtern nach § 2 des Heilpraktikergesetzes in Verbindung mit § 2 Abs. 1 Buchst. i der Ersten Durchführungsverordnung zum Heilpraktikergesetz vom 7. Dezember 2017, Bekanntmachung des Bundesministeriums für Gesundheit vom 7.12.2017 (BAnz AT 22.12.2017 B5), abgedruckt in: *Igl* (Hrsg.), Recht der Gesundheitsfachberufe, Heilpraktiker und sonstigen Berufe im Gesundheitswesen, 30.2.

38  Unter Punkt 5 der Leitlinien (wie Fn. 37).

39  § 1 Abs. 1 und 3 Gesetz über die Ausübung der Zahnheilkunde (ZHG).

40  § 2 Abs. 2 und 3 Psychotherapeutengesetz (PsychThG), in Kraft ab 1.9.2020.

41  § 1 Gesetz über den Beruf der Diätassistentin und des Diätassistenten (Diätassistentengesetz – DiätAssG).

42  § 1 Gesetz über den Beruf der Ergotherapeutin und des Ergotherapeuten (Ergotherapeutengesetz – ErgThG).

43  § 1 Gesetz über die Berufe in der Physiotherapie (Masseur- und Physiotherapeutengesetz – MPhG).

44  § 1 Gesetz über den Beruf des Logopäden.

und Orthoptisten,[45] Notfallsanitäterinnen und Notfallsanitäter[46]), aber auch für andere Berufe wie die Medizinisch-technischen Assistentinnen und Assistenten[47], die Podologinnen und Podologen[48] sowie – nach jüngster Gesetzgebung – künftig für die Anästhesietechnischen Assistentinnen und Assistenten / Operationstechnischen Assistentinnen und Assistenten.[49]

In Hinblick auf das Berufsrecht der Angehörigen dieser Berufe besteht in der rechtswissenschaftlichen Literatur überwiegend Einigkeit darüber, dass sie auf den Gebieten, die durch die Ausbildungsziele bzw. die Ausbildungsordnungen definiert werden, Heilkunde ausüben dürfen, ohne dass sie einer Heilpraktikererlaubnis bedürfen.[50] Allerdings bedürfen Angehörige dieser Berufe dann einer beschränkten Heilpraktikererlaubnis, wenn in ihrem Ausbildungsziel eine selbstständige Ausübung der Heilkunde nicht vorgesehen ist. Eine sektorale Heilpraktikererlaubnis ist für Angehörige von anderen als ärztlichen Heilberufen dann erforderlich, wenn heilkundliche Maßnahmen eigenverantwortlich, d. h. ohne ärztliche Anordnung, vorgenommen werden.[51] Das ist z. B. bei den Physiotherapeutinnen und Physiotherapeuten der Fall, die auf diese Weise tätig werden wollen.[52]

## 2.2.4.2 Situation nach den jüngeren Ausbildungsgesetzen

Die jüngeren Ausbildungsgesetze zu den anderen als ärztlichen Heilberufen geben Anlass, die rechtliche Problematik der Notwendigkeit einer beschränkten Heilpraktikererlaubnis bei selbstständiger Ausübung von Heil-

---

45  § 1 Gesetz über den Beruf der Orthoptistin und des Orthoptisten (Orthoptistengesetz – OrthoptG).

46  § 1 Gesetz über den Beruf der Notfallsanitäterin und des Notfallsanitäters (Notfallsanitätergesetz – NotSanG).

47  § 1 Gesetz über technische Assistenten in der Medizin (MTA-Gesetz – MTAG).

48  § 1 Gesetz über den Beruf der Podologin und des Podologen (Podologengesetz – PodG).

49  §§ 1, 2 Gesetz über den Beruf der Anästhesietechnischen Assistentin und des Anästhesietechnischen Assistenten und über den Beruf der Operationstechnischen Assistentin und des Operationstechnischen Assistenten (Anästhesietechnische. und Operationstechnische-Assistenten-Gesetz - ATA-OTA-G).

50  S. die Nachweise bei *Schelling*, in: Spickhoff (Hrsg.), Medizinrecht, § 1 HeilprG, Rn. 20. Zu den unterschiedlichen Ansichten *Taupitz/Pitz/Niedziolka*, Der Einsatz nicht-ärztlichen Heilpersonals bei der ambulanten Versorgung chronisch kranker Patienten, S. 24 ff.

51  S. dazu oben Abschnitt 2.2.3.

52  BVerwGE 134, 345.

kunde differenzierter zu sehen. Diese Ausbildungsgesetze enthalten zum Teil explizite Hinweise hierzu.

So wird in dem jüngst reformierten Gesetz über den Beruf der pharmazeutisch-technischen Assistentin und des pharmazeutisch-technischen Assistenten[53], in Kraft ab 1.1.2023, genau bestimmt, in welchen Bereichen diese Berufsangehörigen pharmazeutische Tätigkeiten ganz oder teilweise selbstständig ausüben dürfen, wobei dies in einer Rechtsverordnung zu präzisieren ist (§ 7 Abs. 2 Nr. 2 PTAG).

Aber auch ohne eine solche explizite gesetzliche Äußerung zur selbstständigen Ausübung von Heilkunde kann den Ausbildungszielen der Hinweis entnommen werden, dass bestimmte andere als ärztliche Heilberufe Bereiche der Heilkunde selbstständig oder eigenverantwortlich ausführen können. Dies gilt für die im Folgenden dargestellten Berufe.

Im Gesetz über die Pflegeberufe (PflBG)[54], in Kraft seit 1.1.2020, werden in § 5 Abs. 3 Nr. 1 Aufgaben zur selbstständigen Ausführung benannt. Im NotSanG (§ 4 Abs. 2 Nr. 1) wird im Ausbildungsziel auf eigenverantwortlich auszuführende Aufgaben Bezug genommen. Im Gesetz über den Beruf der Anästhesietechnischen Assistentin und des Anästhesietechnischen Assistenten und über den Beruf der Operationstechnischen Assistentin und des Operationstechnischen Assistenten[55], in Kraft ab 1.1.2022, wird im gemeinsamen Ausbildungsziel (§ 8 Nr. 1) ebenso wie in den spezifischen Ausbildungszielen (§ 9 Nr. 1, § 10 Nr. 1) auf die eigenverantwortliche Ausführung bestimmter Aufgaben verwiesen.

Weiter existieren in den genannten Gesetzen bei den Ausbildungszielen Vorschriften zur Mitwirkung, die auf die eigenständige Durchführung ärztlich angeordneter oder veranlasster Maßnahmen verweisen (§ 5 Abs. 3 Nr. 2 PflBG; § 4 Abs. 2 Nr. 2 NotSanG; §§ 8 Nr. 2 Buchst. b, 9 Nr. 2 Buchst. b, 10 Nr. 2 Buchst. b ATA-OTA-G). Die genannten Vorschriften beziehen sich in weiten Teilen auf heilkundliche Maßnahmen.

Im novellierten Hebammengesetz[56], in Kraft ab 1.1.2020, wird in der Beschreibung des Hebammenberufs (§ 1 HebG) auf die selbstständige Aus-

---

53  Gesetz über den Beruf der pharmazeutisch-technischen Assistentin und des pharmazeutisch-technischen Assistenten (PTA-Berufsgesetz – PTAG).

54  Gesetz über die Pflegeberufe (Pflegeberufegesetz – PflBG).

55  Gesetz über den Beruf der Anästhesietechnischen Assistentin und des Anästhesietechnischen Assistenten und über den Beruf der Operationstechnischen Assistentin und des Operationstechnischen Assistenten (Anästhesietechnische- und Operationstechnische-Assistenten-Gesetz – ATA-OTA-G).

56  Gesetz über das Studium und den Beruf von Hebammen (Hebammengesetz - HebG).

übung bestimmter Aufgaben verwiesen. Bei der Beschreibung des Studienziels wird ebenfalls auf bestimmte Aufgaben heilkundlicher Art verwiesen, die selbstständig durchzuführen sind (§ 9 Abs. 4 Nr. 1 Buchst. HebG). Auch die eigenständige Durchführung ärztlich angeordneter Maßnahmen ist geregelt (§ 9 Abs. 4 Nr. 2 HebG).

Die entsprechenden Vorschriften können demnach als Sonderregelungen zu § 1 Abs. 1 HeilprG verstanden werden, wonach hier für die selbstständige Durchführung heilkundlicher Maßnahmen keine beschränkte Heilpraktikererlaubnis erforderlich ist.

### 2.2.4.3 Modellvorhaben (§ 63 Abs. 3c SGB V)

Besondere Konstellationen im Zusammenhang mit der Ausübung heilkundlicher Tätigkeiten werden in der Modellvorhabensklausel in § 63 SGB V beschrieben. Dort ist einmal von der Vornahme bestimmter heilkundlicher Tätigkeiten durch die Angehörigen der Pflegeberufe die Rede, bei denen es sich nicht um die selbstständige Ausübung von Heilkunde handeln darf (§ 63 Abs. 3b SGB V). In einer weiteren Vorschrift wird gerade auf die Möglichkeit selbstständiger Ausübung von Heilkunde bei Übertragung ärztlicher Tätigkeiten an diese Berufe hingewiesen (§ 63 Abs. 3c SGB V).

Für Personen, die im Rahmen von Modellvorhaben nach § 63 Abs. 3c SGB V ausgebildet worden sind, war bisher in § 1 S. 2 AltPflG und § 1 Abs. 1 S. 2 KrPflG geregelt, dass sie im Rahmen der ihnen in der Ausbildung vermittelten erweiterten Kompetenzen zur Ausübung heilkundlicher Tätigkeiten berechtigt sind. In der Nachfolgervorschrift des § 15 PflBG ist dieser Hinweis nicht mehr enthalten. In der Gesetzesbegründung[57] wird dazu erläutert:

„Entsprechend der bisherigen Rechtslage können nach dieser Vorschrift modellhaft Ausbildungsangebote erprobt werden, die über die in § 5 beschriebenen Kompetenzen hinaus erweiterte Kompetenzen zur Ausübung heilkundlicher Tätigkeiten vermitteln. Die Erprobung dieser Ausbildungsgänge erfolgt zwar im Rahmen von Modellvorhaben nach § 63 Absatz 3c SGB V. Berufsrechtlich sind diese zusätzlich erworbenen Kompetenzen allerdings nicht auf Tätigkeiten im Rahmen der gesetzlichen Krankenversicherung beschränkt, da die Ausbil-

---

57 Deutscher Bundestag, Drucksache 18/7823, S. 74.

dung grundlegende Kompetenzen vermittelt, die generell und dauerhaft den Zugang zum erlernten Beruf und damit die Ausübung der erlernten heilkundlichen Tätigkeit gestattet. Einer klarstellenden Regelung wie in § 1 Absatz 1 Satz 2 Krankenpflegegesetz bzw. § 1 Satz 2 Altenpflegegesetz bedarf es dazu nicht. […].“

Aus dieser Gesetzesbegründung folgt, dass gemäß dem Ausbildungsziel erworbene Kompetenzen auf dem Gebiet der Heilkunde ohne besondere formale Zulassung zur Heilkunde ausgeübt werden können.

§ 63 Abs. 3c SGB V stellt insofern eine Sonderregelung zu § 1 Abs. 1 HeilprG dar.

### 2.2.4.4 Heilkundeausübung bei epidemischer Lage von nationaler Tragweite (§ 5a IfSG)

Das Infektionsschutzgesetz (IfSG) ist im Zusammenhang mit der Corona-pandemie in wichtigen Punkten geändert worden.[58] Für einige der anderen als ärztlichen Heilberufe betrifft dies auch die Erlaubnis, für einen begrenzten Zeitraum Heilkunde auszuüben.

Stellt der Bundestag eine epidemische Lage von nationaler Bedeutung fest (§ 5 Abs. 1 IfSG), ist die Ausübung heilkundlicher Tätigkeiten bestimmten Angehörigen anderer als ärztlicher Heilberufe während der Dauer dieser epidemischen Lage gestattet (§ 5a Abs. 1 S. 1 IfSG):

1. Altenpflegerinnen und Altenpflegern,
2. Gesundheits- und Kinderkrankenpflegerinnen und Gesundheits- und Kinderkrankenpflegern,
3. Gesundheits- und Krankenpflegerinnen und Gesundheits- und Krankenpflegern,
4. Notfallsanitäterinnen und Notfallsanitätern und
5. Pflegefachfrauen und Pflegefachmännern.

---

58 Die hier zitierten §§ 5 und 5a IfSG sind am Tage nach der Verkündung in Kraft getreten, Art. 7 Abs. 1 des Gesetzes zum Schutz der Bevölkerung bei einer epidemischen Lage von nationaler Tragweite vom 27. März 2020, BGBl. I S. 587. Der Tag der Verkündung im BGBl. war der 27. März 2020. § 5 Abs. 1 bis 5 und § 5a IfSG treten zum 1. April 2021 außer Kraft, Art. 3 Nr. 2 und 3, Art. 7 Abs. 4 des Gesetzes zum Schutz der Bevölkerung bei einer epidemischen Lage von nationaler Tragweite. Hierzu *Igl*, Zeitlich begrenzte heilberuferechtliche Ausnahmevorschriften bei einer epidemischen Lage mit nationaler Tragweite: Pflegefachberufe dürfen den Ärzten vorbehaltene heilkundliche Tätigkeiten ausüben. In: Pflegewissenschaft. April 2020, S. 100-102; *Igl*, Die Schwester Der Pfleger 5/2020, S. 88.

Dieser Personenkreis kann durch Rechtsverordnung des Bundesministeriums für Gesundheit auf weitere Personen mit Erlaubnis zum Führen der Berufsbezeichnung eines reglementierten Gesundheitsfachberufs ausgedehnt werden (§ 5a Abs. 2 IfSG). Eine solche Rechtsverordnung ist bis zur Aufhebung der Feststellung der epidemischen Lage von nationaler Tragweite, spätestens bis zum 31. März 2021 befristet (§ 5 Abs. 4 S. 1 IfSG) und ist im Anschluss zu evaluieren (§ 4 Abs. 1a IfSG).[59]

Die Ausübung heilkundlicher Tätigkeiten ist an Voraussetzungen der Kompetenz und der Einsatznotwendigkeit geknüpft. Hinzu kommen Dokumentations- und Mitteilungspflichten (§ 5a Abs. 1 S. 2 bis 4 IfSG):

Die Ausübung heilkundlicher Tätigkeiten ist während der epidemischen Lage von nationaler Tragweite gestattet, wenn

1. die Person auf der Grundlage der in der jeweiligen Ausbildung erworbenen Kompetenzen und ihrer persönlichen Fähigkeiten in der Lage ist, die jeweils erforderliche Maßnahme eigenverantwortlich durchzuführen und

2. der Gesundheitszustand der Patientin oder des Patienten nach seiner Art und Schwere eine ärztliche Behandlung im Ausnahmefall einer epidemischen Lage von nationaler Tragweite nicht zwingend erfordert, die jeweils erforderliche Maßnahme aber eine ärztliche Beteiligung voraussetzen würde, weil sie der Heilkunde zuzurechnen ist.

Die durchgeführte Maßnahme ist in angemessener Weise zu dokumentieren. Sie soll unverzüglich der verantwortlichen Ärztin oder dem verantwortlichen Arzt oder einer sonstigen die Patientin oder den Patienten behandelnden Ärztin oder einem behandelnden Arzt mitgeteilt werden.

Die Gesetzesbegründung sagt zu den in § 5a Abs. 1 S. 2 Nr. 1 IfSG genannten „persönlichen Fähigkeiten", dass diese sich beispielsweise aus der Berufserfahrung oder aus Fort- und Weiterbildung ergeben können.[60]

Zur Dokumentation und zur Mitteilungspflicht (§ 5a Abs. 1 S. 3 und 4 IfSG) sagt die Gesetzesbegründung, dass dies der Sicherstellung des Patientenwohls dient. Zugleich dient die Information des Arztes der fachlichen Absicherung der vorgenommenen Maßnahme und als Grundlage weiterer ärztlicher Behandlungsentscheidungen. Für die Art und Weise der Doku-

---

59  So die Gesetzesbegründung (Deutscher Bundestag, Drucksache 19/18111, S. 18) zur Evaluation.

60  Deutscher Bundestag, Drucksache 19/18111, S. 23.

mentation sind dabei keine neuen Verfahren zu entwickeln; die Dokumentation der ausgeübten heilkundlichen Tätigkeit wird im Rahmen der ohnehin erfolgenden Dokumentation mit berücksichtigt.[61]

§ 5a IfSG versteht sich als Ausnahmeregelung für den Fall einer epidemischen Lage von nationaler Tragweite. Vorrangig bleibt die ärztliche Veranlassung heilkundlicher Maßnahmen, also die ärztliche Delegation. Dabei sind auch die vielfältigen Kommunikationsmöglichkeiten (z.B. Telemedizin) oder vorhandene Behandlungsstandards (SOP – Standard Operating Procedures) umfangreich zu nutzen, um eine flexible und pragmatische Handhabung der ärztlichen Delegation zu ermöglichen.[62]

§ 5a IfSG stellt sich damit als zeitlich begrenzte Sonderregelung zu § 1 Abs. 1 HeilprG dar.

### 2.2.4.5 Selbstständige versus eigenverantwortliche Durchführung von Aufgaben

Da in den hier aufgeführten Gesetzen auf der einen Seite von selbstständig oder eigenverantwortlich, auf der anderen Seite von eigenständig durchzuführenden Aufgaben gesprochen wird, ist eine terminologische Klarstellung angebracht. Die Begriffe „selbstständig" und „eigenverantwortlich" sind gleichzusetzen. Eigenverantwortlich kann nur eine Person handeln, die selbstständig handelt, denn für fremdes Handeln kann eine Person außer in den gesetzlich bestimmten Fällen grundsätzlich nicht eigene Verantwortung tragen. Der Begriff des selbstständigen Durchführens von Aufgaben stellt auf die Art und Weise des Tätigwerdens ab, indem auf die Unabhängigkeit des Handelns gegenüber dritten Akteuren verwiesen wird. Der Begriff des eigenverantwortlichen Durchführens lässt hingegen offen, ob auch Dritte dabei beteiligt sind. Im Vordergrund steht, dass die handelnde Person der zentrale Akteur des Geschehens ist.

So wird in der Gesetzesbegründung zum Pflegeberufegesetz[63] darauf hingewiesen, dass die Ausbildung „auf ein hohes Maß an Eigenverantwortlichkeit und Selbstständigkeit" abstellt. Weiter wird zu § 5 Abs. 3 PflBG, der Vorschrift zum Ausbildungsziel, ausgeführt, dass der Begriff der Selbst-

---

61 Deutscher Bundestag, Drucksache 19/18111, S. 23 f.
62 Deutscher Bundestag, Drucksache 19/18111, S. 23.
63 Deutscher Bundestag, Drucksache 18/7823, S. 53.

ständigkeit insbesondere auch das Element des Tätigwerdens in eigener Verantwortung umfasst.[64]

Die eigenständige Durchführung von Aufgaben betrifft hingegen die Durchführung ärztlich angeordneter Maßnahmen, also die Delegationssituation. In § 5 Abs. 3 Nr. 2 PflBG sind beispielhaft auch die Bereiche der eigenständigen Durchführung aufgeführt, so die Maßnahmen der medizinischen Diagnostik, Therapie oder Rehabilitation.

### 2.2.5 Vorbehaltene Tätigkeiten (Ärzte und andere Heilberufe)

#### 2.2.5.1 Allgemeines zu vorbehaltenen Tätigkeiten

Der Zugang zu einer bestimmten Tätigkeit oder deren Ausübung kann bestimmten Berufen vorbehalten sein. Der Begriff der vorbehaltenen Tätigkeit ist im deutschen Recht nicht definiert. Mittlerweile existiert im Unionsrecht eine Definition, die aus der Verhältnismäßigkeitsrichtlinie[65] stammt (Art. 1 Unterabs. 2 Buchst. a der Richtlinie):

> „vorbehaltene Tätigkeiten" bedeutet eine Form der Reglementierung eines Berufs, bei der der Zugang zu einer beruflichen Tätigkeit oder einer Gruppe von beruflichen Tätigkeiten aufgrund von Rechts- und Verwaltungsvorschriften unmittelbar oder mittelbar Angehörigen eines reglementierten Berufs, die Inhaber einer bestimmten Berufsqualifikation sind, vorbehalten wird, und zwar auch dann, wenn diese Tätigkeit mit anderen reglementierten Berufen geteilt wird.

Der im Zusammenhang mit dieser Definition verwendete Begriff des reglementierten Berufs ist unionsrechtlich in der Berufsqualifikationsrichtlinie (Richtlinie 2005/36/EG)[66] definiert (Art. 3 Abs. 1 Buchst. a der Richtlinie):

---

64 Deutscher Bundestag, Drucksache 18/7823, S. 67.

65 Richtlinie (EU) 2018/958 des Europäischen Parlaments und des Rates über eine Verhältnismäßigkeitsprüfung vor Erlass neuer Berufsreglementierungen, ABl. L 173 vom 9.7.2018, S. 25.

66 Richtlinie 2005/36/EG des Europäischen Parlaments und des Rates vom 7. September 2005 über die Anerkennung von Berufsqualifikationen (ABl. L 255 vom 30.9.2005, S. 22; L 271 vom 16.10.2007, S. 18; L 93 vom 4.4.2008, S. 28; L 33 vom 3.2.2009, S. 49; L 305 vom 24.10.2014, S. 115), geändert durch die Richtlinie 2006/100/EG (ABl. L 177 vom 8.7.2015, S. 60), geändert durch die Richtlinie 2013/55/EU (ABl. L 354 vom 28.12.2013, S. 132; L 268 vom 15.10.2015, S. 35, L

„reglementierter Beruf" ist eine berufliche Tätigkeit oder eine Gruppe beruflicher Tätigkeiten, bei der die Aufnahme oder Ausübung oder eine der Arten der Ausübung direkt oder indirekt durch Rechts- und Verwaltungsvorschriften an den Besitz bestimmter Berufsqualifikationen gebunden ist; eine Art der Ausübung ist insbesondere die Führung einer Berufsbezeichnung, die durch Rechts- oder Verwaltungsvorschriften auf Personen beschränkt ist, die über eine bestimmte Berufsqualifikation verfügen.

Auf diese Definition greift auch das Berufsqualifikationsfeststellungsgesetz (BQFG)[67] in § 3 Abs. 5 fast wörtlich zurück:

Reglementierte Berufe sind berufliche Tätigkeiten, deren Aufnahme oder Ausübung durch Rechts- oder Verwaltungsvorschriften an den Besitz bestimmter Berufsqualifikationen gebunden ist; eine Art der Ausübung ist insbesondere die Führung einer Berufsbezeichnung, die durch Rechts- oder Verwaltungsvorschriften auf Personen beschränkt ist, die über bestimmte Berufsqualifikationen verfügen.

Bei den hier in Frage stehenden Heilberufen handelt es sich um solche reglementierten Berufe.

Vorbehaltene Tätigkeiten können unterschiedlich ausgestaltet sein. Dabei geht es grundsätzlich um die jeweilige Wirkung gegenüber anderen Gesundheitsberufen, nicht jedoch um die Wirkung gegenüber Laien. Um vorbehaltene Tätigkeiten mit absoluter Wirkung handelt es sich um Tätigkeiten, die einem Gesundheitsberuf exklusiv zugeschrieben sind.[68] Vorbehaltene Tätigkeiten mit relativer Wirkung sind Tätigkeiten, die auch von bestimmten anderen Heilberufen durchgeführt werden können.

Vorbehaltene Tätigkeiten betreffen jeweils die berufsmäßige Ausübung. In § 1 Abs. 1 HeilprG ist dies explizit so geregelt, ebenso in § 1 Abs. 2 i.V.m. § 2 Abs. 5 BÄO sowie in § 1 Hebammengesetz (HebG). In anderen Vorschriften fehlt der Hinweis auf die berufsmäßige Ausübung. Die berufsmäßige Ausübung ist aber stets implizit gemeint, da die Heilberufegesetze die berufsmäßige Ausübung von bestimmten Tätigkeiten zum Gegenstand haben.

---

95 vom 9.4.2016, S. 20), zuletzt geändert durch Delegierten Beschluss (EU) 2020/548 der Kommission (ABl. L 131 vom 24.4.2020, S. 1).

67 Gesetz über die Feststellung der Gleichwertigkeit von Berufsqualifikationen (Berufsqualifikationsfeststellungsgesetz - BQFG).

68 S. hierzu *Igl*, Gesetz über die Pflegeberufe, § 4 PflBG, Rn. 7.

Eine allgemeine Ausnahme zur Ausübung von vorbehaltenen Tätigkeiten stellen Notfallsituationen dar, wobei es hier aber nicht um die Tätigkeit von Laien in solchen Situationen geht, sondern um die Tätigkeit Angehöriger von Gesundheitsberufen.

So ist im Ausbildungsziel der Hebammen explizit eine Notfallsituation erwähnt, in der es Hebammen erlaubt ist, ärztliche Tätigkeiten auszuüben (§ 9 Abs. 4 Nr. 1 Buchst. m und n HebG):

> m) im Notfall und bei Abwesenheit einer Ärztin oder eines Arztes die medizinisch erforderlichen Maßnahmen, insbesondere die manuelle Ablösung der Plazenta, an die sich gegebenenfalls eine manuelle Nachuntersuchung der Gebärmutter anschließt, einzuleiten und durchzuführen sowie
>
> n) im Notfall die Wiederbelebungsmaßnahmen bei der Frau und dem Neugeborenen durchzuführen,

Auch das Notfallsanitätergesetz (NotSanG) (§ 4 Abs. 2 Nr. 1 Buchst. c) enthält eine Notfallklausel:

> c) Durchführen medizinischer Maßnahmen der Erstversorgung bei Patientinnen und Patienten im Notfalleinsatz und dabei Anwenden von in der Ausbildung erlernten und beherrschten, auch invasiven Maßnahmen, um einer Verschlechterung der Situation der Patientinnen und Patienten bis zum Eintreffen der Notärztin oder des Notarztes oder dem Beginn einer weiteren ärztlichen Versorgung vorzubeugen, wenn ein lebensgefährlicher Zustand vorliegt oder wesentliche Folgeschäden zu erwarten sind,

Schließlich ist auf die Notfallklausel im Pflegeberufegesetz (PflBG) (§ 5 Abs. 3 Nr. 1 Buchst. h) hinzuweisen:

> h) Einleitung lebenserhaltender Sofortmaßnahmen bis zum Eintreffen der Ärztin oder des Arztes und Durchführung von Maßnahmen in Krisen- und Katastrophensituationen,

Jede dieser Vorschriften ist im Rahmen der Ausbildungsziele geregelt. Da die Ausbildungsziele die berufliche Tätigkeit des jeweiligen Berufs beschreiben, liefern sie indirekt den Verweis auf die auszuübenden Tätigkeiten, hier in Notfällen. Der Gesetzgeber geht mit der Schaffung solcher Vorschriften davon aus, dass die genannten Berufe typischerweise auf Notfallsituationen treffen können, auf die auch in der Ausbildung vorzubereiten ist. Davon zu unterscheiden sind Notfallsituationen, die nicht im Zusammenhang mit der beruflichen Tätigkeit stehen. In solchen Notfallsituationen werden Gesundheitsberufe typischerweise nicht berufsmäßig tätig.

Damit kann sich kein Konflikt mit vorbehaltenen Tätigkeiten anderer Berufe ergeben.

Die Schaffung vorbehaltener Tätigkeiten wird regelmäßig mit dem Patientenschutz gerechtfertigt.[69] Weiter wird auf die Notwendigkeit hoher Qualität der Versorgung hingewiesen. Auch die Verhältnismäßigkeitsrichtlinie[70] enthält in Art. 7 Abs. 5 hierauf einen Hinweis:

> Betreffen Vorschriften gemäß diesem Artikel die Reglementierung von Gesundheitsberufen und haben sie Auswirkungen auf die Patientensicherheit, berücksichtigen die Mitgliedstaaten das Ziel der Sicherstellung eines hohen Gesundheitsschutzniveaus.

Unter grundrechtlichen Aspekten wird der Eingriff in die Berufsausübungsfreiheit (Art. 12 Abs. 1 GG), der mit dem Ausschluss anderer Berufe von den vorbehaltenen Tätigkeiten verbunden ist, mit dem wichtigen Gemeinschaftsgut des Patienten- und Gesundheitsschutzes gerechtfertigt.[71] Davon zu unterscheiden ist die objektive staatliche Pflicht zum Schutz der Gesundheit, die aus Art. 2 Abs. 1 S. 2 i.V.m. Art. 20 Abs. 1 GG resultiert, und die dadurch zum Tragen kommen kann, dass der Gesetzgeber mit dem Instrument der vorbehaltenen Tätigkeiten zum Gesundheitsschutz beiträgt.

Im Folgenden soll hauptsächlich auf diejenigen vorbehaltenen Tätigkeiten eingegangen werden, die im Zusammenhang mit der Gestaltung von CHN eine Rolle spielen können.

### 2.2.5.2 Nur den Ärzten und Heilpraktikern vorbehaltene Tätigkeiten

§ 1 Abs. 1 HeilprG behält die Ausübung von Heilkunde den Ärzten und den Heilpraktikern vor. Für die Ärzte ist dies noch einmal besonders in § 2 Abs. 5 BÄO bestimmt. Zwar wird in dieser Vorschrift nicht von vorbehaltenen Tätigkeiten gesprochen, jedoch wird dies allgemein so verstanden.[72]

---

69  So explizit zu § 4 PflBG s. Deutscher Bundestag, Drucksache 18/7823, S. 66: „Aufgaben, die für die Pflegequalität und den Patientenschutz von besonderer Bedeutung sind". Zu § 4 HebG nur mit dem Hinweis auf gesundheitspolitische Gründe s. Deutscher Bundestag, Drucksache 19/10612, S. 49.
70  Wie Fn. 65.
71  So schon *Igl/Welti*, VSSR 1999, S. 21 ff. (27 ff.).
72  S. etwa *Schelling*, in: Spickhoff (Hrsg.), Medizinrecht, § 2 BÄO, Rn. 11.

### 2.2.5.3 Nur den Ärzten vorbehaltene Tätigkeiten

#### 2.2.5.3.1 Arten der Vorbehalte

Wenn vom Arztvorbehalt gesprochen wird, ist zu unterscheiden zwischen dem berufsrechtlichen und dem krankenversicherungsrechtlichen Arztvorbehalt. Der krankenversicherungsrechtliche Arztvorbehalt ist in § 15 Abs. 1 S. 1 SGB V geregelt. Nur der Arzt kann ärztliche Behandlung erbringen. Der Heilpraktiker ist davon ausgeschlossen.

Der Arzt kann aber Hilfeleistungen anderer Personen anordnen und muss diese verantworten (§ 15 Abs. 1 S. 2 SGB V). Damit ist allgemein die Möglichkeit einer Delegation ärztlicher Tätigkeiten eingeräumt. Die ärztliche Behandlung wird dann in § 28 Abs. 1 SGB V beschrieben:

> [1]Die ärztliche Behandlung umfaßt die Tätigkeit des Arztes, die zur Verhütung, Früherkennung und Behandlung von Krankheiten nach den Regeln der ärztlichen Kunst ausreichend und zweckmäßig ist. [2]Zur ärztlichen Behandlung gehört auch die Hilfeleistung anderer Personen, die von dem Arzt angeordnet und von ihm zu verantworten ist. [3]Die Partner der Bundesmantelverträge legen für die ambulante Versorgung beispielhaft fest, bei welchen Tätigkeiten Personen nach S. 2 ärztliche Leistungen erbringen können und welche Anforderungen an die Erbringung zu stellen sind. [4]Der Bundesärztekammer ist Gelegenheit zur Stellungnahme zu geben.

Berufsrechtlich ist der Arztvorbehalt in § 1 Abs. 1 HeilprG und in § 2 Abs. 5 BÄO geregelt. In § 1 Abs. 1 HeilprG besteht – anders als im SGB V - der Vorbehalt der selbstständigen Ausübung von Heilkunde auch für die Heilpraktiker. Weiter existieren Vorschriften, die nur dem Arzt bestimmte Tätigkeiten zuweisen, so nach dem Transplantationsgesetz (§ 3 Abs. 1 Nr. 3 TPG). Solche Tätigkeiten, die als absoluter Vorbehalt einzelner ärztlicher Maßnahmen zu bezeichnen sind, interessieren im Zusammenhang des CHN nicht.

Es existieren keine gesetzlichen Regelungen zu der Frage, welche Maßnahmen nur der Arzt in dem Sinne durchführen darf, dass keine Möglichkeit einer Delegation an anderes als ärztliches Personal besteht.[73] Es besteht aber in der einschlägigen rechtswissenschaftlichen Literatur eine

---

73 Grundsätzlich zu den Delegationsmöglichkeiten *Achterfeld*, Aufgabenverteilung im Gesundheitswesen. Rechtliche Rahmenbedingungen der Delegation ärztlicher Leistungen, 2014; *Bohne*, Delegation ärztlicher Tätigkeiten, 2012.

weitgehende Übereinkunft darüber, welche Tätigkeiten den Kernbereich des ärztlichen Handelns ausmachen, der nicht delegationsfähig ist. Das sind solche Tätigkeiten, die aufgrund ihrer Schwierigkeit, Gefährlichkeit oder Unvorhersehbarkeit ärztliches Fachwissen erfordern und angesichts dessen umfassender Ausbildung nur vom Arzt übernommen werden dürfen.[74] Dazu gehören Untersuchung und Beratung des Patienten, operative Eingriffe, invasive diagnostische Eingriffe und die Entscheidung über sämtliche therapeutische Maßnahmen.[75]

Diese weitgehende Übereinkunft schlägt sich in verschiedenen Rechtstexten direkt nieder, in denen es um nichtärztliche Assistenztätigkeiten geht. Es handelt sich hier insbesondere um folgende Texte:

- Anlage 24 zum Bundesmantelvertrag-Ärzte (BMV-Ä),
- Anlage 8 zum Bundesmantelvertrag-Ärzte (BMV-Ä),
- Anästhesietechnische- und Operationstechnische-Assistenten-Gesetz (ATA-OTA-G).

Schließlich kann der Facharztstandard zumindest eine indirekte Sperre für die Durchführung bestimmter heilkundlicher Tätigkeiten darstellen.

### 2.2.5.3.2 Beschreibung des Kernbereichs ärztlicher Tätigkeiten anhand Anlage 24 zum BMV-Ä

Die detailliertesten Beschreibungen dessen, was den Kernbereich des ärztlichen Handelns[76] und umgekehrt die delegationsfähigen Leistungen ausmacht, sind in zwei Anlagen zum Bundesmantelvertrag-Ärzte (BMV-Ä)[77] enthalten. Die Anlage 24 zum BMV-Ä enthält eine **Vereinbarung über die Delegation ärztlicher Leistungen an nichtärztliches Personal in der ambulanten vertragsärztlichen Versorgung gemäß § 28 Abs. 1 S. 3 SGB V**.[78] In § 2 der Anlage 24 BMV-Ärzte heißt es unter der Überschrift „Nicht delegierbare (höchstpersönliche) Leistungen des Arztes":

> Der Arzt darf Leistungen, die er aufgrund der erforderlichen besonderen Fachkenntnisse nur persönlich erbringen kann, nicht delegieren.

---

74  *Achterfeld,* Aufgabenverteilung im Gesundheitswesen, S. 45 f.
75  S. etwa *Lang,* in: Becker/Kingreen, SGB V, § 15, Rn. 14.
76  S. dazu auch *Taupitz/Pitz/Niedziolka,* Der Einsatz nicht-ärztlichen Heilpersonals bei der ambulanten Versorgung chronisch kranker Patienten, S. 56 ff.
77  Zum Bundesmantelvertrag § 82 Abs. 1 SGB V.
78  Vom 1. Oktober 2013. Stand: 1. Januar 2015. Die Anlage 24 ist vollständig abgedruckt unter Abschnitt 7.1.

Dazu gehören insbesondere Anamnese, Indikationsstellung, Untersuchung des Patienten einschließlich invasiver diagnostischer Leistungen, Diagnosestellung, Aufklärung und Beratung des Patienten, Entscheidungen über die Therapie und Durchführung invasiver Therapien und operativer Eingriffe.

In dem Anhang zu dieser Anlage ist ein Beispielkatalog delegierbarer ärztlicher Leistungen aufgeführt. In diesem Beispielkatalog wird unterschieden zwischen allgemeinen delegierbaren ärztlichen Tätigkeiten und versorgungsbereichs- bzw. arztgruppenspezifischen ärztlichen Tätigkeiten. Für die Belange von CHN sind nur die erstgenannten delegierbaren ärztlichen Tätigkeiten von Interesse, da es hier nur um Bereiche der Primärversorgung geht.

Die Übersicht über die delegierbaren ärztlichen Leistungen enthält in der ersten Spalte die Beschreibung der delegierbaren ärztlichen Tätigkeit. In der zweiten Spalte werden Hinweise gegeben, ob und wie der Arzt in diesem Zusammenhang tätig wird. In der dritten Spalte werden die typischen Mindestqualifikationen der Person aufgeführt, an die die Leistungen delegiert werden. Dabei wird unterschieden zwischen Personen mit vergleichbarer medizinischer / heilberuflicher Ausbildung und anderen Personen, bei denen es sich, bis auf wenige Ausnahmen, um Medizinische Fachangestellte handelt, die sich auch in Ausbildung befinden können.

Die **Allgemeinen delegierbaren ärztlichen Tätigkeiten** stellen sich im Anhang zur Anlage 24 des BMV-Ä unter I. wie folgt dar:

| Delegierbare ärztliche Tätigkeit | Besonderheiten und Hinweise | **Typische Mindestqualifikation** Die geforderte Qualifikation kann auch durch den Abschluss einer vergleichbaren medizinischen / heilberuflichen Ausbildung nachgewiesen werden. Eine Delegation ist auch an in Ausbildung befindliche nichtärztliche Mitarbeiter grundsätzlich möglich; der Arzt ist in diesem Fall zu besonderer Sorgfalt verpflichtet und muss sich von den erworbenen Kenntnissen und Fähigkeiten überzeugen. |
| --- | --- | --- |
| **1. Administrative Tätigkeiten, z.B.** <br> • Datenerfassung und Dokumentation von Untersuchungsergebnissen und Therapieerfolgen <br> • Unterstützung des Arztes bei der Erstellung von schriftlichen Mitteilungen und Gutachten | | **Medizinische/r Fachangestellte/r (MFA)** <br> **Schreibkraft** <br> **Bürokraft** |
| **2. Anamnesevorbereitung:** <br> • standardisierte Erhebung der Anamnese | Spätere Überprüfung, ggf. Ergänzung im Patiententengespräch durch Arzt. | **Medizinische/r Fachangestellte/r (MFA)** |
| **3. Aufklärung/Aufklärungsvorbereitung:** <br> • Unterstützung bei Vermittlung und Erläuterung standardisierter Informationsmaterialien | Spätere Überprüfung, ggf. Ergänzung im Patiententengespräch durch Arzt. | **Medizinische/r Fachangestellte/r (MFA)** |
| **4. Technische Durchführung von Untersuchungen** | | |

| | | |
|---|---|---|
| **4a. - Verfahren mit ionisierender Strahlung:** • Röntgenuntersuchung • Computertomographie (CT) | Bei Verwendung von Kontrastmitteln ist die Anwesenheit des Arztes erforderlich. Technische Durchführung von Röntgenuntersuchungen (einschließlich CT) nur im Rahmen von Röntgenreihenuntersuchungen oder nachdem ein Arzt mit der erforderlichen Fachkunde im Strahlenschutz die rechtfertigende Indikation gestellt hat. | **Medizinisch-technische/r Radiologie-assistent/-in (MTRA) und Medizinisch-Technische/r Assistent/in (MTA)** mit der erforderlichen Fachkunde im Strahlenschutz (§ 24 Absatz 2 Nrn. 1 und 2 RöV in Verbindung mit § 18a Absatz 1 RöV) **Medizinische/r Fachangestellte/r (MFA)** mit den erforderlichen Kenntnissen im Strahlenschutz, unter ständiger Aufsicht und Verantwortung eines Arztes mit der erforderlichen Fachkunde im Strahlenschutz (§ 24 Absatz 2 Nr. 4 RöV in Verbindung mit § 18a Absatz 3 RöV) |
| **4b. - Verfahren mit nicht-ionisierender Strahlung:** • Magnetresonanztomographie (MRT) | *[wie obenstehend]* | **Medizinische/r Fachangestellte/r (MFA)** |
| **5. Früherkennungsleistungen:** im Rahmen von Leistungen zur Früherkennung von Krankheiten bei Erwachsenen: • Laboratoriumsuntersuchungen (Untersuchung auf Blut im Stuhl) im Rahmen der Krebsfrüherkennungsuntersuchung im Rahmen von Leistungen zur Früherkennung von Krankheiten bei Kindern und Jugendlichen: • Unterstützung bei der Aufklärung der Eltern im Rahmen von Screeninguntersuchungen und Impfungen • U1-J2: Seh- und Hörtest, Erfassung Körpermaße | Zuvor persönlicher Arzt-Patienten-Kontakt | **Medizinische/r Fachangestellte/r (MFA)** [ggf. Fortbildung Laborkunde] [ggf. Curriculum „Prävention im Kindes- und Jugendalter"] [ggf. Curriculum „Prävention bei Jugendlichen und Erwachsenen"] |
| **6. Hausbesuche** | Zuvor persönlicher Arzt-Patienten-Kontakt | **Medizinische/r Fachangestellte/r (MFA)** |
| **7a. Injektion:** intramuskulär und subkutan (auch Impfungen) | In Abhängigkeit von der applizierten Substanz kann die Anwesenheit des Arztes erforderlich sein. | **Medizinische/r Fachangestellte/r (MFA)** |

| Tätigkeit | Anmerkung | Berufsgruppe |
|---|---|---|
| **7b. Injektion:** intravenös<br>**Infusion:** intravenös; Anlegen einer Infusion | In Abhängigkeit von der applizierten Substanz. Die Anwesenheit des Arztes ist in der Regel erforderlich. Die intravenöse Erstapplikation von Medikamenten ist nicht delegierbar. | **Medizinische/r Fachangestellte/r (MFA)**<br>**Kranken- und Gesundheitspfleger** |
| **8. Labordiagnostik**<br>• Allgemeine Laborleistungen (z.B. Blutzuckermessung, Urintest)<br>• Technische Aufarbeitung und Beurteilung von Untersuchungsmaterial<br>• Durchführung labortechnischer Untersuchungsgänge<br>• Humangenetische Leistungen | | **Medizinische/r Fachangestellte/r (MFA)**<br>**Medizinisch-technische/r Laboratoriumsassistent/-in (MTLA)** |
| **9. Unterstützende Maßnahmen zur Diagnostik/Überwachung:**<br>• Blutentnahme kapillär sowie venös<br>• (Langzeit-)Blutdruckmessung<br>• (Langzeit-)EKG<br>• Lungenfunktionstest/Spirographie<br>• Pulsoxymetrie<br>• Blutgasanalysen<br>• Weitere Vitalparameter | Bei Risikokonstellationen oder Provokationstests muss der Arzt hinzugezogen werden. | **Medizinische/r Fachangestellte/r (MFA)** |
| **10. Wundversorgung / Verbandwechsel** | Initiale Wundversorgung erfolgt durch Arzt. Weitere Wundversorgung nach Rücksprache mit Arzt. | **Medizinische/r Fachangestellte/r (MFA)**<br>[ggf. Fortbildung zum Wundexperten / Wundmanager]<br>[ggf. Curriculum „Ambulante Versorgung älterer Menschen"] |

Neben den in der zweiten Spalte gegebenen Hinweisen zum jeweiligen Tätigwerden des Arztes ist auf die **Allgemeinen Anforderungen an die Delegation** hinzuweisen, die in § 4 der Anlage 24 zum BMV-Ä genannt sind:

(1) Der Vertragsarzt entscheidet, ob und an wen er eine Leistung delegiert.

(2) Der Vertragsarzt hat sicherzustellen, dass der Mitarbeiter aufgrund seiner beruflichen Qualifikation oder allgemeinen Fähigkeiten und Kenntnisse für die Erbringung der delegierten Leistung geeignet ist (Auswahlpflicht). Er hat ihn zur selbständigen Durchführung der zu delegierenden Leistung anzuleiten (Anleitungspflicht) sowie regelmäßig zu überwachen (Überwachungspflicht). Die Qualifikation des Mitarbeiters ist ausschlaggebend für den Umfang der Anleitung und der Überwachung.

Bei den Mindestqualifikationen ist herausragendes Merkmal, das bei allen aufgeführten delegationsfähigen Tätigkeiten stets der Beruf des/der medizinischen Fachangestellten genannt wird, der allerdings keinen Heilberuf, sondern einen Ausbildungsberuf nach dem Berufsbildungsgesetz (BBiG) darstellt.[79] Teilweise wird auf spezifische Fortbildungen und Curricula hingewiesen. Dies ist allerdings nicht als Notwendigkeit gekennzeichnet, sondern mit der Bemerkung „ggf." versehen. Nur bei wenigen Tätigkeiten wird auf die Möglichkeit des Einsatzes von Angehörigen bestimmter Heilberufe Bezug genommen.

Die im Anhang zur Anlage 24 des BMV-Ä aufgeführten delegierbaren Tätigkeiten liefern wichtige Hinweise für die Festlegung der derzeitigen Grenze zwischen dem Kernbereich des ärztlichen Handelns und dem Einsatz dritter Personen, hier insbesondere der/des medizinischen Fachangestellten. Allerdings ist darauf hinzuweisen, dass diese Festlegung im Rahmen des Krankenversicherungsrechts (§ 28 Abs. 1 SGB V) für die ambulante Versorgung durch Vertragsärzte gelten, nicht im Rahmen des Berufsrechts. Im ärztlichen Berufsrecht finden sich solche Festlegungen nicht. Das Berufsrecht ist aber insofern tangiert, als es sich bei fast allen aufgeführten delegierbaren Tätigkeiten um heilkundliche Tätigkeiten handelt. Nur die unter Ziff. 1 fallenden Tätigkeiten sind nicht, zumindest nicht direkt, dem heilkundlichen Bereich zuzurechnen.

---

79 Verordnung über die Berufsausbildung zum Medizinischen Fachangestellten/zur Medizinischen Fachangestellten. Die Ausbildung dauert drei Jahre (§ 2 der Verordnung).

2.2.5.3.3 Beschreibung des Kernbereichs ärztlicher Tätigkeiten anhand
Anlage 8 zum BMV-Ä

Besondere Situationen der Delegation von ärztlichen Tätigkeiten sind in
der **Vereinbarung über die Erbringung ärztlich angeordneter Hilfeleistungen in der Häuslichkeit der Patienten, in Alten- oder Pflegeheimen
oder in anderen beschützenden Einrichtungen gem. § 28 Abs. 1 Satz 2
SGB V oder in hausärztlichen Praxen (Delegations-Vereinbarung)**[80] erfasst, die als Anlage 8 des BMV-Ä fungiert. Anders als der Titel dieser Delegationsvereinbarung vermuten lässt, geht es nicht nur um die Delegation
ärztlicher Leistungen, sondern vor allem um die Schaffung einer neuen
Fortbildungsqualifikation mit der Bezeichnung „Praxisassistent". Aufgrund dieser Fortbildungsqualifikation sollen die delegierten Tätigkeiten
in der Häuslichkeit der Patienten, in Alten- oder Pflegeheimen oder in anderen beschützenden Einrichtungen gem. § 28 Abs. 1 S. 2 SGB V oder in
hausärztlichen Praxen durchgeführt werden können. Die Delegations-Vereinbarung enthält deshalb ähnliche Inhalte wie ein Ausbildungsgesetz.

Diese Delegations-Vereinbarung in Anlage 8 des BMV-Ä ist deshalb von
besonderem Interesse für das Thema der Gestaltung von CHN, als sich
hierin die gegenwärtigen ärztlichen Vorstellungen von einer Arztentlastung in und vor allem außerhalb der Arztpraxis spiegeln und als es hier um
die hausärztliche Versorgung geht (§ 2 Delegations-Vereinbarung),[81] die
auch die Primärversorgung umfasst.

Im Rahmen dieser hausärztlichen Versorgung sollen bestimmte Patientengruppen mit bestimmten Merkmalen versorgt werden (§ 3 Delegations-Vereinbarung):

(1) Diese Vereinbarung umfasst die Behandlung und Betreuung
durch den nicht-ärztlichen Praxisassistenten des Arztes. Dies umfasst einerseits die Tätigkeit in der Vertragsarztpraxis sowie andererseits die Behandlung und Betreuung in der Häuslichkeit der Patienten, in Alten- oder Pflegeheimen oder in anderen beschützenden Einrichtungen.

(2) Die Behandlung in der Häuslichkeit der Patienten, in Alten- oder
Pflegeheimen oder in anderen beschützenden Einrichtungen kann
erfolgen, sofern folgende Voraussetzungen erfüllt sind:
   a) es liegt mindestens eine schwerwiegende chronische Erkrankung gemäß § 2 Abs. 2 der Richtlinie des Gemeinsamen Bun-

---

80 In Kraft getreten am 17.03.2009. Stand: 1 Januar 2019.
81 Zur hausärztlichen Versorgung s. § 73 Abs. 1 S. 2 SGB V.

desausschusses zur Umsetzung der Regelungen in § 62 SGB V für schwerwiegend chronisch Erkrankte vor und der Patient hat in der Regel das 65. Lebensjahr vollendet oder

b) es liegt eine Erkrankung vor, die einer dauerhaften intensiven ärztlichen Betreuung bedarf (insbesondere Patienten mit Alters- und geriatrischen Erkrankungen) und der Patient hat in der Regel das 65. Lebensjahr vollendet oder

c) es liegt eine akute schwerwiegende Erkrankung vor, die einer intensiven ärztlichen Betreuung bedarf; in diesem Fall ist die Erbringung ärztlich angeordneter Hilfeleistungen durch den nicht-ärztlichen Praxisassistenten gesondert zu begründen

und

d) der Patient kann die Praxis des Arztes aufgrund seines Gesundheitszustandes nicht oder nur unter erschwerten Bedingungen aufsuchen.

Unter der Überschrift „Versorgungsauftrag" werden in § 5 Delegations-Vereinbarung die einzelnen Hilfeleistungen des nicht-ärztlichen Praxisassistenten aufgeführt:

(1) Das arztunterstützende Aufgabenprofil des nicht-ärztlichen Praxisassistenten kann folgende aufgeführte Hilfeleistungen umfassen, soweit sie im Einzelfall vom Arzt angeordnet und nicht durch andere nicht-ärztliche Leistungserbringer erbracht werden:

a) Ausführung von durch den Arzt angeordneten Hilfeleistungen, soweit diese an den nicht-ärztlichen Praxisassistenten delegiert werden können,

b) standardisierte Dokumentation der Patientenbeobachtung einschließlich standardisierter Erfassung der verschriebenen und der selbst erworbenen freiverkäuflichen Medikamente und des Einnahmeverhaltens mit dem Ziel der Verbesserung der Patientencompliance,

c) Ermittlung von kognitiven, physischen, psychischen und sozialen Fähigkeiten, Ressourcen und Defiziten von Patienten mit Hilfe standardisierter Tests (z. B. Durchführung von Uhrentests, von Timed up- and go-Test, Esslinger Sturzrisikoassessment),

d) Testverfahren bei Demenzverdacht; Erfassung von Hirnleistungsstörungen mittels standardisierter Testverfahren bei Patienten mit Demenzverdacht (Durchführung von DemTect -Test, Test zur Früherkennung von Demenzen mit Depressionsabgrenzung (TFDD), Syndrom Kurztest (SKT), Mini-Mental-Status-Tests (MMST)

e) Patientenschulungen,

f) Anlegen einer Langzeit-Blutdruckmessung,

g) Anlegen der Elektroden für die Aufzeichnung eines Langzeit-EKG,

h) Bestimmung von Laborparametern vor Ort (z. B. Glucose, Gerinnung),

i) arztunterstützende Abstimmung mit Leistungserbringern.

Dem Arzt obliegt die Anleitungs- und Überwachungspflicht.

(2) Hilfeleistungen nach dieser Vereinbarung können in der Häuslichkeit der Patienten, in Alten- oder Pflegeheimen oder in anderen beschützenden Einrichtungen erbracht werden. Sie dürfen nur erbracht und abgerechnet werden, wenn der Vertragsarzt die Leistung im Einzelfall in Bezug auf Patienten angeordnet hat, die er zuvor bezüglich derselben Erkrankung selbst besucht oder in seiner Praxis gesehen und eingehend untersucht hat. Leistungen, die Bestandteil des Versorgungsauftrags von Alten- oder Pflegeheimen oder anderen beschützenden Einrichtungen sind, können nicht angeordnet und nicht abgerechnet werden.

Die Vorschrift über die Genehmigungspflicht nennt auch die Qualifikationsanforderungen (§ 6 Delegations-Vereinbarung):

Die Ausführung von angeordneten Hilfeleistungen durch den nicht-ärztlichen Praxisassistenten sowie die Abrechnung dieser delegierten Leistungen im Rahmen der vertragsärztlichen Versorgung durch die an der vertragsärztlichen Versorgung teilnehmenden Ärzte ist erst nach Erteilung der Genehmigung durch die Kassenärztliche Vereinigung zulässig. Die Genehmigung ist zu erteilen, wenn der Arzt gegenüber der Kassenärztlichen Vereinigung nachgewiesen hat, dass sein nicht-ärztlicher Praxisassistent über

a) einen qualifizierten Berufsabschluss gemäß der Verordnung über die Berufsausbildung zur/zum Medizinischen Fachangestellten/Arzthelfer(in) oder dem Krankenpflegegesetz und

b) eine nach dem qualifizierten Berufsabschluss mindestens dreijährige Berufserfahrung in einer hausärztlichen Praxis und

c) eine Zusatzqualifikation gemäß § 7 dieser Vereinbarung

verfügt. Der Nachweis der Berufserfahrung und der Zusatzqualifikation ist durch ärztliche Bescheinigung und eine zertifizierte Kursteilnahme gegenüber der Kassenärztlichen Vereinigung zu führen.

Für die Abrechnung von Leistungen des Abschnitts 38.3 des Einheitlichen Bewertungsmaßstabes kann die Genehmigung abweichend von b) auch erteilt werden, wenn der Arzt gegenüber der Kassenärztlichen Vereinigung nachgewiesen hat, dass sein nicht-ärztlicher Praxisassistent über eine nach dem qualifizierten Berufsabschluss mindestens dreijährige Berufserfahrung in einer fachärztlichen Praxis verfügt. In diesem Fall, ist das Zertifikat der zuständigen Ärztekammer gesondert zu kennzeichnen.

Die Zusatzqualifikation der nicht-ärztlichen Praxisassistenten wird in § 7 Delegations-Vereinbarung beschrieben.[82] Die vier Fortbildungsbereiche betreffen das Berufsbild, die medizinische Kompetenz, die Kommunikation und Dokumentation und das Notfallmanagement.

### 2.2.5.3.4 Beschreibung des Kernbereichs ärztlicher Tätigkeiten anhand des ATA-OTA-G

Anästhesie und Operationen zählen zum Kernbereich ärztlicher Tätigkeiten. Aus den Ausbildungszielen des Anästhesietechnische- und Operationstechnische-Assistenten-Gesetzes (ATA-OTA G), das am 1. Januar 2022 in Kraft tritt, können Hinweise entnommen werden, aus denen sich Abgrenzungen zu ärztlichen Tätigkeiten, auch zu ärztlichen Kerntätigkeiten, ergeben.

Das Gesetz enthält ein allgemeines und ein gemeinsames Ausbildungsziel (§ 7 und § 8 ATA-OTA-G) und gemäß den unterschiedlichen Kompetenzen der beiden Berufe zwei spezifische Ausbildungsziele (§ 9 und § 10 ATA-OTA-G).[83]

Im allgemeinen Ausbildungsziel heißt es (§ 7 Abs. 1 S. 1 ATA-OTA-G):

> Die Ausbildung zur Anästhesietechnischen Assistentin oder zum Anästhesietechnischen Assistenten und zur Operationstechnischen Assistentin oder zum Operationstechnischen Assistenten vermittelt die für die Berufsausübung erforderlichen fachlichen und methodischen Kompetenzen zur eigenverantwortlichen Durchführung und zur Mitwirkung, insbesondere in den operativen oder anästhesiologischen Be-

---

82 Wegen ihrer Länge wird diese Vorschrift im Anhang abgedruckt, s. unten Abschnitt 7.2.

83 Wegen ihrer Länge werden diese Vorschriften im Anhang abgedruckt, s. unten Abschnitt 7.3.

reichen der stationären und ambulanten Versorgung sowie in weiteren diagnostischen und therapeutischen Versorgungsbereichen, einschließlich der zugrunde liegenden Lernkompetenzen sowie der Fähigkeit zum Wissenstransfer und zur Selbstreflexion.

Es werden also die eigenverantwortliche Durchführung und die Mitwirkung unterschieden. Diese Unterscheidung findet sich auch im gemeinsamen Ausbildungsziel (§ 8 Nr. 1 und 2 ATA-OTA-G), also dem Ausbildungsziel, dass für ATA wie OTA gleichermaßen gilt. Bei der eigenverantwortlichen Durchführung[84] sind auch Aufgaben enthalten, die in den Kernbereich ärztlicher Tätigkeiten fallen, so das geplante und strukturierte Vorbereiten, Durchführen und Nachbereiten von berufsfeldspezifischen Maßnahmen der medizinischen Diagnostik und Therapie (§ 8 Nr. 1 Buchst. b ATA-OTA-G).

In den spezifischen Ausbildungszielen wird dies nicht mehr genauer hinterlegt. Dort wird für die Anästhesie das Durchführen von bedarfsgerechten Maßnahmen und Verfahren zur Betreuung der Patientinnen und Patienten während ihres Aufenthaltes im anästhesiologischen Versorgungsbereich unter Berücksichtigung ihres jeweiligen physischen und psychischen Gesundheitszustandes und das Überwachen des gesundheitlichen Zustandes der Patientinnen und Patienten und seines Verlaufs während des Aufenthaltes in den jeweiligen Versorgungsbereichen und Aufwacheinheiten außerhalb von Intensivtherapiestationen genannt (§ 9 Nr. 1 Buchst. d und e ATA-OTA-G). Bei Operationen geht es um das Durchführen von bedarfsgerechten Maßnahmen und Verfahren zur Betreuung der Patientinnen und Patienten während ihres Aufenthaltes im operativen Versorgungsbereich unter Berücksichtigung ihres jeweiligen physischen und psychischen Gesundheitszustandes und Überwachen des gesundheitlichen Zustandes der Patientinnen und Patienten und seines Verlaufs während des Aufenthaltes in den jeweiligen Versorgungsbereichen außerhalb von Aufwacheinheiten und Intensivtherapiestationen (§ 10 Nr. 1 Buchst. d und e ATA-OTA-G).

Die spezifischen Ausbildungsziele enthalten, anders als das gemeinsame Ausbildungsziel, also keine Tätigkeiten, die dem Kernbereich der ärztlichen Tätigkeit zuzurechnen wären. In der Gesetzesbegründung heißt es, dass in § 8 Nr. 1 Buchst. b ATA-OTA-G die indikationsgerechte, geplante

---

84 In der Gesetzesbegründung wird ausdrücklich darauf hingewiesen, dass diese Tätigkeiten nicht im Wege der Delegation durchgeführt werden, Deutscher Bundestag, Drucksache 19/13825, S. 51.

und strukturierte Vorbereitung operativer Eingriffe in operativen und diagnostischen Fachgebieten beschrieben wird.[85] Eine allgemeine Erläuterung zu der Vorschrift wird also nicht geliefert.

Aus dem ATA-OTA-G kann deshalb nur aus der Formulierung in § 8
Nr. 1 Buchst. b ein Hinweis entnommen werden, dass bestimmte ärztliche
Kernbereichstätigkeiten zur eigenverantwortlichen Durchführung an
ATAs und OTAs übertragen werden.

### 2.2.5.3.5 Facharztstandard als indirektes Abgrenzungsmerkmal

Zur Klärung der Frage, welcher Heilberuf nach gegenwärtigem Recht welche Tätigkeiten ausüben darf, kann auch die Einhaltung des Facharztstandards herangezogen werden.[86] Mit dem Facharztstandard wird die haf-
tungsrechtliche Dimension des ärztlichen Handelns angesprochen. Es handelt sich dabei nicht um eine Thematik des direkten Berufsrechts.[87] Da das
Haftungsrecht mit seinen Maßgaben aber indirekt auch das berufliche
Handeln von Ärzten und anderen Heilberufen bestimmt, muss es in die
Betrachtung dessen einbezogen werden, was indirekt die Grenzen auch des
ärztlichen Handelns ausmacht. Mit anderen Worten: Ein Arzt, der gegen
Haftungsmaßstäbe verstößt, kann sich zivilrechtlich haftbar machen.[88]

Die Handlungsgrenzen des Facharztstandards wären damit auch die
Handlungsgrenzen für andere Heilberufe, wenn sie ärztliche Tätigkeiten,
etwa im Rahmen der Primärversorgung, ausführen. Der Facharztstandard
muss auch gelten, wenn andere Heilberufe Tätigkeiten ausüben, die bislang den Ärzten vorbehalten sind.[89]

Die Haftung eines Arztes wegen eines Behandlungsfehlers setzt eine
schuldhaft fehlerhafte Handlung durch den Arzt voraus. Der Arzt schuldet
eine Behandlung nach dem zum Zeitpunkt der Behandlung bestehenden,
allgemein anerkannten fachlichen Standard, soweit nicht etwas anderes
vereinbart ist (§ 630a Abs. 2 BGB). Der Sorgfaltsmaßstab, den der Arzt zugrunde zu legen hat, umfasst die Maßnahmen, die von einem gewissenhaf-

---

85 Deutscher Bundestag, Drucksache 19/13825, S. 51.
86 *Taupitz/Pitz/Niedziolka* Der Einsatz nicht-ärztlichen Heilpersonals bei der ambulanten Versorgung chronisch kranker Patienten, S. 39 ff., sehen ebenfalls das Haftungsrecht als mittelbare Grenze an.
87 S. dazu oben Abschnitt 2.1.
88 Die folgenden Ausführungen beruhen maßgeblich auf *Nebendahl*, in: Igl/Welti
   (Hrsg.), Gesundheitsrecht, S. 432 ff.
89 So BGH, NJW 1991, S. 1535, für Heilpraktiker.

ten und aufmerksamen Arzt seines Fachgebietes vorausgesetzt und erwartet werden können. Damit ist der rechtlich gebotene Standard durch die Maßstäbe der Medizin vorgeprägt. Der Arzt, der die Behandlung nach dem zum Zeitpunkt der Behandlung maßgeblichen Stand der medizinischen Wissenschaft durchführt, handelt auch haftungsrechtlich nicht vorwerfbar pflichtwidrig.

Die Festlegung des jeweils der Behandlung zugrunde zu legenden Sorgfaltsmaßstabes erfolgt auf objektiv-typisierender Grundlage. Es kommt nicht auf subjektiv-individuelle Fähigkeiten oder Beeinträchtigungen des behandelnden Arztes an. Der Sorgfaltsmaßstab ist fachgebietsbezogen zu bestimmen. Der Arzt schuldet diejenige Sorgfalt, die von Ärzten seines Fachgebiets verlangt wird.

Da für die Primärversorgung in der Regel die Fachärzte für Allgemeinmedizin zuständig sind, ist der für diese Fachärzte gültige medizinische Standard auch für andere Heilberufe einschlägig, die in der Primärversorgung arztähnlich tätig werden. Werden Pflegefachpersonen in der Primärversorgung nach CHN wie Ärzte tätig, gilt der Facharztstandard der Allgemeinmedizin.

### 2.2.5.4 Vorbehaltene Tätigkeiten der anderen Heilberufe

Vorbehaltene Tätigkeiten sind für drei andere als ärztliche Heilberufe vorgesehen, so für medizinisch-technische Assistenten nach § 9 MTAG, für Hebammen nach § 4 HebG und für Pflegeberufe nach § 4 PflBG.

### 2.2.5.4.1 Medizinisch-technische Assistentinnen – medizinisch-technische Assistenten

Während ein großer Teil der Tätigkeiten und vorbehaltenen Tätigkeiten der medizinisch-technischen Assistenten[90] nicht Gegenstand von Tätigkeiten im Rahmen des CHN sein wird,[91] ist doch auf einen Tätigkeitsbereich

---

90 Hierzu im Einzelnen *Igl*, Öffentlich-rechtliche Regulierung nichtärztlicher Gesundheitsfachberufe und ihrer Tätigkeit auf den Gebieten der Diätetik, der Medizintechnik, der Orthoptik und der Pharmazie, S. 42 ff.

91 Es handelt sich hierbei um die Tätigkeiten als Laboratoriumsassistentin/-assistent (§ 1 Abs. 1 Nr. 1 MTAG), als Radiologieassistentin/-assistent (§ 1 Abs. 1 Nr. 2 MTAG) oder als veterinärmedizinisch-technische Assistentin/veterinärmedizinisch-technischer Assistent (§ 1 Abs. 1 Nr. 4 MTAG).

hinzuweisen, der im Rahmen des CHN relevant werden kann. Es handelt sich um die Tätigkeit der Medizinisch-technischen Assistentin / des Medizinisch-technischen Assistenten für Funktionsdiagnostik" (§ 1 Abs. 1 Nr. 3 MTAG). Nach dem Ausbildungsziel (§ 3 Nr. 3 MTAG) geht es hier um die Befähigung, unter Anwendung geeigneter Verfahren Untersuchungsgänge durchzuführen, die den Funktionszustand des zentralen, peripheren und vegetativen Nervensystems, der Sinnesorgane, der Muskulatur, des Herzens und der Blutgefäßdurchströmung sowie der Lungen darstellen. Die vorbehaltenen Tätigkeiten erstrecken sich hier auf (§ 9 Abs. 1 Nr. 3 MTAG):

a) Durchführung von Untersuchungsgängen in der Funktionsdiagnostik des Nervensystems und der Sinnesorgane einschließlich Ergebniserstellung, Qualitäts- und Plausibilitätskontrolle,

b) Durchführung von Untersuchungsgängen in der kardio-vaskulären Funktionsdiagnostik einschließlich Ergebniserstellung, Qualitäts- und Plausibilitätskontrolle,

c) Durchführung von Untersuchungsgängen in der pulmologischen Funktionsdiagnostik einschließlich Ergebniserstellung, Qualitäts- und Plausibilitätskontrolle,

d) technische Mitwirkung im Rahmen der chirurgischen und invasiven Funktionsdiagnostik;

ausgenommen von den unter den Buchstaben a bis c genannten Tätigkeiten sind einfache vor- oder nachbereitende Tätigkeiten und einfache Funktionsprüfungen, wie das Elektrokardiogramm, die Ergometrie und die Spirometrie.

Auf eine Vorschrift ist besonders hinzuweisen, die auch für CHN relevant ist. In § 9 Abs. 3 MTAG heißt es, dass Tätigkeiten, deren Ergebnisse der Erkennung einer Krankheit und der Beurteilung ihres Verlaufs dienen, von den in § 1 MTAG genannten Personen (= medizinisch-technische Assistentinnen / Assistenten) nur auf ärztliche, zahnärztliche oder tierärztliche oder auf Anforderung einer Heilpraktikerin oder eines Heilpraktikers ausgeübt werden dürfen. Mit dieser Vorschrift wird besagt, dass den Ärzten und Heilpraktikern die Ausübung von Heilkunde in dem von § 9 Abs. 3 MTAG beschriebenen Bereich vorbehalten ist. In der Gesetzesbegründung[92] heißt es, dass diese Vorschrift rein deklatorischen Charakter hat. Mit anderen Worten: Die Vorschrift weist auf eine schon bestehende Rechtslage hin. In der Gesetzesbegründung wird weiter ausgeführt, dass

---

92  Deutscher Bundestag, Drucksache 12/3165, S. 14.

die Vorschrift „die Bedeutung der Berufe der technischen Assistenten in der Medizin als Helfer des Arztes" unterstreiche.[93]

Der den medizinisch-technischen Assistentinnen/-assistenten eingeräumte Vorbehalt wird folgendermaßen eingeschränkt (§ 10 MTAG):

§ 9 Abs. 1 und 2 findet keine Anwendung auf

1. Personen, die auf Grund einer abgeschlossenen Hochschulausbildung über die erforderlichen Fachkenntnisse, Fähigkeiten und Fertigkeiten zur Ausübung der genannten Tätigkeit verfügen, Zahnärztinnen und Zahnärzte, die die Approbation nach den §§ 8 bis 10 des Gesetzes über die Ausübung der Zahnheilkunde erhalten haben, sowie Heilpraktikerinnen und Heilpraktiker,

2. Personen, die sich in einer die erforderlichen Voraussetzungen vermittelnden beruflichen Ausbildung befinden, soweit sie Arbeiten ausführen, die ihnen im Rahmen ihrer Ausbildung übertragen sind,

3. Personen mit einer Erlaubnis nach § 1 Nr. 4, die eine vorbehaltene Tätigkeit auf einem der in § 9 Abs. 1 Nr. 1 genannten Gebiete ausüben, wenn sie nach dem Erwerb der Erlaubnis während eines Zeitraumes von sechs Monaten unter Aufsicht einer der in Nummer 1 oder § 1 Nr. 1 genannten Personen auf diesem Gebiet tätig gewesen sind,

4. Personen mit einer Erlaubnis nach § 1 Nr. 1, die eine vorbehaltene Tätigkeit auf einem der in § 9 Abs. 2 Nr. 2 oder Nr. 3 genannten Gebiete ausüben, wenn sie nach dem Erwerb der Erlaubnis während eines Zeitraumes von sechs Monaten unter Aufsicht einer der in Nummer 1 oder § 1 Nr. 4 genannten Personen auf diesem Gebiet tätig gewesen sind,

5. Personen mit einer staatlich geregelten, staatlich anerkannten oder staatlich überwachten abgeschlossenen Ausbildung, wenn sie eine der vorbehaltenen Tätigkeiten nach § 9 ausüben, sofern diese Tätigkeit Gegenstand ihrer Ausbildung und Prüfung war,

5a. Personen mit einer abgeschlossenen Ausbildung aus einem anderen Mitgliedstaat der Europäischen Union, einem anderen Vertragsstaat des Abkommens über den Europäischen Wirtschaftsraum oder der Schweiz, denen ein partieller Zugang nach § 2 Absatz 3b bestätigt worden ist und die eine oder mehrere der vorbe-

---

93 Deutscher Bundestag, Drucksache 12/3165, S. 14.

haltenen Tätigkeiten nach § 9 ausüben, sofern diese Tätigkeit Gegenstand ihrer Ausbildung war,

6. Personen mit einer abgeschlossenen sonstigen medizinischen Ausbildung, die ohne nach den Nummern 1 bis 5 berechtigt zu sein, unter Aufsicht und Verantwortung einer der in Nummer 1 genannten Personen tätig werden.

Unter den hier aufgeführten Ausnahmen interessieren die in § 10 Nr. 1, 4, 5 und 6 genannten Ausnahmen. In Nr. 1 und 5 wird auf eine anderweitige Ausbildung verwiesen, die sich auch auf die vorbehalten Tätigkeiten bezieht. In Nr. 4 geht es um eine MTA mit einer entsprechenden Berufserfahrung auf anderem Gebiet. Nr. 6 stellt auf eine medizinische Ausbildung ab und erlaubt die Durchführung vorbehalten Tätigkeiten unter Aufsicht und Verantwortung von Personen, die auf Grund einer abgeschlossenen Hochschulausbildung über die erforderlichen Fachkenntnisse, Fähigkeiten und Fertigkeiten zur Ausübung der genannten Tätigkeit verfügen, Zahnärztinnen und Zahnärzte, sowie Heilpraktikerinnen und Heilpraktiker.

Die hier genannten Ausnahmen von der Durchführung vorbehalten Tätigkeiten erlauben es, den im MTAG eingeräumten Vorbehalt als relativen Vorbehalt[94] zu bezeichnen.

### 2.2.5.4.2 Hebammen

Wie schon im bisherigen Hebammengesetz ist auch in dem am 1. Januar 2020 in Kraft getretenen Gesetz über das Studium und den Beruf von Hebammen (Hebammengesetz – HebG) eine Vorschrift über vorbehalten Tätigkeiten enthalten (Geburtshilfe als vorbehalten Tätigkeiten, § 4 HebG):

(1) ¹Zur Leistung von Geburtshilfe sind außer Ärztinnen und Ärzten nur Personen mit einer Erlaubnis nach diesem Gesetz berechtigt. ²Dies gilt nicht für Notfälle.
(2) Geburtshilfe umfasst
1. die Überwachung des Geburtsvorgangs von Beginn der Wehen an,
2. die Hilfe bei der Geburt und
3. die Überwachung des Wochenbettverlaufs.
(3) Ärztinnen und Ärzte sind verpflichtet, dafür Sorge zu tragen, dass bei einer Geburt eine Hebamme zugezogen wird.

---

94  S. oben Abschnitt 2.2.5.1.

Der Vorbehalt stellt sich als relativer Vorbehalt[95] dar, da neben den Hebammen auch Ärztinnen und Ärzte tätig werden können.

Im Zusammenhang des CHN ist die Leistung von Geburtshilfe nicht relevant, da in keiner der Beschreibungen der künftigen Tätigkeiten im Rahmen von CHN auf die Geburtshilfe Bezug genommen wird. Die Einschränkung des Vorbehalts bei Notfällen (§ 4 Abs. 1 S. 2 HebG) erlaubt es auch Personen, die im Rahmen von CHN tätig werden, in dieser Situation entsprechende Maßnahmen zu ergreifen.

### 2.2.5.4.3 Pflegefachfrauen - Pflegefachmänner

Mit dem am 1. Januar 2020 in Kraft getretenen Gesetz über die Pflegeberufe (Pflegeberufegesetz – PflBG) sind erstmals vorbehaltene Tätigkeiten für die Pflegefachberufe eingeführt worden (Vorbehaltene Tätigkeiten, § 4 PflBG). Die vorbehaltenen Tätigkeiten, die im Text der Vorschrift dann als pflegerische Aufgaben bezeichnet werden, beziehen sich auf bestimmte Ausbildungsziele, die in § 5 Abs. 3 PflBG aufgeführt sind. § 4 PflBG lautet:

(1) Pflegerische Aufgaben nach Absatz 2 dürfen beruflich nur von Personen mit einer Erlaubnis nach § 1 Absatz 1 durchgeführt werden. Ruht die Erlaubnis nach § 3 Absatz 3 S. 1, dürfen pflegerische Aufgaben nach Absatz 2 nicht durchgeführt werden.

(2) Die pflegerischen Aufgaben im Sinne des Absatzes 1 umfassen

1. die Erhebung und Feststellung des individuellen Pflegebedarfs nach § 5 Absatz 3 Nummer 1 Buchstabe a,

2. die Organisation, Gestaltung und Steuerung des Pflegeprozesses nach § 5 Absatz 3 Nummer 1 Buchstabe b sowie

3. die Analyse, Evaluation, Sicherung und Entwicklung der Qualität der Pflege nach § 5 Absatz 3 Nummer 1 Buchstabe d.

(3) Wer als Arbeitgeber Personen ohne eine Erlaubnis nach § 1 Absatz 1 oder Personen, deren Erlaubnis nach § 3 Absatz 3 Satz 1 ruht, in der Pflege beschäftigt, darf diesen Personen Aufgaben nach Absatz 2 weder übertragen noch die Durchführung von Aufgaben nach Absatz 2 durch diese Personen dulden.

---

95  Zur Reichweite des Vorbehalts *Igl*, Gesetz über das Studium und den Beruf von Hebammen (Hebammengesetz – HebG), Studien- und Prüfungsverordnung für Hebammen (HebStPrV), Gesetzes- und Verordnungsbegründungen – Erläuterungen, § 4 HebG, Rn. 19 ff.

Dieser so formulierte Vorbehalt stellt sich als absoluter Vorbehalt gegenüber anderen Gesundheits- und Heilberufen dar.[96] Auch Ärzte und Heilpraktiker dürfen diese Aufgaben nicht durchführen oder solche Aufgaben im Rahmen der Delegation anderen Personen übertragen. Damit wird mit dieser Vorschrift zum ersten Mal die heilkundliche Tätigkeit von Ärzten und Heilpraktikern durch vorbehaltene Tätigkeiten eines anderen als ärztlichen Gesundheitsberufs eingeschränkt.

Beim adressierten Personenkreis handelt es sich um Pflegefachfrauen und Pflegefachmänner (§ 1 Abs. 1 PflBG) sowie um Gesundheits- und Kinderkrankenpflegerinnen und Gesundheits- und Kinderkrankenpfleger sowie um Altenpflegerinnen und Altenpfleger (§ 58 PflBG). Die Ausübung der vorbehaltlichen Tätigkeiten erstreckt sich auch auf die nach bisher geltendem Recht (Krankenpflegegesetz – KrPflG; Altenpflegegesetz – AltPflG) ausgebildeten Personen (§ 64 S. 3 PflBG).

### 2.2.6 Zusammenfassung der Situationen und weiteres Vorgehen

Die Tätigkeit von Berufen auf gesundheitlichem Gebiet ist dann besonderen Regulierungen unterworfen, wenn es um Maßnahmen geht, die heilkundlicher Art sind. Die Rechtsentwicklung auf diesem Gebiet, insbesondere geprägt durch die jüngeren Heilberufegesetze, und die Entwicklung der Rechtsprechung insbesondere auf dem Gebiet der sektoralen Heilpraktikererlaubnis, haben dazu beigetragen, dass die früher vorhandene klare Rollenzuschreibung für bestimmte Heilberufe heute nicht mehr vorzufinden ist. Die früher einfache Zuordnung von selbstständig ausgeübten heilkundlichen Tätigkeiten an Ärzte und Heilpraktiker - und das dieser Zuordnung entsprechenden Verbot für andere Berufe und Heilberufe, selbstständig Heilkunde auszuüben - wird in den jüngeren Ausbildungsgesetzen für Heilberufe von einer differenzierteren Sichtweise abgelöst. Dies führt auf der einen Seite zu mehr Flexibilität in der Zuschreibung von Rollen in der gesundheitlichen und pflegerischen Versorgung. Auf der anderen Seite werden bei der Übertragung von vorbehalteten Aufgaben an die Pflegeberufe neue Begrenzungen auf einem wichtigen Feld der Gesundheitsversorgung erzeugt, die zu den schon bestehenden Begrenzungen hinzutreten.

---

96 Zur Reichweite des Vorbehalts *Igl*, Gesetz über die Pflegeberufe, § 4 PflBG, Rn. 44 ff.

Bei der Ausübung heilkundlicher Tätigkeiten können die folgenden beruflichen Situationen unterschieden werden:

- Ein anderer als ärztlicher Heilberuf verfügt über ein Ausbildungsziel, das auch heilkundliche Gebiete betrifft, ohne dass Aufgaben auf diesen Gebieten selbstständig / eigenverantwortlich durchgeführt werden sollen (andere als ärztliche Heilberufe mit heilkundlichen Aufgaben ohne Selbstständigkeitsklausel).
- Ein anderer als ärztlicher Heilberuf verfügt über ein Ausbildungsziel, das auch heilkundliche Gebiete mit der Maßgabe betrifft, dass Aufgaben auf diesen Gebieten selbstständig / eigenverantwortlich durchgeführt werden können, ohne dass eine sektorale Heilpraktikererlaubnis für die selbstständige Durchführung benötigt wird (andere als ärztliche Heilberufe mit heilkundlichen Aufgaben und Selbstständigkeitsklausel).
- Einem anderen als ärztlichem Heilberuf werden Aufgaben zugewiesen, die nur von ihm durchgeführt werden dürfen (andere als ärztliche Heilberufe mit exklusiv übertragenen Vorbehaltsaufgaben – absolut wirkender Vorbehalt).
- Einem anderen als ärztlichem Heilberuf werden Aufgaben zugewiesen, die nur von ihm und definierten anderen Berufen durchgeführt werden dürfen (andere als ärztliche Heilberufe mit nicht exklusiv übertragenen Vorbehaltsaufgaben – relativ wirkender Vorbehalt).
- Ärzten und Heilpraktikern werden umfassend alle Maßnahmen heilkundlicher Art zur selbstständigen Ausführung zugeschrieben (allgemeiner Arztvorbehalt – Heilpraktikervorbehalt – relativ wirkender Vorbehalt).
- Ärzte und Heilpraktiker können für gewisse Bereiche heilkundliche Maßnahmen an Hilfspersonen delegieren. Für diese Hilfspersonen existieren keine gesetzlich vorgeschriebenen Ausbildungserfordernisse. Die Delegation ist jedoch an bestimmte Qualitätserfordernisse geknüpft (Hilfspersonen, die vom Arzt delegierte heilkundliche Aufgaben durchführen).
- Ärzte müssen bestimmte heilkundliche Maßnahmen selbst in Person (höchstpersönlich) durchführen (exklusiver Arztvorbehalt – absolut wirkender Vorbehalt).

Diese Übersicht über die beruflichen Situationen bei heilkundlichen Tätigkeiten soll im Folgenden der Zuordnung von Tätigkeiten auf dem Gebiet von CHN zugrunde gelegt werden. Nach dieser Zuordnung auf Grundlage des aktuellen Rechtszustands *(de lege lata)* werden dann jeweils Hinweise gegeben, wie sich die künftige Rechtslage *(de lege ferenda)* gestalten könnte, um für CHN einen operablen Rechtsrahmen zu liefern. Aus Gründen der Übersichtlichkeit wird die aktuelle und künftige rechtliche Situation jeweils direkt im Zusammenhang mit den überprüften Tätigkeiten erörtert.

Im Folgenden werden nur die jeweiligen Tätigkeiten im Rahmen von CHN,[97] nicht jedoch die Aufgaben[98] einer rechtlichen Überprüfung unterzogen, da nur die aufgeführten Tätigkeiten im Sinne der Zuordnung zu heilkundlichen Maßnahmen betrachtet werden können.

### 2.2.7 CHN-Tätigkeiten ohne heilkundlichen Charakter

#### 2.2.7.1 Gesundheitserhaltung und -förderung

*De lege lata:*
Die Unterstützung von Patienten in der Gesundheitserhaltung und –förderung und die Stärkung der Gesundheitskompetenz des Einzelnen und der Familien/Gruppen stellen keine Ausübung von Heilkunde dar, da sie keinen Bezug zu einer Krankenbehandlung haben.

Auch die in diesem Zusammenhang genannte umfassende Patienteninformation, Patientenberatung und -schulung stellen dann keine Ausübung von Heilkunde dar, wenn bei der Patientenschulung keine individuellen therapeutischen Maßnahmen durchgeführt werden.

Für die Pflegeberufe sind zur Gesundheitserhaltung und –förderung bereits Ausbildungsziele in § 5 Abs. 3 Nr. 1 Buchst. e und f PflBG enthalten:

    e) Bedarfserhebung und Durchführung präventiver und gesundheitsfördernder Maßnahmen,

    f) Beratung, Anleitung und Unterstützung von zu pflegenden Menschen bei der individuellen Auseinandersetzung mit Gesundheit und Krankheit sowie bei der Erhaltung und Stärkung der eigenständigen Lebensführung und Alltagskompetenz unter Einbeziehung ihrer sozialen Bezugspersonen,

*De lege ferenda:*
Die in § 5 Abs. 3 Nr. 1 Buchst. e und f PflBG enthaltenen Vorschriften betreffen den Personenkreis der pflegebedürftigen Menschen. Eine Ausweitung dieser Vorschriften auf den Bereich der Gesundheitsversorgung ist

---

97  S. oben Abschnitt 1.1.3.3.
98  S. oben Abschnitt 1.1.3.2.

dann erforderlich, wenn APN / NP als eigenständiger Heilberuf durch den Bundesgesetzgeber geregelt werden soll (Art. 74 Abs. 1 Nr. 19 GG). Hier könnten analog zu den in § 5 Abs. 3 Nr. 1 Buchst. e und f PflBG aufgeführten Ausbildungszielen entsprechende Ausbildungsziele in einem APN / NP-Heilberufsgesetz aufgenommen werden.

### 2.2.7.2 Bedarfserhebung

*De lege lata:*
Die im Zusammenhang mit der Bedarfserhebung aufgeführten Maßnahmen z. B. der Erhebung von Gesundheitsproblemen von Einzelnen oder Gruppen in einer Region etwa in Form der Eruierung von Unfallschwerpunkten, Fehl-, Über- oder Unterversorgung in speziellen Gruppen sind dem Public-Health-Bereich zuzuordnen. Sie haben keinen heilkundlichen Charakter.

*De lege ferenda:*
Unabhängig von der Frage, ob für diese Tätigkeitsbereiche eine spezifische berufsrechtliche Regelung erforderlich ist, ist mit Blick auf die Gesetzgebungskompetenzen auf Folgendes hinzuweisen:

Es könnten für diesen Tätigkeitsbereich entsprechende das Berufsrecht betreffende gesetzliche Regelungen auf Länderebene getroffen werden, da es sich nicht um heilkundliche Tätigkeiten handelt und da die Länder demgemäß die Gesetzgebungskompetenz nicht nur für die Regelung der Berufsausübung, sondern auch für die Berufszulassung (Ausbildung und Prüfung) haben.

Will man die Bedarfserhebung als Ausbildungsziel im Rahmen eines (Bundes-)Heilberufsgesetzes zu APN / NP aufnehmen, bedarf es der Gesetzgebungskompetenz nach Art. 74 Abs. 1 Nr. 19 GG. Für die Inanspruchnahme dieser Gesetzgebungskompetenz durch den Bundesgesetzgeber ist es erforderlich, dass es um die Regelung der Zulassung zu Heilberufen geht, was wiederum voraussetzt, dass es sich um Berufe handelt, die Heilkunde ausüben. Die oben geschilderte Bedarfserhebung zählt nicht zur Heilkunde. Nach der Rechtsprechung des Bundesverfassungsgerichts ist die Inanspruchnahme der Gesetzgebungskompetenz nach Art. 74 Abs. 1 Nr. 19 GG jedoch auch dann möglich, wenn ein Sachzusammenhang mit den anderen zu formulierenden Ausbildungszielen besteht, die sich auf die Heilkunde beziehen.[99]

Dass der Bundesgesetzgeber so vorgehen kann, ergibt sich auch aus dem Beispiel des in § 5 Abs. 3 Nr. 1 Buchst. i PflBG beschriebenen Ausbildungsziels:

  i) [...] Mitwirkung an der praktischen Ausbildung von Angehörigen von Gesundheitsberufen,

Dieses Ausbildungsziel hat keinerlei heilkundlichen Charakter. Es ergibt sich jedoch ein Sachzusammenhang dieser Vorschrift mit der Ausbildung von Pflegeberufen. Ähnliches kann für die Bedarfserhebung durch APN / NP gelten, denn diese Bedarfserhebung findet im Zusammenhang mit der sonstigen heilberuflichen Tätigkeit von APN / NP statt.

### 2.2.7.3 Koordination, Kooperation, Leadership

*De lege lata:*
Ein Teil der unter dem Titel „Koordination, Kooperation, Leadership" geschilderten Maßnahmen hat allgemein, nicht individuell versorgungssteuernden Charakter. Das gilt für die Sicherstellung einer umfassenden, koordinierten Versorgung, die Bündelung der Leistungserbringung und eine Basisversorgung in strukturschwachen Regionen sowie Forschungs- und Erhebungsaufgaben.

Neben den allgemeinen Versorgungsaufgaben, die keinen heilkundlichen Charakter haben,[100] und den nur den Ärzten vorbehaltenen Tätigkeiten,[101] die unter diesem Titel aufgeführt sind, wird hier auch auf die Überleitung in Form eines Case- und Care-Managements verwiesen. Die Überleitung für sich hat keinen heilkundlichen Charakter. Vergleichbares dürfte für das Case- und Care-Management und die Sicherstellung der nachfolgenden Gesundheitsversorgung gelten.

*De lege ferenda:*
Da es sich nicht um heilkundliche Tätigkeiten handelt, sind bei einer gesetzlichen Regelung keine spezifischen heilberuferechtlichen Maßgaben zu beachten. Die entsprechenden Regelungen könnten als Ausbildungsziel in

---

99  S. dazu für die Ausbildungsziele im AltPflG BVerfGE 106, 62 (114 f., 121 f.).
100  S. dazu oben Abschnitt 2.2.7.3.
101  S. dazu unten Abschnitt 2.2.9.3.

einem APN / NP-Gesetz aufgeführt werden. Weiter sind entsprechende Vorschriften im SGB V und SGB XI, soweit nicht schon vorhanden,[102] vorzusehen.

Zuständig ist in beiden Fällen der Bundesgesetzgeber (Art. 74 Abs. 1 Nr. 12 und 19 GG).

Weiter ist auf die Ausführungen zur *de-lege-ferenda*-Situation oben Abschnitt 2.2.7.2 zu verweisen.

### 2.2.8 CHN-Tätigkeiten mit heilkundlichem Charakter

### 2.2.8.1 Befähigung von Patienten

*De lege lata:*
Mit der Befähigung von Patienten wird eine komplexe Aufgabe angesprochen, bei der unterschiedlich zu qualifizierende Tätigkeiten vorliegen. So stellt Befähigung eine heilkundliche Tätigkeit dar, wenn sie sich direkt und indirekt auf die Behandlung einer Krankheit bezieht und hierzu Unterstützung anbietet. Die Förderung einer Motivation zur regelmäßigen Medikamenteneinnahme wird man nicht zu den heilkundlichen Tätigkeiten rechnen können. Da die einzelnen Tätigkeiten im Rahmen der Befähigung von Patienten in der Praxis oft nicht genau getrennt werden können, spricht viel dafür, die Befähigung von Patienten insgesamt zu den heilkundlichen Tätigkeiten zu rechnen.

Bestimmte dieser Maßnahmen werden auch von Ärzten vorgenommen, z. B. die Aufklärung über den Umgang mit Medikamenten oder über Techniken des Selbstmonitorings. Dabei handelt es sich aber nicht um nur dem Arzt exklusiv vorbehaltene ärztliche Tätigkeiten.

Das breite Spektrum der Maßnahmen zur Befähigung von zu pflegenden Menschen findet sich in den Ausbildungszielen des PflBG (§ 5 Abs. 3 Nr. 1 Buchst. f und g) wieder:

> f) Beratung, Anleitung und Unterstützung von zu pflegenden Menschen bei der individuellen Auseinandersetzung mit Gesundheit und Krankheit sowie bei der Erhaltung und Stärkung der eigenständigen Lebensführung und Alltagskompetenz unter Einbeziehung ihrer sozialen Bezugspersonen,

---

102 Zur Versorgungsplanung § 7a SGB XI; zum Versorgungsmanagement § 11 Abs. 4 SGB V; zum Entlassmanagement § 39 Abs. 1a SGB V.

g) Erhaltung, Wiederherstellung, Förderung, Aktivierung und Stabilisierung individueller Fähigkeiten der zu pflegenden Menschen insbesondere im Rahmen von Rehabilitationskonzepten sowie die Pflege und Betreuung bei Einschränkungen der kognitiven Fähigkeiten,

*De lege ferenda:*
Die in § 5 Abs. 3 Nr. 1 Buchst. f und g PflBG enthaltenen Vorschriften betreffen den Personenkreis der pflegebedürftigen Menschen. Eine Ausweitung dieser Vorschriften auf den Bereich der Gesundheitsversorgung ist dann erforderlich, wenn APN / NP als eigenständiger Heilberuf durch den Bundesgesetzgeber geregelt werden soll (Art. 74 Abs. 1 Nr. 19 GG). Hier könnten analog zu den in § 5 Abs. 3 Nr. 1 Buchst. f und g PflBG aufgeführten Ausbildungszielen entsprechende Ausbildungsziele in einem APN / NP-Heilberufsgesetz aufgenommen werden.

### 2.2.8.2 Ersteinschätzung und Beratung

*De lege lata:*
Die unter dem Titel „Ersteinschätzung und Beratung" aufgeführten Maßnahmen haben bis auf die Verabreichung von Medikamenten insgesamt heilkundlichen Charakter. Die einzelnen Maßnahmen, die unter diesem Titel aufgeführt werden, entsprechen jedoch zum Teil nicht dem inhaltlichen Rahmen, der durch den Titel vorgegeben ist. So gehören die Entscheidung über den weiteren Behandlungsverlauf auf Grundlage von Assessments und Gesprächen und die Anordnung und Verabreichung von Medikamenten nicht zu einer „Ersteinschätzung und Beratung". Sie sind vielmehr schon Teil einer Behandlung, die bis auf die Verabreichung von Medikamenten (zum Teil exklusiv) dem Arzt vorbehalten ist. Das ergibt sich im Übrigen im Umkehrschluss auch aus der Modellvorhabensvorschrift in § 63 Abs. 3b Nr. 1 SGB V. Nach dieser Vorschrift kann die Verordnung von Verbandsmitteln und Pflegehilfsmitteln den Pflegberufen übertragen werden, wenn es sich nicht um selbstständige Ausübung von Heilkunde handelt.

Die anderen Tätigkeiten, die unter diesem Punkt aufgeführt werden, so insbesondere die Beratung der Patienten zu ihren spezifischen Gesundheits- oder Krankheitsfragen, sind am individuellen Patienten ausgerichtet und sind damit Bestandteil einer ärztlichen Behandlung.

Nur soweit die Ersteinschätzung und Beratung Maßnahmen zum Gegenstand hat, die in § 5 Abs. 3 Nr. 1 Buchst. a und f PflBG aufgeführt sind, ist ein ärztlicher Vorbehalt nicht gegeben:

a) Erhebung und Feststellung des individuellen Pflegebedarfs und Planung der Pflege,

[…]

f) Beratung, Anleitung und Unterstützung von zu pflegenden Menschen bei der individuellen Auseinandersetzung mit Gesundheit und Krankheit sowie bei der Erhaltung und Stärkung der eigenständigen Lebensführung und Alltagskompetenz unter Einbeziehung ihrer sozialen Bezugspersonen,

Die Verabreichung von angeordneten Medikamenten stellt keine Tätigkeit dar, die nur dem Arzt in Person vorbehalten wäre. So können etwa Pflegepersonen in Einrichtungen den pflegebedürftigen Menschen Medikamente verabreichen. Es handelt sich hierbei nicht um eine Delegation ärztlicher Tätigkeit, da die Einnahme von Medikamenten grundsätzlich Aufgabe des Patienten ist. Wenn der Patient dazu alleine nicht in der Lage ist, kann er hierbei durch Dritte unterstützt werden. Im Apothekengesetz (ApoG) ist für die Information und Beratung bei der Verabreichung von Medikamenten eine besondere Vorschrift vorgesehen, die aber für die hier anstehende rechtliche Bewertung nicht von Bedeutung ist (§ 12a Abs. 1 S. 3 Nr. 3 ApoG).[103]

Die Unterstützung von Menschen mit chronischen Erkrankungen bei der Bewältigung von deren teilweise komplexen Medikamentenregimen stellt einen besonderen Fall der Unterstützung bei der Verabreichung von Medikamenten dar und ist insofern rechtlich wie die vorstehend geschilderte Situation zu bewerten. Wird jedoch ein Medikationsplan erstellt (§ 31a SGB V), so handelt es sich um eine vertragsärztliche Tätigkeit.

*De lege ferenda:*
Aus dem Kontext der Beschreibung von Maßnahmen zur Ersteinschätzung und Beratung ist zu entnehmen, dass die Ersteinschätzung und Beratung

---

103 Die Vorschrift lautet:
„Die Genehmigung ist zu erteilen, wenn […]
die Pflichten des Apothekers zur Information und Beratung von Heimbewohnern und des für die Verabreichung oder Anwendung der gelieferten Produkte Verantwortlichen festgelegt sind, soweit eine Information und Beratung zur Sicherheit der Heimbewohner oder der Beschäftigten des Heimes erforderlich sind, […],“.

vor allem dem medizinischen, nicht nur dem pflegerischen Bereich zuzuordnen ist.[104] Für entsprechende gesetzliche Neuregelungen empfiehlt es sich, die unter diesem Titel aufgeführten Maßnahmen zu präzisieren und insgesamt neu zu strukturieren. Anhand der vorliegenden Beschreibung kann für eine künftige gesetzliche Regelung nur gesagt werden, dass die in § 5 Abs. 3 Nr. 1 Buchst. a und f PflBG aufgeführten Tätigkeiten im Rahmen einer künftigen berufsrechtlichen Regelung von APN / NP auch auf den Bereich der Gesundheitsversorgung erweitert werden können. Bei den anderen Tätigkeiten, die noch genauer zu spezifizieren wären, steht zum Teil der exklusive Arztvorbehalt einer berufsrechtlichen Zuordnung an APN / NP entgegen.

Die Verabreichung von Medikamenten ist gesetzlich nicht regelungsbedürftig, kann aber als Ausbildungsziel „Unterstützung von Menschen mit chronischen Erkrankungen bei der Bewältigung von deren teilweise komplexen Medikamentenregimen" in ein APN / NP-Berufsgesetz aufgenommen werden.

### 2.2.9 CHN-Tätigkeiten auf dem Gebiet heilkundlicher vorbehaltener Tätigkeiten / Aufgaben

#### 2.2.9.1 Ersteinschätzung und Beratung

*De lege lata:*
Die Tätigkeiten, die unter Ersteinschätzung und Beratung aufgeführt sind, haben teilweise den Charakter ärztlicher Tätigkeiten.[105]

Soweit es sich bei der Beratung zu spezifischen Gesundheits- oder Krankheitsfragen um eine Beratung in Bezug auf die Therapie einer bestimmten Krankheit handelt, ist eine ärztliche Tätigkeit gegeben, die zum Kernbereich der ärztlichen Tätigkeiten zählt und die auch nicht delegierbar ist. Dazu zählt auch die Entscheidung über den weiteren Behandlungsverlauf und die Anordnung von Medikamenten.

*De lege ferenda:*
Die hier genannten Tätigkeiten gehören zum Kernbereich ärztlicher Tätigkeiten, die nicht delegierbar sind (exklusiver Arztvorbehalt).

---

104 S. dazu unten Abschnitt 2.2.9.1.
105 S. dazu schon oben Abschnitt 2.2.8.2.

Für eine Neuregelung und Übertragung solcher Aufgaben an APN / NP ist der Bundesgesetzgeber zuständig (Art. 74 Abs. 1 Nr. 19 GG).

### 2.2.9.2 Klinisches Assessment und körperliche Untersuchung

*De lege lata:*

Bestimmte Tätigkeiten, die unter dem Titel „Klinisches Assessment und körperliche Untersuchung" aufgeführt werden (Anamnese, diagnostische Untersuchungen) gehören zum Kernbereich ärztlicher Tätigkeit und sind nicht delegierbar (exklusiver Arztvorbehalt).

Wenn unter der Formulierung zur Beurteilung der Dringlichkeit der Situation und der Einleitung entsprechender Maßnahmen auch die Einleitung therapeutischer Maßnahmen verstanden wird, handelt es sich auch hier um nicht delegierbare ärztliche Tätigkeiten. Wenn darunter nur die Anregung zur Einleitung ärztlicher Maßnahmen verstanden wird, ist der Teil dieser Tätigkeit als heilkundliche Tätigkeit zu qualifizieren, die auch nicht nur dem Arzt vorbehalten ist. Allerdings ist die Situationsbeurteilung und die Einleitung entsprechender Maßnahmen im Kontext der vorhergehenden Anamnese und diagnostischen Untersuchungen zu sehen, die nur dem Arzt vorbehalten sind.

*De lege ferenda:*

Die hier aufgeführten Tätigkeiten rechnen zum Kernbereich ärztlicher Tätigkeit, die nicht delegierbar sind (exklusiver Arztvorbehalt).

Für eine Neuregelung und Übertragung solcher Aufgaben an APN / NP ist der Bundesgesetzgeber zuständig (Art. 74 Abs. 1 Nr. 19 GG).

### 2.2.9.3 Koordination, Kooperation, Leadership

*De lege lata:*

Außer den allgemeinen versorgungssteuernden Aufgaben, die keinen heilkundlichen Charakter haben,[106] stellen die Aufgaben der direkten Patientenversorgung und der Prozesssteuerung der Primärversorgung im Sinne

---

106 S. dazu oben Abschnitt 2.2.7.3.

einer „leadership"[107] Maßnahmen im Kernbereich ärztlichen Handelns dar, die nicht delegationsfähig sind.

*De lege ferenda:*
Die hier aufgeführten Tätigkeiten rechnen zum Kernbereich ärztlicher Tätigkeit, die nicht delegierbar sind (exklusiver Arztvorbehalt).

Für eine Neuregelung und Übertragung solcher Aufgaben an APN / NP ist der Bundesgesetzgeber zuständig (Art. 74 Abs. 1 Nr. 19 GG).

## 2.3 Gesetzliche Regelungsmöglichkeiten auf dem Gebiet des Beruferechts

### 2.3.1 Zum weiteren rechtsgutachterlichen Vorgehen

In den beiden folgenden Abschnitten geht es um die gesetzlichen Regelungsmöglichkeiten auf dem Gebiet des Beruferechts. Zunächst sollen die betroffenen Regelungsgegenstände mit Blick auf Gesetzgebungskompetenzen (Bund / Länder) dargelegt werden (Abschnitt 2.3.2). Sodann werden Einschätzungen zu inhaltlichen Gestaltungsmöglichkeiten *de lege ferenda* gegeben (Abschnitt 2.3.3). Gemäß dem Gutachtensauftrag sollen hier keine ausgearbeiteten Gesetzesvorschläge formuliert werden, sondern es sollen anhand der bisherigen beruferechtlichen Entwicklungen mögliche Fortentwicklungen des bestehenden Rechts eingeschätzt werden.

### 2.3.2 Regelungsgegenstände und Gesetzgebungskompetenzen

#### 2.3.2.1 Allgemeines zu den Gesetzgebungskompetenzen

Bei den im vorstehenden Zusammenhang hauptsächlich interessierenden Gesetzgebungskompetenzen des Bundes handelt es sich um Zuständigkeiten der konkurrierenden Gesetzgebung. Im Bereich der konkurrierenden Gesetzgebung haben die Länder die Befugnis zur Gesetzgebung, „solange und soweit der Bund von seiner Gesetzgebungsbefugnis nicht durch Gesetz Gebrauch gemacht hat" (Art. 72 Abs. 1 GG).

---

107 Worunter wohl eine zentrale Steuerung des individuellen Versorgungsprozesses zu verstehen ist, wie sich auch aus dem Verweis auf „hält die Fäden in der Hand" ergibt, s. *Agnes-Karll-Gesellschaft*, CHN Deutschland, S. 15.

Einschlägig sind hier die Gesetzgebungskompetenzen für die Sozialversicherung (Art. 74 Abs. 1 Nr. 12 GG) und für die Zulassung zu ärztlichen und anderen Heilberufen (Art. 74 Abs. 1 Nr. 19 GG). Von diesen Gesetzgebungskompetenzen hat der Bund mit den Gesetzen zur Sozialversicherung (hier insbesondere SGB V und SGB XI) und mit den verschiedenen Heilberufegesetzen Gebrauch gemacht. Das heißt, dass die Länder bei den von diesen Bundesgesetzen erfassten Gegenständen keine Gesetze mehr erlassen können.

Bei der Gesetzgebungskompetenz zur Zulassung zu ärztlichen und anderen Heilberufen ist darauf hinzuweisen, dass nicht das gesamte Berufsrecht eines Heilberufs von dieser Gesetzgebungskompetenz erfasst wird, sondern nur die Zulassung. Zulassung bedeutet die Regelung der Voraussetzungen für den Zugang zur Ausbildung, der Ausbildung, der Prüfung und der eigentlichen Zulassung, etwa im Sinne einer Approbation. Nicht zur Zulassung gehört die Berufsausübung.[108] Aus diesem Grund sind die Länder zuständig für die Regelung von Berufskammern (z. B. Ärztekammern, Pflegekammern), für die Berufsordnungen und für die sonstigen die Berufsausübung betreffenden Vorschriften.

Trotzdem kann der Bund im Rahmen seiner Gesetzgebungszuständigkeit für die Sozialversicherung in den Sozialversicherungsgesetzen Normen vorsehen, in denen die Berufsausübung geregelt wird. Dies geschieht in großem Umfang im Vertragsarztrecht, aber auch bei der Heilmittelversorgung. Auch im Leistungsrecht finden sich Vorschriften, die die Berufsausübung von Gesundheitsberufen regeln, so etwa bei der Hilfeleistung für Ärzte durch andere Personen (§ 15 Abs. 1 S. 1 SGB V) und bei den Delegationsmöglichkeiten (§ 28 Abs. 1 S. 2 und 3 SGB V). Auch die Vorschriften zu den Modellvorhaben sind hier zu nennen (§ 63 Abs. 3b und 3c SGB V).

Außerhalb des Heilberuferechts kann der Bund die Berufsausbildung von Gesundheitsberufen aufgrund der konkurrierenden Gesetzgebungszuständigkeit für das Recht der Wirtschaft (Art. 71 Abs. 1 Nr. 11 GG) regeln. Dies ist etwa für die Gesundheitshandwerker in der Handwerksordnung und für die medizinischen Fachangestellten im Berufsbildungsgesetz geschehen.

Da berufsrechtliche Regelungen den Schutzbereich des Grundrechts der Berufsfreiheit (Art. 12 Abs. 1 GG) berühren können, ist weiter darauf zu

---

108  S. dazu nur *Maunz,* in: Maunz/Dürig (Hrsg.), Grundgesetz-Kommentar, Art. 74, Rn. 217; *Kunig,* in: von Münch/Kunig (Hrsg.), Grundgesetz-Kommentar, Art. 74, Rn. 77.

achten, dass die Maßgaben dieses Grundrechts für die an CHN beteiligten Berufe beachtet werden. Dies gilt auch für die Berufsfreiheit der Ärzte, die durch Vorschriften etwa zum Arztvorbehalt betroffen sein können.[109]

### 2.3.2.2 Mit Bezug auf den Arztvorbehalt

### 2.3.2.2.1 Gesetzgebungskompetenzen des Bundes

Der Arztvorbehalt ist berufsrechtlich in § 1 Abs. 1 HeilprG geregelt. Im Sozialversicherungsrecht findet er sich in § 15 Abs. 1 S. 1 und § 28 Abs. 1 S. 1 SGB V. Der indirekt den Zugang zu ärztlichen Behandlungen betreffende Facharztstandard ist anhand der bundesgesetzlichen Vorschrift in § 630a Abs. 2 BGB entwickelt worden.

Auch die Tätigkeiten, die dem Kernbereich ärztlichen Handelns zuzuordnen sind, haben einen heilberufs-, sozialversicherungs- und haftungsrechtlichen Hintergrund und sind damit der Gesetzgebungskompetenz des Bundes zuzuordnen.

Bei der Ausgestaltung der heilberuferechtlichen Handlungsbefugnisse von Personen, die künftig im Rahmen von CHN tätig werden sollen, also zum APN / NP ausgebildete Personen, können folgende Konstellationen unterschieden werden: Sollen diese Personen auf Gebieten tätig werden, die dem Arztvorbehalt unterliegen und / oder in den Kernbereich ärztlichen Handelns fallen, stellt sich die Frage, ob damit der Arztvorbehalt tangiert wird im Sinne einer Einschränkung ärztlicher Handlungsmöglichkeiten, oder ob es sich (nur) um die Ausstattung eines anderen Heilberufs mit bisher nur dem Arzt vorbehaltenen Tätigkeiten handelt. Von einer künftigen vollständigen Übertragung der Primärversorgung an Personen, die im Rahmen von CHN tätig werden, gekoppelt mit einem Ausschluss der Ärzte von der Primärversorgung, ist nicht die Rede.

Es kann festgehalten werden, dass der Bundesgesetzgeber aufgrund von Art. 74 Abs. 1 Nr. 11 und 19 GG für die Sozialversicherung und die Heilberufezulassung die Gesetzgebungskompetenz hat. Der Bund könnte also ein Ausbildungsgesetz für APN / NP als Heilberufezulassungsgesetz mit den entsprechenden Ausbildungszielen auf dem Gebiet der Primärversorgung erlassen. Der Bund könnte auch im Sozialversicherungsrecht entsprechende Maßgaben treffen, die die medizinische Primärversorgung auch auf die im Rahmen von CHN tätigen Personen übertragen.

---

109 S. dazu unten Abschnitt 2.3.3.5.

### 2.3.2.2.2 Gesetzgebungskompetenzen der Länder

Eine andere Frage ist, ob auch die Länder, falls der Bund nicht auf der Grundlage von Art. 74 Abs. 1 Nr. 19 GG als Heilberufsgesetzgeber tätig wird, für ein solches Ausbildungsgesetz eine Gesetzgebungskompetenz haben. Diese Frage ist anhand von Art. 72 Abs. 1 GG zu klären. Nach dieser Vorschrift haben die Länder die Befugnis zur Gesetzgebung nur, solange und soweit der Bund von seiner Gesetzgebungszuständigkeit nicht durch Gesetz Gebrauch gemacht hat. Bezogen auf die hier zu erörternde Situation lautet die Frage demnach: Hat der Gesetzgeber durch die Vorschrift des § 1 Abs. 1 HeilprG die Zulassung zur selbstständigen Ausübung von Heilkunde *nur* für Ärzte und Heilpraktiker vorgesehen? Das hätte zur Folge, dass damit durch ein Bundesgesetz eine Sperre gegenüber den Ländern für die Schaffung von Gesetzen über die Zulassung von Heilberufen gegeben ist, die zwar im Verhältnis zu den (Bundes-)Heilberufegesetzen einen neuen Heilberuf zum Gegenstand haben, der aber Teile der Heilkunde ausübt, für die der in § 1 Abs. 1 HeilprG[110] geregelte Vorbehalt gilt. Wenn man diese Frage mit Ja beantwortet, würde das bedeuten, dass den Ländern jegliche Gesetzgebung auf dem Gebiet der Zulassung zu den Heilberufen versagt ist, wenn diese Berufe Heilkunde oder Teile der Heilkunde ausüben.[111]

Diese Frage verschränkt sich mit der weiteren Frage, ob die Länder gesetzliche Weiterbildungsordnungen für Berufe schaffen können, die bereits aufgrund Bundesrechts Teile der Heilkunde ausüben (wie z. B. die Pflegefachberufe nach dem PflBG), und bei denen dann durch die Weiterbildung Erweiterungen mit Blick auf die selbstständige Ausübung von Heilkunde einhergehen.

Diese Fragen können anhand der gegenwärtigen Rechtslage so beantwortet werden, dass nur der Bund die Kompetenz für ein Heilberufsgesetz zum APN / NP hat. Wenn Weiterbildungsordnungen der Länder eine Erweiterung der Heilkundeausübung im Verhältnis zur bundesrechtlich vorgesehenen Zulassung zur selbstständigen Heilkundeausübung darstellen,

---

110 Die Sperrwirkung kann auch durch vorkonstitutionelles Recht, wie es bei dem aus dem Jahre 1939 stammenden HeilprG der Fall ist, erzeugt werden, s. etwa BVerfGE 58, 45 (60). S. auch *Sasse*, Der Heilpraktiker, S. 28 ff.

111 In Hessen war bis zum 31.12.2018 eine Verordnung einer Weiterbildungs- und Prüfungsordnung im Bereich der Osteopathie (WPO-Osteo) vom 4. November 2008 in Kraft. Osteopathen üben Teile der Heilkunde wie auch ein Arzt aus, s. *Burgi*, in: Kahl/Waldhoff/Walter (Hrsg.), Bonner Kommentar zum Grundgesetz, Art. 12, Rn. 235.

besteht hierfür keine Gesetzgebungskompetenz der Länder. Das gilt im Übrigen auch für entsprechende Weiterbildungen in Masterprogrammen etwa in Richtung auf eine selbstständig auszuführende medizinische Primärversorgung ohne Anbindung an einen Arzt.

Allerdings kann man diese Situation insofern als unbefriedigend erachten, als die Länder für die Weiterbildung von Heilberufen zuständig sind. Das hat das Bundesverfassungsgericht für die Regelung der ärztlichen Weiterbildung nach Erteilung der Approbation ausgeführt und gesagt, dass die gesamte Regelung des Facharztwesens zur ausschließlichen Gesetzgebungszuständigkeit der Länder gehört.[112]

Die vorstehenden Rechtsausführungen zu Fragen der Gesetzgebungskompetenzen bei Gesetzen, die die Aus- und Weiterbildung von Heilberufen betreffen, sind anhand der Fragestellung des in § 1 Abs. 1 HeilprG geregelten Arztvorbehaltes entwickelt worden. Alle gesetzgeberischen Gestaltungen im Rahmen von CHN, die den Arztvorbehalt zum Gegenstand haben oder ihn berühren, sind nur auf der Ebene des Bundes möglich.

### 2.3.2.3 Mit Bezug auf Heilkundeausübung

Bestimmte Tätigkeiten im Rahmen von CHN haben heilkundlichen Charakter. Nach der gegenwärtigen Gesetzeslage können einige Heilberufe gemäß ihren Ausbildungszielen bestimmte heilkundliche Aufgaben selbstständig bzw. eigenverantwortlich durchführen.[113] Damit wird durch (Bundes-)Heilberufegesetze eine Modifizierung der in § 1 Abs. 1 HeilprG geregelten Heilkundeausübung vorgenommen. Dieses rechtliche Verständnis hat sich in den verschiedenen Handbüchern zum Medizin- und Gesundheitsrecht[114] nur vereinzelt durchgesetzt. In der rechtswissenschaftlichen Literatur wird dieses Verständnis teilweise kritisch gesehen.[115] Neben dem schon älteren Podologengesetz (§ 3 PodG) enthalten die jüngeren reformierten Heilberufegesetze (NotfallSanG, PflBG, HebG, ATA-OTA-G) in

---

112  BVerfGE 33, 125 (155).

113  S. oben Abschnitt 2.2.4.

114  *Lennartz*, in: Wenzel (Hrsg.), Handbuch Medizinrecht, S. 1263. Rn. 363, bezeichnet diese Berufe undifferenziert als unselbstständige Assistenzberufe. So auch Teile der bei *Guttau*, Nichtärztliche Heilberufe im Gesundheitswesen, S. 60, Fn. 36, zitierten Literatur.

115  *Guttau*, Nichtärztliche Heilberufe im Gesundheitswesen, S. 56 ff., wendet sich insgesamt gegen dieses Verständnis, konnte aber die neueren heilberufegesetzlichen Entwicklungen noch nicht einbeziehen.

den Ausbildungszielen Teile, die auf selbstständige bzw. eigenverantwortlich durchzuführende Aufgaben verweisen. Es handelt sich hier zwar nicht um explizit als solche bezeichnete Vorschriften zur Berufszulassung wie bei der ärztlichen Approbation (§ 2 Abs. 1 BÄO). Die entsprechenden Ausbildungsziele, kombiniert mit den Vorschriften zur Berufserlaubnis werden aber als Zulassungsvorschriften behandelt.[116] In § 39 PflBG wird sogar im Titel und in § 39 Abs. 3 S. 2 PflBG von der „staatliche[n] Prüfung zur Erlangung der Berufszulassung" gesprochen.

### 2.3.2.4 Mit Bezug auf andere als ärztliche Heilberufe

Bei den anderen als ärztlichen Heilberufen steht der Pflegeberuf im Mittelpunkt des Geschehens im Rahmen von CHN. Sollen diesem Beruf Aufgaben der medizinischen Primärversorgung, also nach gegenwärtigem Recht ärztliche Tätigkeiten, zum Teil auch ärztliche Kerntätigkeiten, zugewiesen werden, sind mehrere Möglichkeiten des zusätzlichen Kompetenzerwerbs denkbar:
– Eine auf die Ausbildung nach dem PflBG aufsetzende Weiterbildung, die in einer Weiterbildungsordnung auf Länderebene geregelt ist (s. dazu unten Abschnitt 2.3.3.3.5.2).
– Eine Qualifizierung zum Master, die speziell auf die Qualifikation als APN / NP gerichtet ist, und die auf einer hochschulischen Pflegeausbildung aufsetzt, die zum Bachelorabschluss führt (s. dazu unten Abschnitt 2.3.3.3.5.2).
– Die Schaffung eines neuen Pflegeberufs APN / NP in einem Heilberufsgesetz des Bundes (s. unten Abschnitt 2.3.3.3.5.3).
Die Möglichkeit einer hochschulischen Qualifikation in der Pflegeausbildung bestand schon nach bisherigem Recht im Rahmen von Modellvorhaben (§ 4 Abs. 6 AltPflG / KrPflG). Mittlerweile ist im Pflegeberufegesetz (PflBG) die Möglichkeit einer hochschulischen Ausbildung auch außerhalb von Modellvorhaben geregelt (§§ 37 bis 39 PflBG).

Bei Schaffung eines neuen Heilberufsgesetzes des Bundes ist unionsrechtlich danach zu fragen, ob hier Möglichkeiten der automatischen Berufsqualifikationsanerkennung nach der Richtlinie 2005/36/EG[117] gegeben

---

116 Gesetzesbegründung zum ATA-OTA-G, Deutscher Bundestag, Drucksache 19/13825, S. 51; Gesetzesbegründung zum PflBG, Deutscher Bundestag, Drucksache 18/7823, S. 74.

117 S. Fn. 66.

sind, wie sie für Krankenschwestern und Krankenpfleger der allgemeinen Pflege existieren (Art. 32 i.V.m. Art. 21 Richtlinie 2005/36/EG). Hierzu müssten die in Art. 31 Richtlinie 2005/36/EG aufgeführten Zugangsvoraussetzungen und Ausbildungsanforderungen erfüllt sein. Eine darüber hinaus gehende automatische Anerkennung etwa der Berufsqualifikation speziell eines APN / NP ist in der Richtlinie nicht vorgesehen.

Sollen im Rahmen von CHN andere Aufgaben als die der medizinischen Primärversorgung durchgeführt werden, so ist Folgendes zu beachten:

- Bei nicht heilkundlichen Tätigkeiten können auch andere Berufe als Heilberufe eingesetzt werden.
- Bei heilkundlichen Tätigkeiten sind die jeweils spezifisch dazu ausgebildeten Berufe einzusetzen, also die Pflegeberufe nach dem PflBG bzw. die nach dem bisherigen KrPflG und AltPflG ausgebildeten Berufe.
- Bei der Durchführung von vorbehalteten Aufgaben nach § 4 PflBG dürfen nur die Pflegefachberufe nach dem PflBG bzw. die nach dem bisherigen KrPflG und AltPflG ausgebildeten Berufe eingesetzt werden. Bei einem neu zu schaffenden APN / NP-Heilberufsgesetz wären auch hier die entsprechenden Vorbehaltsaufgaben zu regeln. Gleiches gilt für Masterabschlüsse, die zu CHN-Tätigkeiten befähigen sollen, die unter die Vorbehaltätigkeiten nach § 4 PflBG fallen. Personen mit solchen Masterabschlüssen, die nicht über eine Ausbildung nach PflBG bzw. KrPflG oder AltPflG verfügen, dürfen keine vorbehalteten Tätigkeiten ausüben.

Im Ergebnis kommen nach gegenwärtiger Rechtslage also nur die Pflegefachberufe nach dem PflBG bzw. nach dem KrPflG oder AltPflG ausgebildete Personen für die Ausübung von CHN-Tätigkeiten mit heilkundlichem Charakter in Frage.

### 2.3.2.5 Mit sozialversicherungsrechtlichem Bezug

### 2.3.2.5.1 Modellvorhaben nach § 63 Abs. 3b SGB V

Bei den Modellvorhaben nach § 63 Abs. 3b SGB V geht es um Folgendes:

(3b) Modellvorhaben nach Absatz 1 können vorsehen, dass Angehörige der im Pflegeberufegesetz, im Krankenpflegegesetz und im Altenpflegegesetz geregelten Berufe

1. die Verordnung von Verbandsmitteln und Pflegehilfsmitteln sowie
2. die inhaltliche Ausgestaltung der häuslichen Krankenpflege einschließlich deren Dauer

vornehmen, soweit diese auf Grund ihrer Ausbildung qualifiziert sind und es sich bei der Tätigkeit nicht um selbständige Ausübung von Heilkunde handelt.

In der Gesetzesbegründung[118] zu dieser Vorschrift heißt es:

„Der neue Absatz 3b ermöglicht, über die bereits bestehenden Möglichkeiten hinaus, weitere Vorhaben zur stärkeren Einbeziehung nicht-ärztlicher Heilberufe in Versorgungskonzepte. Die Neuregelung eröffnet die Möglichkeit, dass Angehörige der im Krankenpflegegesetz und im Altenpflegegesetz geregelten Berufe in Modellvorhaben nach § 63 ff. in der gesetzlichen Krankenversicherung einzelne bisher allein von Ärzten zu verordnende Leistungen selbst verordnen sowie selbständig die inhaltliche Ausgestaltung der ärztlich verordneten häuslichen Krankenpflege einschließlich deren Dauer übernehmen. Das führt zu einer Kompetenzerweiterung für Pflegefachkräfte im Bereich der gesetzlichen Krankenversicherung. Berufsrechtlich dürfen Pflegefachkräfte diese Leistungen bereits nach geltendem Recht erbringen, da sie hierzu nach den in der Ausbildungszielbeschreibung in § 3 Abs. 2 Nr. 1 des Krankenpflegegesetzes und in § 3 des Altenpflegesetzes dargestellten Berufsbildern befähigt sind. Die in Frage stehenden Tätigkeiten fallen nicht unter den von § 1 Abs. 2 des Heilpraktikergesetzes definierten Bereich der Ausübung der Heilkunde. Mit dieser Regelung wird einem langjährigen Wunsch der Pflegefachkräfte Rechnung getragen."

Diese Vorschrift regelt Modellvorhaben in einem verhältnismäßig engen Bereich der pflegerischen Versorgung. Nach der Gesetzesbegründung geht der Gesetzgeber dabei davon aus, dass es sich hier nicht um selbstständige Ausübung von Heilkunde i.S.d. § 1 Abs. 2 HeilprG handelt. Dieser Rechtsansicht kann aber nicht gefolgt werden. Verbandsmittel und Pflegehilfsmittel dienen ebenso wie die inhaltliche Ausgestaltung der häuslichen Krankenpflege der „Heilung oder Linderung von Krankheiten, Leiden oder Körperschäden" (§ 1 Abs. 2 HeilprG).

---

118 Deutscher Bundestag, Drucksache 16/7439, S. 96 f. In der Gesetzesbegründung konnte noch nicht auf die Angehörigen der im Pflegeberufegesetz geregelten Berufe hingewiesen werden.

Unabhängig davon zeigt diese Vorschrift, dass Übertragungen von Aufgaben in einem engen Segment kranken- und pflegeversicherungsrechtlicher Leistungserbringung möglich sind. Einer besonderen zusätzlichen Qualifikation zu der Qualifikation, die bereits im AltPflG, KrPflG oder PflBG vorgesehen ist, bedarf es nicht.

### 2.3.2.5.2 Modellvorhaben nach § 63 Abs. 3c SGB V

Bei den Modellvorhaben nach § 63 Abs. 3c SGB V geht es um Folgendes:

(3c) Modellvorhaben nach Absatz 1 können eine Übertragung der ärztlichen Tätigkeiten, bei denen es sich um selbstständige Ausübung von Heilkunde handelt und für die die Angehörigen des im Pflegeberufegesetz geregelten Berufs auf Grundlage einer Ausbildung nach § 14 des Pflegeberufegesetzes qualifiziert sind, auf diese vorsehen. Die Krankenkassen und ihre Verbände sollen entsprechende Vorhaben spätestens bis zum Ablauf des 31. Dezember 2020 vereinbaren oder durchführen. Der Gemeinsame Bundesausschuss legt in Richtlinien fest, bei welchen Tätigkeiten eine Übertragung von Heilkunde auf die Angehörigen des in Satz 1 genannten Berufs im Rahmen von Modellvorhaben erfolgen kann. Vor der Entscheidung des Gemeinsamen Bundesausschusses ist der Bundesärztekammer sowie den maßgeblichen Verbänden der Pflegeberufe Gelegenheit zur Stellungnahme zu geben. Die Stellungnahmen sind in die Entscheidungen einzubeziehen. Durch den Gemeinsamen Bundesausschuss nach den Sätzen 2 bis 4 festgelegte Richtlinien gelten für die Angehörigen des in Satz 1 geregelten Berufs fort.

In der Gesetzesbegründung[119] zu dieser Vorschrift heißt es:

„Absatz 3c lässt zu, dass im Rahmen von Modellvorhaben nach § 63 ff. bestimmte ärztliche Leistungen von entsprechend qualifizierten Pflegefachkräften ohne vorherige ärztliche Veranlassung erbracht werden können. Diese Pflegefachkräfte treten als eigenständige Leistungserbringer in der gesetzlichen Krankenversicherung auf, so dass hieraus eine Erweiterung der Leistungserbringerseite folgt."

Bei dieser Vorschrift wird, anders als bei § 63 Abs. 3b SGB V, eine zusätzliche Qualifikation gefordert, die jetzt in § 14 PflBG vorgesehen ist und die

---

119  Deutscher Bundestag, Drucksache 16/7439, S. 97.

vorher auch in § 4 Abs. 7 AltPflG und KrPflG geregelt war. Außerdem werden hier ausdrücklich ärztliche Tätigkeiten zur selbständigen Ausübung von Heilkunde übertragen.

Die hierzu existierende Richtlinie des Gemeinsamen Bundesausschusses[120] enthält im Allgemeinen Teil unter § 3 Abs. 1 weitere Hinweise zur selbständigen Ausübung von Heilkunde:

> [1]Die selbständige Ausübung von Heilkunde durch Berufsangehörige nach § 1 Abs. 1 setzt eine ärztliche Diagnose und Indikationsstellung voraus. [2]An diese sind die Berufsangehörigen nach § 1 Abs. 1 gebunden. [3]Die Diagnose und Indikationsstellung ist den dazu qualifizierten Berufsangehörigen nach § 1 Abs. 1 dokumentiert mitzuteilen. [4]Die therapeutische Tätigkeit nach dem besonderen Teil B dieser Richtlinie wird zur eigenverantwortlichen Durchführung auf dazu qualifizierte Berufsangehörige nach § 1 Abs. 1 übertragen.

Damit wird deutlich, dass es sich bei der selbstständigen Ausübung von Heilkunde nur um die Übertragung solcher ärztlichen Tätigkeiten handelt, die nicht dem Kernbereich der ärztlichen Tätigkeit zuzurechnen sind. Im Besonderen Teil der Richtlinie wird sodann zwischen diagnosebezogenen heilkundlichen Tätigkeiten (unter 1.) und prozedurenbezogenen heilkundlichen Tätigkeiten (unter 2.) unterschieden.

Bislang ist bundesweit erst ein Modellvorhaben an der Medizinischen Fakultät der Martin-Luther-Universität Halle-Wittenberg genehmigt und zum Oktober 2016 im Rahmen eines auf vier Jahre angelegten Bachelorstudiums begonnen worden.[121]

### 2.3.2.5.3 Pflegeberatung – Versorgungsplanung (§ 7a SGB XI)

Unter der Überschrift Pflegeberatung wird in § 7a SGB XI auch ein sehr weitgehendes Fallmanagement geregelt (§ 7a Abs. 1 SGB XI):

---

120 Richtlinie des Gemeinsamen Bundesausschusses über die Festlegung ärztlicher Tätigkeiten zur Übertragung auf Berufsangehörige der Alten- und Krankenpflege zur selbständigen Ausübung von Heilkunde im Rahmen von Modellvorhaben nach § 63 Abs. 3c SGB V (Richtlinie nach § 63 Abs. 3c SGB V) in der Fassung vom 20. Oktober 2011, veröffentlicht im Bundesanzeiger Nr. 46 (S. 1 128) vom 21. März 2012 und Nr. 50 (S. 1 228) vom 28. März 2012, in Kraft getreten am 22. März 2012. Abdruck der Richtlinie im Anhang unter Abschnitt 7.4.
121 Pressemitteilung unter:
https://www.medizin.uni-halle.de/index.php?id=2881 (Zugriff: 12.03.2020).

Personen, die Leistungen nach diesem Buch erhalten, haben Anspruch auf individuelle Beratung und Hilfestellung durch einen Pflegeberater oder eine Pflegeberaterin bei der Auswahl und Inanspruchnahme von bundes- oder landesrechtlich vorgesehenen Sozialleistungen sowie sonstigen Hilfsangeboten, die auf die Unterstützung von Menschen mit Pflege-, Versorgungs- oder Betreuungsbedarf ausgerichtet sind (Pflegeberatung); Anspruchsberechtigten soll durch die Pflegekassen vor der erstmaligen Beratung unverzüglich ein zuständiger Pflegeberater, eine zuständige Pflegeberaterin oder eine sonstige Beratungsstelle benannt werden. Für das Verfahren, die Durchführung und die Inhalte der Pflegeberatung sind die Richtlinien nach § 17 Absatz 1a maßgeblich. Aufgabe der Pflegeberatung ist es insbesondere,

1. den Hilfebedarf unter Berücksichtigung der Ergebnisse der Begutachtung durch den Medizinischen Dienst sowie, wenn die nach Satz 1 anspruchsberechtigte Person zustimmt, die Ergebnisse der Beratung in der eigenen Häuslichkeit nach § 37 Absatz 3 systematisch zu erfassen und zu analysieren,
2. einen individuellen Versorgungsplan mit den im Einzelfall erforderlichen Sozialleistungen und gesundheitsfördernden, präventiven, kurativen, rehabilitativen oder sonstigen medizinischen sowie pflegerischen und sozialen Hilfen zu erstellen,
3. auf die für die Durchführung des Versorgungsplans erforderlichen Maßnahmen einschließlich deren Genehmigung durch den jeweiligen Leistungsträger hinzuwirken,
4. die Durchführung des Versorgungsplans zu überwachen und erforderlichenfalls einer veränderten Bedarfslage anzupassen,
5. bei besonders komplexen Fallgestaltungen den Hilfeprozess auszuwerten und zu dokumentieren sowie
6. über Leistungen zur Entlastung der Pflegepersonen zu informieren.

Der Versorgungsplan wird nach Maßgabe der Richtlinien nach § 17 Absatz 1a erstellt und umgesetzt; er beinhaltet insbesondere Empfehlungen zu den im Einzelfall erforderlichen Maßnahmen nach Satz 3 Nummer 3, Hinweise zu dem dazu vorhandenen örtlichen Leistungsangebot sowie zur Überprüfung und Anpassung der empfohlenen Maßnahmen. Bei Erstellung und Umsetzung des Versorgungsplans ist Einvernehmen mit dem Hilfesuchenden und allen an der Pflege, Versorgung und Betreuung Beteiligten anzustreben. Soweit Leistungen nach sonstigen bundes- oder landesrechtlichen Vorschriften erforderlich sind, sind die zuständigen Leistungsträger frühzeitig mit dem Ziel der Abstimmung einzubeziehen. […]

In den Pflegeberatungs-Richtlinien des GKV-Spitzenverbandes[122] wird unter der Überschrift „Definition des Versorgungsplans"[123] ausgeführt, dass sich der Versorgungsplan nicht auf die Aufzählung allgemein zugänglicher Leistungsangebote und etwaiger Hilfe- und Unterstützungsmöglichkeiten beschränkt, sondern Bezug nimmt auf den ermittelten Hilfe- und Unterstützungsbedarf. Das bedeutet, dass weder die Feststellung der Pflegebedürftigkeit und des Pflegegrades noch die Gestaltung des Pflegeprozesses Gegenstand des Versorgungsplanes sind.

Die Qualifikation des für die Pflegeberatung einzusetzenden Personals wird in § 7a Abs. 3 S. 2 und 3 SGB XI geregelt:

Die Pflegekassen setzen für die persönliche Beratung und Betreuung durch Pflegeberater und Pflegeberaterinnen entsprechend qualifiziertes Personal ein, insbesondere Pflegefachkräfte, Sozialversicherungsfachangestellte oder Sozialarbeiter mit der jeweils erforderlichen Zusatzqualifikation. Der Spitzenverband Bund der Pflegekassen gibt unter Beteiligung der in § 17 Absatz 1a Satz 2 genannten Parteien bis zum 31. Juli 2018 Empfehlungen zur erforderlichen Anzahl, Qualifikation und Fortbildung von Pflegeberaterinnen und Pflegeberatern ab.

Daraus geht hervor, dass hier auch Personal eingesetzt werden kann, dass nicht den Heilberufen zuzurechnen ist.

In den Pflegeberatungs-Richtlinien des GKV-Spitzenverbandes[124] wird unter der Überschrift „Qualifikationen und Kompetenzen der Pflegeberaterinnen und Pflegeberater"[125] nur der Gesetzestext wiedergegeben. Zur Fachkompetenz wird gesagt, dass sich diese zum einen auf praktische Erfahrungen aus der beruflichen Grundqualifikation stützt, zum anderen auf Erfahrungen, die im Rahmen der Qualifikation als Pflegeberater oder Pfle-

---

122 Richtlinien des GKV-Spitzenverbandes zur einheitlichen Durchführung der Pflegeberatung nach § 7a SGB XI vom 7. Mai 2018 (Pflegeberatungs-Richtlinien),
https://www.gkv-spitzenverband.de/media/dokumente/pflegeversicherung/richtl inien__vereinbarungen__formulare/richtlinien_zur_pflegeberatung_und_pfleg ebeduerftigkeit/180531_Pflegeberatungs-Richtlinien_7a_SGB_XI.pdf (Zugriff: 12.03.2020).
123 Abschnitt 2.3.1 der Pflegeberatungs-Richtlinien.
124 Wie Fn. 122.
125 Abschnitt 4 der Pflegeberatungs-Richtlinien.

geberaterin oder während der Tätigkeit als Pflegeberaterin oder Pflegeberater erlangt wurden.

Insgesamt kann daraus entnommen werden, dass das Versorgungsmanagement nicht als Teil heilkundlicher Tätigkeit begriffen wird. Dieser dem Versorgungsmanagement zugrunde liegenden Rechtsauffassung ist zuzustimmen.

Werden im Rahmen der CHN Tätigkeiten bei der Gestaltung eines Versorgungsplans ausgeführt, bedarf es hierzu unter rechtlichen Gesichtspunkten keiner heilkundlichen Qualifikation. Das heißt umgekehrt nicht, dass eine solche Qualifikation nicht wünschenswert ist.

### 2.3.3 Inhaltliche Gestaltungsmöglichkeiten – Einschätzungen

### 2.3.3.1 Allgemeines

Gemäß dem Gutachtensauftrag sollen mit Blick auf künftige gesetzliche Regelungen zu CHN keine ausgearbeiteten Gesetzesvorschläge formuliert werden. Vielmehr geht es darum, vor allem anhand der bisherigen beruferechtlichen Entwicklungen mögliche Fortentwicklungen des bestehenden Rechts einzuschätzen.

Dabei wird von folgenden Rahmenbedingungen ausgegangen: Es werden nur mögliche Weiterentwicklungen in den Blick genommen, die die einfachgesetzliche Normebene betreffen. Mögliche Änderungen auf der Normebene des Verfassungsrechts und des Unionsrechts werden nicht in Betracht gezogen. Es wird jedoch auf jeweilige verfassungsrechtlich und unionsrechtlich bedingte Begrenzungen einer Fortentwicklung des Rechts hingewiesen.

### 2.3.3.2 Mit Bezug auf den Arztvorbehalt

### 2.3.3.2.1 Entwicklungen

### 2.3.3.2.1.1 Versorgungspolitischer Status der Ärzte

Der einfache wie der exklusive, d. h. der auf den Kernbereich der ärztlichen Tätigkeit bezogene Arztvorbehalt, sind eine Grundkonstante des ärztlichen Beruferechts wie des die Ärzte betreffenden Krankenversicherungsrechts im SGB V. Der gesundheitsversorgungspolitische Status der Ärzte und insbesondere der Vertragsärzte beruht hierauf. Man kann sagen, dass dieser so konfigurierte Status zum Dogma der Gesundheitsversorgung, insbesondere der medizinischen Versorgung geworden ist. Es ist in diesem Zusammenhang – in nichtjuristischer Ausdrucksweise – von einem Arztmonopol die Rede. Dieser Status der Ärzte wird auch in der breiten Bevölkerung so akzeptiert. Alle Veränderungen dieses Status werden daher auf berufsverbandlichen und gesundheitspolitischen, möglicherweise sogar auf gesellschaftlichen Widerstand stoßen.

### 2.3.3.2.1.2 Delegation ärztlicher Leistungen an nichtärztliches Fachpersonal

Es sind vor allem zwei Gründe, warum ambulant tätige Ärzte, also in der Regel Vertragsärzte, Unterstützung seitens dritter Personen suchen. Der eine Grund ist die Unterstützung vor Ort, in der eigenen Praxis. Dabei geht es im Kern um das Praxismanagement. Ein anderer Grund ist eher versorgungspolitischer Art: Vor allem aus Gründen von Versorgungsdefiziten in populationsarmen und strukturschwachen ländlichen Räumen, wird seitens der Ärzteschaft und seitens der gesundheitspolitisch Verantwortlichen seit einiger Zeit erkannt, dass eine gewisse personelle Diversifizierung bei der auf die Ärzte konzentrierten medizinischen Versorgung notwendig geworden ist. Die Ärzteschaft und ihre verbandlichen wie gesetzlich verfassten Korporationen reagieren darauf vor allem mit Modellen, die die Delegation ärztlicher Leistungen an dritte Personen zum Gegenstand haben. In diesen Modellen[126] werden vornehmlich medizinische Fachangestellte nach zusätzlichen Qualifizierungen tätig. Oft geht dies einher mit dem technologischen Einsatz von Telemedizin.

Dazu sind mittlerweile auch die entsprechenden rechtlichen Vorkehrungen leistungserbringungsrechtlicher wie vergütungsrechtlicher Art auf gesetzlicher wie auf Vereinbarungsebene im Rahmen des SGB V geschaffen worden. Die wichtigsten einschlägigen Rechtsdokumente hierzu sind die beiden Delegations-Vereinbarungen, die als Anlagen 8 und 24 zu dem Bundesmantelvertrag-Ärzte geschaffen worden sind.[127] Mit diesen beiden Delegations-Vereinbarungen wird die Unterstützung von Ärzten in der ambulanten Praxis (Anlage 24) ebenso wie in der Häuslichkeit der Patienten, Alten- oder Pflegeheimen oder in anderen beschützenden Einrichtun-

---

126  S. den Überblicksartikel von *Riesner*, Deutsches Ärzteblatt 45/2013, S. A 2106 f.
127  S. dazu oben Abschnitte 2.2.5.3.2 und 2.2.5.3.3.

gen (Anlage 8) geregelt. Während in der Anlage 8 zum BMV-Ä die Herausbildung einer neuen Fortbildungsqualifikation „Praxisassistent" aufgrund einer standardisierten Zusatzqualifikation im Vordergrund steht, tritt das Qualifikationselement bei der Delegations-Vereinbarung nach Anlage 24 zum BMV-Ä zurück.

Bei den in den beiden Delegations-Vereinbarungen aufgeführten Personen der Arztunterstützung handelt es sich ganz überwiegend um medizinische Fachangestellte. Diese Personen werden in den Bereichen tätig, die unter Ausschluss des Kernbereichs ärztlicher Tätigkeiten dem Arzt berufswie krankenversicherungsrechtlich vorbehalten sind.

Betrachtet man die Entwicklung der Möglichkeiten bei der Delegation ärztlicher Leistungen, kann man unter rechtlichen Aspekten anmerken, dass hier doch zahlreiche Tätigkeiten heilkundlicher Art von Angehörigen nicht heilberuflich konfigurierter Berufe durchgeführt werden. Da es sich heilberuferechtlich nicht um selbstständige Ausübung von Heilkunde handelt, ist dies insofern unproblematisch. Man hat es also mit einer Verlagerung ärztlicher und zum großen Teil heilkundlicher Tätigkeiten auf dritte Personen, in der Regel medizinische Fachangestellte, zu tun. Als Stichwort wird hier oft die Arztentlastung angeführt. Die Delegation steht damit als Chiffre für das nicht selbstständige Ausüben von Heilkunde.

### 2.3.3.2.1.3 Entwicklungen bei den jüngeren Heilberufegesetzen

Auf der Seite der Heilberufegesetze haben sich in letzter Zeit im Zusammenhang mit der Reform dieser Gesetze Entwicklungen ergeben, die in die Richtung der selbstständigen bzw. eigenverantwortlichen Ausübung von Heilkunde weisen, so bei den Notfallsanitätern, den Pflegefachpersonen und schon bisher und im reformierten Gesetz bestätigt bei den Hebammen. Selbst bei den den Assistenztitel in der Berufsbezeichnung tragenden ATAs / OTAs sind eigenverantwortlich durchzuführende Aufgaben als Ausbildungsziel genannt. Dabei handelt es sich nicht um die Substitution ärztlicher Tätigkeiten, sondern um die nicht exklusive Zuordnung ärztlicher Tätigkeiten an Angehörige anderer Heilberufe.

Nur an einer Stelle nimmt ein anderer als ärztlicher Heilberuf exklusiv heilkundliche Tätigkeiten wahr, von denen auch der Arzt ausgeschlossen ist. Es sind dies die den Pflegefachpersonen vorbehaltenen Aufgaben. Hier ist aber anzumerken, dass diese vorbehaltenen Aufgaben schon vor der Schaffung des Vorbehaltes solche waren, die faktisch den Pflegefachpersonen als Hauptakteuren in diesen Aufgabenbereichen zugewiesen waren.

Ärzte sind bis heute nicht für die den Pflegefachpersonen vorbehaltenen Aufgaben und Tätigkeiten besonders ausgebildet. Damit stellt die Vorbehaltsregelung für die Pflegefachberufe letztlich eher eine rechtliche Festigung einer schon bisher gegebenen Situation dar.

Der einzige rechtlich regulierte Bereich, in dem andere als ärztliche Berufe bei der Durchführung ärztlicher Tätigkeiten selbstständig Heilkunde ausüben dürfen, sind die einschlägigen Modellvorhaben. Die betreffende Vorschrift in § 63 Abs. 3c SGB V ist aber weniger für die praktische Umsetzung als eher für eine politisch fast symbolhafte Signalwirkung von Bedeutung. Hier ist insbesondere die in der dazugehörigen Richtlinie getroffene Unterscheidung von heilkundlichen Diagnosen und Prozeduren von Interesse.

### 2.3.3.2.1.4 Geplante Entwicklungen im Rahmen der Konzertierten Aktion Pflege

Als wichtiges offizielles Dokument für die Einschätzung künftiger Entwicklungen auf dem Gebiet der Pflege können die Vereinbarungstexte der Arbeitsgruppen 1 bis 5 der Konzertierten Aktion Pflege[128] gelten. An diesem Dokument waren alle maßgeblichen Akteure des Gesundheits- und Pflegewesens beteiligt. Insofern können die Aussagen in diesem Dokument als Gradmesser für die aktuellen politischen Problematiken wie für die möglichen Einschätzungen zur Lösung dieser Problematiken dienen.

Eher zurückhaltend in der Formulierung zukünftiger Versorgungsanliegen sind die an der Ausbildungsoffensive Pflege (2019 – 2023) Beteiligten. Hier wird im Vereinbarungstext zum Ergebnis der Konzertierten Aktion Pflege[129] im Abschnitt zum „Handlungsfeld III: Ausbildung und Qualifizierung stärken" unter dem Punkt „3.4 Das Tätigkeitsfeld Pflege in der neuen Ausbildung weiterentwickeln" gesagt, dass Pflegeschulen, Hochschulen und Träger der praktischen Ausbildung Ausbildungsgänge zur Vermittlung erweiterter Kompetenzen zur Ausübung heilkundlicher Tä-

---

128  *Bundesministerium für Familie, Senioren, Frauen und Jugend* (Hrsg.), Konzertierte Aktion Pflege, Ausbildungsoffensive Pflege (2019 – 2023), Vereinbarungen der Arbeitsgruppen 1 bis 5, Berlin 2019.

129  *Bundesministerium für Familie, Senioren, Frauen und Jugend* (Hrsg.), Konzertierte Aktion Pflege, Ausbildungsoffensive Pflege (2019 – 2023), Vereinbarungstext Ergebnis der Konzertierten Aktion Pflege Arbeitsgruppe 1, S. 32.

tigkeiten erproben. Diese Formulierung bleibt hinter der Modellvorhabensvorschrift in § 63 Abs. 3c SGB V zurück.

Die Modellvorhaben nach § 63 Abs. 3b und 3c SGB V sollen nach den Aussagen der Konzertierten Aktion Pflege durch verschiedene Maßnahmen gestärkt werden.[130]

Etwas wegweisender sind die Formulierungen für das „Handlungsfeld I: Gestaltung neuer Aufgaben- und Verantwortungsbereiche für Pflegefachpersonen".[131] Hier geht es um „die Entwicklung eines Rahmens für Pflegefachpersonen, in dem sie bei Vorliegen der formalen und materiellen Qualifikation (Kompetenzen) die standardisierten (festgelegten) Prozeduren und Maßnahmen eigenständig übernehmen können." Dabei sollen in den Strategieprozess auch Möglichkeiten der Übertragung von Heilkunde auf Pflegefachpersonen und weiterer Verordnungskompetenzen, zum Beispiel für Hilfsmittel, einbezogen werden.

Dem vorliegenden Dokument sind jedoch keine expliziten Hinweise in Richtung auf den Einsatz von Pflegefachkräften mit erweiterten Kompetenzen im Rahmen von CHN oder als APN zu entnehmen. Das bedeutet aber nicht, dass dieser Passus in den vorgenannten Papieren nicht dafür zu nutzen wäre.

## 2.3.3.2.2 Einschätzungen für CHN

Aus der Entwicklung der einschlägigen Gesetze und der Vereinbarungen der an der Selbstverwaltung im Rahmen des SGB V Beteiligten ergeben sich außerhalb der Modellvorhaben nach § 63 Abs. 3c SGB V keine Möglichkeiten der Übertragung ärztlicher Tätigkeiten zur selbstständigen Durchführung von Heilkunde. Aber auch bei den möglichen Modellvorhaben nach § 63 Abs. 3c SGB V wird der Kernbereich der ärztlichen Tätigkeit nicht berührt. Die Diagnose und Indikationsstellung als ärztliche Tätigkeiten im Kernbereich bleiben dem Arzt vorbehalten.

In anderen Bereichen, so bei den jüngeren Gesetzen über andere als ärztliche Heilberufe, zeichnen sich Entwicklungen ab, diesen Berufen Aufga-

---

130  *Bundesministerium für Familie, Senioren, Frauen und Jugend* (Hrsg.), Konzertierte Aktion Pflege, Ausbildungsoffensive Pflege (2019 – 2023), Vereinbarungstext Ergebnis der Konzertierten Aktion Pflege Arbeitsgruppe 3, S. 100.

131  *Bundesministerium für Familie, Senioren, Frauen und Jugend* (Hrsg.), Konzertierte Aktion Pflege, Ausbildungsoffensive Pflege (2019 – 2023), Vereinbarungstext Ergebnis der Konzertierten Aktion Pflege Arbeitsgruppe 3, S. 92 f.

ben zur selbstständigen bzw. eigenverantwortlichen Durchführung zuzuordnen. Hier geht es vor allem um berufsfeldspezifische Aufgaben und Tätigkeiten, so bei den ATA / OTA. Nur bei den Notfallsanitätern sind auch Bereiche erfasst, die in den Kernbereich ärztlicher Tätigkeiten fallen. Allerdings muss hier gesehen werden, dass es in einer Notfallsituation nicht selten um Leben oder Tod geht. Sie unterscheidet sich von der Situation der üblichen medizinischen Primärversorgung.

Vor diesem Hintergrund erscheint folgender Weg bei der Zuordnung ärztlicher Tätigkeiten, die auch Tätigkeiten der ärztlichen Kernbereichsaufgaben enthalten können, als gangbar:

• In Anlehnung an die Richtlinie nach § 63 Abs. 3c SGB V werden die dort genannten ärztlichen Tätigkeiten und Prozeduren, ggf. um weitere Tätigkeiten und Prozeduren ergänzt, als übertragbare ärztliche Tätigkeiten und Prozeduren für die im Rahmen von CHN tätigen Personen zugewiesen (Substitution ärztlicher Tätigkeit).

• Das Erfordernis der vorherigen Diagnose und Indikationsstellung (§ 3 Abs. 1 S. 1 Richtlinie nach § 63 Abs. 3c SGB V) wird insofern gelockert, als bei einfachen Erkrankungen wie z. B. Erkältungen die Diagnose nachgeholt wird, wenn sich die Erkrankung über einen zu definierenden längeren Zeitraum erstreckt. Bei anderen Erkrankungen soll die Diagnose und ggf. die weitere Therapiestellung unverzüglich nachgeholt werden.

### 2.3.3.3 Mit Bezug auf die sonstige selbstständige Ausübung von Heilkunde

### 2.3.3.3.1 Allgemeines

Bei der selbstständigen Durchführung heilkundlicher ärztlicher Maßnahmen, die nicht den Kernbereich ärztlichen Handelns betreffen, ist zu fragen, ob die Erteilung einer sektoralen Heilpraktikererlaubnis für Aufgaben der Primärversorgung an Personen, die im Rahmen von CHN tätig werden, ein schon jetzt gangbarer Weg wäre.

Der aufgrund des Heilpraktikerrechts gegebenen, zugegebenermaßen etwas absurden Situation, dass der Heilpraktiker in berufsrechtlicher Hinsicht auch berechtigt ist, Maßnahmen aus dem Kernbereich ärztlicher Tätigkeiten, z. B. Operationen, durchzuführen, soll hier nicht weiter nachgegangen werden. Solche Lösungen erscheinen nicht als weiterführend und auch nicht als realistisch.

Weiter ist zu fragen, ob anhand der durch die jetzt schon gegebenen Möglichkeiten bei Modellvorhaben nach § 63 Abs. 3c SGB V dieses Instrument schon jetzt sinnvoll eingesetzt werden kann. Anders als vorstehend[132] ausgeführt geht es hier also um die Nutzung des Instruments der Modellvorhaben, nicht um die Einschätzung weiterer Entwicklungsmöglichkeiten, die sich anhand dieser gesetzlichen Regelung anbietet.

Schließlich geht es um ausbildungsrechtliche Lösungen.

### 2.3.3.3.2 Sektorale oder unbeschränkte Heilpraktikererlaubnis als allgemeine Lösung?

Die Erteilung einer sektoralen oder beschränkten Heilpraktikererlaubnis ist vor allem für diejenigen anderen als ärztlichen Heilberufe von Interesse, nach deren Berufsgesetzen die Ausbildungsziele keine Hinweise auf eine selbstständige bzw. eigenverantwortliche Durchführung heilkundlicher Maßnahmen enthalten. Das war in jüngerer Zeit vor allem bei den Physio- und Ergotherapeuten, den Podologen und den Logopäden der Fall. Dabei ging es auch um die Frage, ob für die Erteilung der beschränkten Heilpraktikererlaubnis das Ablegen einer beschränkten Kenntnisprüfung, bezogen auf die Gegenstände der beschränkten Heilpraktikererlaubnis erforderlich ist.

Da es im Rahmen von CHN darum geht, Maßnahmen der Heilkunde selbstständig auszuführen, erscheint dieser Weg aber für den Beruf der Pflegefachberufe nicht gangbar. Bei den Pflegefachberufen werden im Ausbildungsziel selbstständig durchzuführende Aufgaben genannt. Sie benötigen also keine sektorale Heilpraktikererlaubnis, um auf diesem Gebiet selbstständig tätig zu werden. Es sind im Übrigen – soweit ersichtlich – auch nach bisherigem Recht nach AltPflG und KrPflG für eine solche Konstellation keine Judikate bekannt.

Aus diesem Grund wird das Instrument der Erteilung einer auf die pflegerische Versorgung gerichteten sektoralen Heilpraktikererlaubnis nicht benötigt.

Anders stellt sich die Situation dar, wenn es um die medizinische Primärversorgung geht. Eine unbeschränkte Heilpraktikererlaubnis ermächtigt heilberufsrechtlich auch zur medizinischen Primärversorgung. Das würde aber bedeuten, dass Pflegefachkräfte zusätzlich zu ihrer Ausbildung

---

132 S. oben Abschnitt 2.3.3.2.2.

noch die entsprechenden Vorbereitungen zur Absolvierung der Kenntnisprüfung[133] auf sich nehmen müssten.

Von einer Lösung über die Beantragung einer unbeschränkten Heilpraktikererlaubnis ist auch insofern abzuraten, als es sich bei der für Zulassung
zum Heilpraktiker erforderlichen Kenntnisprüfung um eine Prüfung handelt, die im Kontext der Gefahrenabwehr zu sehen ist. Es geht also darum,
dass die Ausübung der Heilkunde durch die antragstellende Person keine
Gefährdung der Gesundheit der Bevölkerung oder der Patientinnen und
Patienten erwarten lässt.[134] Nicht die qualitativ hochstehende Behandlung,
sondern die nicht gefährdende Behandlung ist Gegenstand der Kenntnisprüfung.[135]

### 2.3.3.3.3 Modellvorhaben analog zu § 63 Abs. 3c SGB V als mögliche Einstiegslösung?

Der Einsatz des Instrumentes der Modellvorhaben für die schon jetzt in
der Richtlinie zu § 63 Abs. 3c SGB V konfigurierten Tätigkeiten und Prozeduren erscheint als gangbarer Weg, der allerdings in der Praxis zurzeit eher
wenig eingeschlagen wird. Mit diesen Modellvorhaben wird keine Dauer-
lösung bewirkt, sondern eine in der Regel auf acht Jahre befristete Lösung
(§ 63 Abs. 5 S. 1 SGB V).

### 2.3.3.3.4 Regelungsstruktur des § 5a Abs. 1 IfSG als Regelungsvorlage?

§ 5a IfSG stellt eine zeitlich befristete Sonderregelung zu § 1 Abs. 1
HeilprG für den Ausnahmefall einer epidemischen Lage von nationaler
Tragweite dar.[136] Insofern ist die Vorschrift eher wenig dazu geeignet, als
Wegweisung des Gesetzgebers für die Wahrnehmung von heilkundlichen
Tätigkeiten durch die in § 5a Abs. 1 S. 2 IfSG genannten Berufsangehöri-
gen verstanden zu werden.

---

133  S. zu den Inhalten die Leitlinien zur Überprüfung von Heilpraktikeranwärterin-
     nen und –anwärtern (wie Fn. 37).
134  § 2 Abs. 1 S. 1 Buchst. i Erste DVO zum Heilpraktikergesetz.
135  1.6.3 bis 1.6.5 Leitlinien (wie Fn. 37).
136  S. oben Abschnitt 2.2.4.4.

Anderes gilt jedoch für die Struktur der Ausnahmeregelung in § 5a Abs. 1 IfSG. Diese Struktur kann auch künftigen gesetzlichen Änderungen zugrunde gelegt werden. Sie stellt sich folgendermaßen dar:

- Feststellung einer bestimmten allgemeinen Versorgungsnotwendigkeit,
- Feststellung einer bestimmten personenbezogenen Versorgungsnotwendigkeit,
- nicht zwingendes Erfordernis einer ärztlichen Behandlung,
- formale Ausbildungsvoraussetzungen und persönliche Fähigkeiten,
- Einhaltung von Dokumentations- und Informationspflichten.

Bei der Feststellung einer bestimmten allgemeinen Versorgungsnotwendigkeit handelt es sich in § 5a Abs. 1 S. 2 IfSG um eine epidemische Lage von nationaler Tragweite. Implizit ist damit gemeint, dass mit dieser Lage bestimmte prekäre Situationen ärztlicher Einsatzmöglichkeiten entstehen können oder gegeben sind. Übertragen auf CHN könnte man die Feststellung von Defiziten bei der allgemeinen Versorgung durch Ärzte heranziehen.

Bei der Feststellung einer bestimmten personenbezogenen Versorgungsnotwendigkeit handelt es sich in § 5a Abs. 1 S. 2 Nr. 2 IfSG um den Gesundheitszustand von Patienten, der nach seiner Art und Schwere eine ärztliche Behandlung im Ausnahmefall nicht zwingend erfordert, die jeweils erforderliche Maßnahme aber eine ärztliche Beteiligung voraussetzen würde, weil sie der Heilkunde zuzurechnen ist. Die hier genannten Voraussetzungen knüpfen damit am Gesundheitszustand von Patienten an. Ein solches Anknüpfen am Gesundheitszustand könnte unproblematisch auf CHN übertragen werden.

Das nicht zwingende Erfordernis ärztlicher Behandlung könnte man verstehen als Kriterium für die ärztlichen Maßnahmen, die nicht zum Kernbereich ärztlichen Handelns zählen und die dem Arzt zur höchstpersönlichen Durchführung zugewiesen sind. Dieses Kriterium könnte ebenfalls auf CHN übertragen werden.

Die formalen Ausbildungsvoraussetzungen für die in § 5a Abs. 1 S. 1 und Abs. 2 IfSG aufgeführten Berufe können, was die Pflegefachberufe angeht, ohne weiteres auf CHN übertragen werden. Sie wären für CHN zu ergänzen durch Fort- und Weiterbildungen. Gleiches gilt für die persönlichen Fähigkeiten bei der durch Berufserfahrung erworbenen Kompetenzen.

Die in § 5a Abs. 1 S. 3 IfSG geregelte Dokumentationspflicht ist eine Selbstverständlichkeit auch im Rahmen von CHN. Anderes muss möglicherweise für die Pflicht zur unverzüglichen Mitteilung gegenüber verantwortlichen und behandelnden Ärzten gelten (§ 5a Abs. 1 S. 4 IfSG). Hier kommt es auf die jeweilige Ausgestaltung von CHN an. Die Situation bei CHN unterscheidet sich gerade dadurch, dass die Primärversorgungsstruktur geändert werden soll.

### 2.3.3.3.5 Ausbildungsrechtliche Lösungen mit heilberuferechtlichem Bezug

#### 2.3.3.3.5.1 Allgemeines

Bei den anderen als ärztlichen Heilberufen steht der Pflegeberuf im Mittelpunkt des Geschehens im Rahmen von CHN. Sollen diesem Beruf Aufgaben der medizinischen Primärversorgung, also nach gegenwärtigem Recht ärztliche Tätigkeiten, zum Teil auch ärztliche Kerntätigkeiten, zugewiesen werden, wird man sich fragen müssen, ob Kompetenzen für solche Tätigkeiten im Rahmen von auf den Pflegefachberuf nach PflBG (bzw. bisher auf den Berufen nach KrPflG und AltPflG) aufsetzenden Weiterbildungen oder über einen neu zu schaffenden Heilberuf der APN / NP erworben werden können.

Es spricht viel dafür, den Zugang zur medizinischen Primärversorgung über an der Ausbildung orientierte Lösungsansätze zu ermöglichen. Damit wird der Zusammenhang zwischen Ausbildung, beruflicher Qualifikation und beruflichem Handeln gewahrt. Es ist dies der in Deutschland gängige Weg. Damit würden auch alle Umweg- oder zeitlich befristeten Lösungen vermieden.[137]

Dabei kommen zwei Lösungsmöglichkeiten in Frage:
- Eine auf eine hochschulische Pflegeausbildung aufsetzende Weiterqualifikation zur APN / NP in einem Masterprogramm auf Länderebene.
- Ein neues heilberufliches Ausbildungsgesetz auf Bundesebene, etwa mit dem Titel APN / NP-Gesetz, in dem auch die gewünschten Gegenstände der medizinischen Primärversorgung in den Ausbildungszielen verankert sind und in dem die Ausbildung als hochschulisches Studium angelegt ist.

Eine auf die *pflegefachberufliche* Ausbildung nach dem PflBG aufsetzende Lösung im Rahmen von Weiterbildungen auf Länderebene scheidet insofern aus, als die Ausbildung der APN / NP eine hochschulische Qualifikation erfordert. Allerdings kann sich an eine *hochschulische* Ausbildung nach den Modellklauseln im bisherigen AltPflG (§ 4 Abs. 6) und KrPflG (§ 4

---

137 Hierzu auch *Guttau*, Nichtärztliche Heilberufe im Gesundheitswesen, S. 158 ff.

Abs. 6) eine Masterqualifikation anschließen, wenn aufgrund dieser Modellklauseln eine hochschulische Pflegeausbildung stattgefunden hat. Gleiches gilt für eine hochschulische Pflegeausbildung nach §§ 37 bis 39 PflBG.

Für eine Lösung durch ein (Bundes-)Heilberufsgesetz spricht, dass hier bundeseinheitliche Vorgaben für die Ausbildung gemacht werden können. Dies ist bei Weiterbildungsordnungen der Länder nur im Wege eines Einverständnisses aller Länder möglich, was ggf. in einem Staatsvertrag zu dokumentieren wäre.

### 2.3.3.3.5.2  Weiterbildung zu APN / NP auf Länderebene

Wählt man den Weg entsprechender auf die Ausbildung in den Pflegefachberufen aufsetzender Weiterbildungen, sind die Länder für die Gesetzgebung (ausschließlich) zuständig. Im Grunde stehen zwei Regelungsmöglichkeiten für eine solche Weiterbildung zur Verfügung, ein (Landes-)Weiterbildungsgesetz zum APN / NP oder ein entsprechendes Masterstudium, das auf eine hochschulische Pflegeausbildung aufsetzt.

Problematisch ist bei einer solchen Weiterbildungslösung bezogen auch auf Gegenstände der medizinischen Primärversorgung mit dem Ziel der selbstständigen Ausübung auf diesem Gebiet, dass hiermit der bundesrechtlich bereits in § 1 Abs. 1 HeilprG geregelte Bereich der selbstständigen Durchführung heilkundlicher Maßnahmen betroffen ist. Dagegen kann auch nicht eingewandt werden, dass es in einer Weiterbildungsregelung um Weiterbildung und nicht um Ausübung von Heilkunde geht. Es ist mittlerweile anerkannt, dass ein Abschluss in den heilberuflichen Ausbildungen gleichzusetzen ist mit einer Berufszulassung.[138]

Daher bedürfte es einer bundesgesetzlichen Vorschrift, etwa im Rahmen des PflBG, mit dem Inhalt, dass Weiterbildungen, die auf eine Ausbildung nach dem PflBG aufsetzen und die den Ärzten und Heilpraktikern nach § 1 Abs. 1 HeilprG zur selbstständigen Durchführung vorbehaltener Maßnahmen betreffen, auch solche Gegenstände betreffen können. Damit würde insofern § 1 Abs. 1 HeilprG modifiziert werden. Mit einer solchen Vorschrift würde der Tätigkeitsumfang von Ärzten und Heilpraktikern nicht beschränkt werden, sondern es würde die Durchführung bestimmter heilkundlicher Tätigkeiten auf APN / NP erstreckt werden.

---

138  S. dazu oben Abschnitt 2.3.2.3.

Dabei empfiehlt es sich, eine solche Vorschrift ähnlich den Vorschriften zu den Ausbildungszielen in den jüngeren Heilberufegesetzen zu fassen. Aus der Vorschrift muss klar hervorgehen, welche Bereiche der heilkundlichen Tätigkeiten zur selbstständigen Durchführung bestimmt sind.

Welche Art der Weiterbildungsmaßnahme ergriffen wird, ist insofern unproblematisch, als es für eine allgemeine Anerkennung der Weiterbildung einer länderrechtlichen Regelung bedarf. Zwar existieren Vereinbarungen auf KMK-Ebene, dass hochschulische Weiterbildungen in Form von Masterabschlüssen ohne weiteres bundesrechtlich als gleichwertig angesehen werden.[139] Dies kann aber nur für solche Weiterbildungen gelten, die keine bereits bundesrechtlich erfassten Materien betreffen (Art. 72 Abs. 1 GG).

Werden Weiterbildungen anders als mittels eines Hochschulstudiums vorgenommen, bedarf es landesrechtlicher Regelungen zur gegenseitigen Anerkennung dieser Weiterbildungen, damit eine bundeseinheitliche Handhabung gewährleistet ist.

### 2.3.3.3.5.3 Heilberufsgesetz zu APN / NP auf Bundesebene

Eine Gesetzgebungskompetenz auf Bundesebene ist mit Art. 74 Abs. 1 Nr. 19 GG gegeben. Aufgrund dieser Gesetzgebungskompetenz wäre es auch möglich, in den Ausbildungszielen und ggf. zusätzlich im Wege einer Teilapprobation Gegenstände zu regeln, die bisher dem Arzt vorbehalten sind. Das gilt auch für ärztliche Maßnahmen im Kernbereich ärztlicher Tätigkeiten.

Unionsrechtlich bestehen für ein Heilberufsgesetz APN / NP keine Maßgaben in der Richtlinie 2005/36/EG. Wenn in einem solchen Heilberufsgesetz die Voraussetzungen für die allgemeine Krankenpflege erfüllt sind, ist eine automatische Anerkennung für diese Berufsqualifikation möglich.

Ein solches Heilberufsgesetz ist mit Blick auf den Arztberuf auch am Maßstab des Art. 12 Abs. 1 GG zu messen.[140]

---

139 Ländergemeinsame Strukturvorgaben für die Akkreditierung von Bachelor- und Masterstudiengängen (Beschluss der Kultusministerkonferenz vom 10.10.2003 i.d.F. vom 04.02.2010).
140 S. dazu unten Abschnitt 2.3.3.5.

Unproblematisch ist, wenn die Ausbildungsdauer länger als drei Jahre beträgt. So ist im neuen Psychotherapeutengesetz[141] in § 9 eine Ausbildungsdauer mit einem Studium von fünf Jahren in Vollzeit vorgesehen. Da für die APN / NP, deren Kernausbildung auf die Regelungen für Krankenschwestern und Krankenpfleger für allgemeine Pflege gestützt ist, unionsrechtlich nur eine Mindestausbildungsdauer von drei Jahren in Vollzeit vorgesehen ist,[142] bestehen hier auch keine unionsrechtlichen Probleme.

Die Ausbildung ist als hochschulische Ausbildung (analog zu §§ 37 bis 39 PflBG) anzulegen.

### 2.3.3.3.6 Ausbildungsrechtliche Lösungen ohne heilberuferechtlichen Bezug

Die Aufgaben der Personen im Rahmen von CHN erfassen auch Tätigkeiten, die nicht unter den Begriff der Heilkunde fallen, so etwa auf dem Gebiet der Gesundheitsförderung, der Prävention und des Fallmanagements. Leistungs- und leistungserbringungsrechtlich sind diese Bereiche vor allem im SGB V und im SGB XI geregelt, also auf Gebieten, für die dem Bund die konkurrierende Gesetzgebungskompetenz im Rahmen der Sozialversicherung (Art. 74 Abs. 1 Nr. 12 GG) zusteht.

### 2.3.3.3.6.1 In einem Heilberufsgesetz auf Bundesebene

Werden die Tätigkeiten von APN / NP in einem eigenen Berufsgesetz auf Bundesebene geregelt, bestehen keine kompetenzrechtlichen Probleme, in den Ausbildungszielen auch Gegenstände zu benennen, die im Kern den Sozialversicherungen zuzurechnen sind. Es muss hierfür auch nicht die konkurrierende Gesetzgebungskompetenz des Bundes aus Art. 74 Abs. 1 Nr. 12 GG in Anspruch genommen werden, da der Bund bereits eine Gesetzgebungskompetenz aus Art. 74 Abs. 1 Nr. 19 GG für die Regelung der Zulassung zu den anderen Heilberufen besitzt. Dagegen kann auch nicht eingewandt werden, dass es sich hier um Ausbildungsziele handelt, die gerade nicht mit Heilkundeausübung zu tun haben. Da ein Sachzusammen-

---

141 Gesetz über den Beruf der Psychotherapeutin und des Psychotherapeuten (Psychotherapeutengesetz – PsychThG), in Kraft ab 1. September 2020.
142 Art. 31 Abs. 3 Richtlinie 2005/36/EG.

hang mit der Heilkundeausübung besteht, muss nicht auf die Gesetzgebungskompetenz zur Sozialversicherung zurückgegriffen werden.

### 2.3.3.3.6.2 Weiterbildung auf Länderebene

Wird die Weiterbildung zum APN / NP auf Länderebene, sei es in Form eines Weiterbildungsgesetzes, sei es in Form von entsprechenden Master-Abschlüssen, geregelt, bestehen hinsichtlich der Ausbildungsziele, die nicht heilkundliche Maßnahmen betreffen, keine Kompetenzprobleme mit Blick auf Art. 74 Abs. 1 Nr. 19 GG. Auch die Sozialversicherungskompetenz ist nicht betroffen, da nicht die Sozialversicherung geregelt wird, sondern Weiterbildungen von Personen, die möglicherweise auf dem Gebiet sozialversicherungsrechtlich definierter Leistungserbringung tätig werden können.

### 2.3.3.4 Mit sozialversicherungsrechtlichem Bezug

Die vorstehend skizzierten Lösungen bedingen eine Lockerung des Arztvorbehaltes im SGB V, der nicht nur die §§ 15 Abs. 1, 28 Abs. 1 SGB V betrifft, sondern auch leistungserbringungsrechtliche Konsequenzen haben kann. S. hierzu Abschnitt 3.

Einschlägig ist die Gesetzgebungskompetenz des Bundes in Art. 74 Abs. 1 Nr. 12 GG.

### 2.3.3.5 Berufsfreiheit der Ärzte (Art. 12 Abs. 1 GG)

Im Vorstehenden[143] wurde aufgezeigt, dass ein Heilberufsgesetz zur Ausbildung von APN / NP oder eine entsprechende Vorschrift zur Anerkennung landesrechtlicher Weiterbildungsregelungen im PflBG die verfassungskompetenzrechtlich mögliche Lösung ist, wenn in diesem Gesetz auch die Berufszulassung in der medizinischen Primärversorgung geregelt werden soll und demnach die APN / NP künftig Tätigkeiten ausüben soll, die bisher nur dem Arzt und dem Heilpraktiker zur selbstständigen Ausübung von Heilkunde zugeordnet sind. Dabei soll durch diese Regelung

---

143 S. oben Abschnitt 2.3.3.3.5.3.

der Arzt[144] nicht rechtlich von diesen Tätigkeiten der medizinischen Primärversorgung ausgeschlossen werden. Vielmehr soll ein weiterer Heilberuf die Möglichkeit erhalten, auf dem Gebiet der medizinischen Primärversorgung tätig zu werden. Rechtlich wird dem Arzt dadurch nicht die Durchführung entsprechender Maßnahmen versagt. Das Hinzutreten eines weiteren Heilberufs auf dem Gebiet der selbstständigen Durchführung solcher Maßnahmen kann aber im Einzelfall faktisch eine konkrete Einschränkung des ärztlichen Handelns bedeuten.

In der hier vorliegenden Konstellation geht es darum, dass der Gesetzgeber die bisherigen Rechte des Arztes aus § 1 Abs. 1 HeilprG durch die Schaffung eines neuen Heilberufs möglicherweise beeinträchtigt. Da der Gesetzgeber an die Grundrechte gebunden ist, ist für die verfassungsrechtliche Beurteilung die Berufsfreiheit (Art. 12 Abs. 1 GG) einschlägig.

Unproblematisch ist, dass es sich beim Arztberuf um einen Beruf handelt, der in den Schutzbereich des Art. 12 Abs. 1 GG fällt. Schwieriger ist die Beantwortung der Frage, ob sich die genannte gesetzgeberische Tätigkeit als Eingriff in die Berufsfreiheit versteht, wobei hier die Berufsausübungsfreiheit im Vordergrund steht. Allerdings könnte auch die Berufswahlfreiheit betroffen sein, da die medizinische Primärversorgung sicherlich einen zentralen Bereich der ärztlichen Tätigkeit darstellt und den Ausschlag für eine Berufswahl geben kann. Die Unterscheidung zwischen einem Eingriff in die Freiheit der Berufswahl und einem Eingriff in die Freiheit der Berufsausübung ist insofern von Bedeutung, als bei einem Eingriff in die Freiheit der Berufswahl höhere Anforderungen an die Rechtfertigung eines Eingriffs gestellt werden.

Allerdings bestehen schon Zweifel, ob solche Ausbildungs- oder Ausbildungsanerkennungsregelungen zu Tätigkeiten, die die Durchführung von dem Arzt und dem Heilpraktiker vorbehaltenen Tätigkeiten betreffen, überhaupt einen Eingriff in die Berufsfreiheit, hier vor allem in Form der Berufsausübungsfreiheit, darstellen können. Mit anderen Worten geht es darum, ob solche Vorschriften eine berufsregelnde Tendenz in Richtung auf den Arztberuf haben.[145]

Die gesetzlichen Regelungen, die die selbstständige Ausübung von Teilbereichen der Heilkunde zum Gegenstand haben, kann man funktional als Spezialregelungen zu § 1 Abs. 1 HeilprG ansehen. Mit dieser Betrachtungs-

---

144 Im Folgenden soll es nur um den Beruf des Arztes, nicht des Heilpraktikers, gehen.

145 *Burgi*, in: Kahl/Waldhoff/Walter (Hrsg.), Bonner Kommentar zum Grundgesetz, Art. 12, Rn. 133.

weise wird deutlich, dass mit einem APN / NP-Gesetz indirekt auch der Beruf des Arztes betroffen ist, auch wenn der Regelungszweck nicht primär darin besteht, den Beruf des Arztes zu regeln.

Gegen die Annahme einer berufsregelnden Tendenz sprechen vor allem drei Gründe: Erstens handelt es sich bei solchen Vorschriften nicht um Regelungen, die den Arztberuf und seine Ausübung direkt betreffen. Zweitens wird den Ärzten nicht das Tätigwerden auf dem Gebiet der medizinischen Primärversorgung untersagt. Und drittens wird angesichts einer auf absehbare Zeit eher geringen Anzahl von APNs / NPs die ärztliche Teilnahme an der Primärversorgung auch faktisch kaum beeinflusst. Schließlich könnte noch angeführt werden, dass bei einer möglichen ärztlichen Unterversorgung gar keine Konkurrenzsituation zwischen APNs / NPs und Ärzten in der primärärztlichen Versorgung entstehen kann.

Die Entscheidung über die Annahme einer berufsregelnden Tendenz kann aber dahingestellt bleiben, da sowohl ein Eingriff in die Freiheit der Berufsausübung und sogar ein Eingriff in die Freiheit der Berufswahl gerechtfertigt wären.

Für Eingriffe in die Freiheit der Berufsausübung genügen als Rechtfertigung vernünftige Allgemeinwohlerwägungen.[146] Dazu zählt auch ein gesetzgeberisches Anliegen, die gesundheitliche Versorgung der Bevölkerung so zu organisieren, dass angesichts von bereits existierenden personellen Mangelsituationen diese Versorgung weiterhin flächendeckend gewährleistet ist. Ebenso ist ein gesetzgeberisches Anliegen zu qualifizieren, unabhängig von Mangelsituationen das Spektrum von Personen mit entsprechender Ausbildung in der primärmedizinischen Versorgung zu erweitern. Damit kommt der Gesetzgeber gleichzeitig der aus Art. 2 Abs. 2 S. 1 GG herzuleitenden objektiven Pflicht des Staates zum Schutz der Gesundheit der Bevölkerung und der Bürger nach (dazu noch unten Abschnitt 5.2.1.2). Eine Rechtfertigung für den Eingriff in die Berufsausübungsfreiheit des Arztes wäre damit gegeben.

Selbst wenn man annehmen würde, dass nicht nur in die Berufsausübungsfreiheit, sondern auch in die Berufswahlfreiheit des Arztes eingegriffen würde, würde auch dieser Eingriff gerechtfertigt sein. An die Rechtfertigungsgründe werden hier höhere Anforderungen gestellt als bei einem Eingriff in die Berufsausübungsfreiheit.[147] Da der mit der gesetzlichen Re-

---

146 Dazu *Burgi*, in: Kahl/Waldhoff/Walter (Hrsg.), Bonner Kommentar zum Grundgesetz, Art. 12, Rn. 202.

147 Dazu *Burgi*, in: Kahl/Waldhoff/Walter (Hrsg.), Bonner Kommentar zum Grundgesetz, Art. 12, Rn. 204.

gelung bezweckte Eingriff als objektive Berufszulassungsschranke zu verstehen ist, kann er nur gerechtfertigt werden, wenn die Ausübung des Berufs zur Abwehr nachweisbarer oder höchstwahrscheinlich schwerer Gefahren für ein überragend wichtiges Gemeinschaftsgut erforderlich ist. Da es sich bei der Organisation der gesundheitlichen Versorgung der Bevölkerung um wichtiges Gemeinschaftsgut handelt, das hier gefährdet ist, wäre auch eine Rechtfertigung für einen Eingriff in die Berufswahl gegeben.

### 2.3.3.6 Exkurs: Zusammenarbeit von Ärztinnen und Ärzten mit Dritten

Die Zusammenarbeit von Ärztinnen und Ärzten mit Dritten ist Gegenstand berufsordnungsrechtlicher Regulierung in den Berufsordnungen für Ärzte. Diese Berufsordnungen werden landesrechtlich geregelt. Die (Muster-)Berufsordnung für die in Deutschland tätigen Ärztinnen und Ärzte (MBO-Ä)[148] dient als Vorlage für diese landesrechtlichen Regelungen. Diese Vorschriften regulieren die Zusammenarbeit von Ärzten mit Dritten in zum Teil sehr detaillierter Weise. Sie richten sich nur an Ärzte, betreffen aber indirekt auch die Angehörigen anderer Gesundheitsfachberufe, also künftig auch zu APN / NP ausgebildeten Personen. Diese Vorschriften sollen hier deswegen aufgeführt werden, weil sie in berufsrechtlicher Hinsicht Einfluss auf die Gestaltung von CHN haben können.
§ 29a der MBO-Ä bestimmt:

#### § 29a
#### Zusammenarbeit mit Dritten
(1) Ärztinnen und Ärzten ist es nicht gestattet, zusammen mit Personen, die weder Ärztinnen oder Ärzte sind, noch zu ihren berufsmäßig tätigen Mitarbeiterinnen oder Mitarbeitern gehören, zu untersuchen oder zu behandeln. Dies gilt nicht für Personen, welche sich in der Ausbildung zum ärztlichen Beruf oder zu einem Fachberuf im Gesundheitswesen befinden.
(2) Die Zusammenarbeit mit Angehörigen anderer Fachberufe im Gesundheitswesen ist zulässig, wenn die Verantwortungsbereiche der

---

148 (Muster-)Berufsordnung für die in Deutschland tätigen Ärztinnen und Ärzte –
MBO-Ä 1997 –) in der Fassung der Beschlüsse des 121. Deutschen Ärztetages 2018 in Erfurt, geändert durch Beschluss des Vorstandes der Bundesärztekammer am 14.12.2018.
https://www.bundesaerztekammer.de/fileadmin/user_upload/downloads/pdf-Ordner/MBO/MBO-AE.pdf (Zugriff: 05.06.2020).

Ärztin oder des Arztes und des Angehörigen des Fachberufes klar erkennbar voneinander getrennt bleiben.

§ 29a Abs. 1 S. 1 MBO-Ä steht einer Zusammenarbeit von Ärzten mit künftigen zum APN / NP ausgebildeten Personen bei der eigentlichen Behandlung direkt am Patienten im Wege.[149] Eine Zusammenarbeit, die nicht die direkte Behandlung am Patienten erfasst ist unter den Voraussetzungen des § 29 Abs. 2 MBO-Ä möglich.

Weitere Möglichkeiten der Zusammenarbeit sind in § 23b MBO-Ä geregelt.[150] Diese Vorschrift betrifft die Medizinische Kooperationsgemeinschaft zwischen Ärztinnen und Ärzten und Angehörigen anderer Fachberufe:

**§ 23b**

**Medizinische Kooperationsgemeinschaft zwischen Ärztinnen und Ärzten und Angehörigen anderer Fachberufe**

(1) Ärztinnen und Ärzte können sich auch mit selbständig tätigen und zur eigenverantwortlichen Berufsausübung befugten Berufsangehörigen anderer akademischer Heilberufe im Gesundheitswesen oder staatlicher Ausbildungsberufe im Gesundheitswesen sowie anderen Naturwissenschaftlerinnen und Naturwissenschaftlern und Angehörigen sozialpädagogischer Berufe – auch beschränkt auf einzelne Leistungen – zur kooperativen Berufsausübung zusammenschließen (medizinische Kooperationsgemeinschaft). Die Kooperation ist in der Form einer Partnerschaftsgesellschaft nach dem PartGG oder aufgrund eines schriftlichen Vertrages über die Bildung einer Kooperationsgemeinschaft in der Rechtsform einer Gesellschaft bürgerlichen Rechts oder einer juristischen Person des Privatrechts gemäß § 23a gestattet. Ärztinnen und Ärzten ist ein solcher Zusammenschluss im Einzelnen nur mit solchen anderen Berufsangehörigen und in der Weise erlaubt, dass diese in ihrer Verbindung mit der Ärztin oder dem Arzt einen gleichgerichteten oder integrierenden diagnostischen oder therapeutischen Zweck bei der Heilbehandlung, auch auf dem Gebiete der Prävention und Rehabilitation, durch räumlich nahes und koordiniertes Zusam-

---

149 *Rehborn*, in: Prütting (Hrsg.), Medizinrecht Kommentar, 4. Aufl., Köln 2016; § 29a MBO-Ä, S. 1864 Rn. 1. Anmerkung des *Verf.*: In der 5. Aufl., Köln 2019, dieses Kommentars fehlt die Vorschrift des § 29a MBO-Ä und die Kommentierung hierzu.

150 Hierzu ausführlich *Schirmer/Dochow*, in: Wenzel (Hrsg.), Handbuch Medizinrecht, Ärztliches Berufsrecht, S. 1199 ff., Rn. 190 ff.

menwirken aller beteiligten Berufsangehörigen erfüllen können. Darüber hinaus muss der Kooperationsvertrag gewährleisten, dass

a) die eigenverantwortliche und selbständige Berufsausübung der Ärztin oder des Arztes gewahrt ist;

b) die Verantwortungsbereiche der Partner gegenüber den Patientinnen und Patienten getrennt bleiben;

c) medizinische Entscheidungen, insbesondere über Diagnostik und Therapie, ausschließlich die Ärztin oder der Arzt trifft, sofern nicht die Ärztin oder der Arzt nach ihrem oder seinem Berufsrecht den in der Gemeinschaft selbständig tätigen Berufsangehörigen eines anderen Fachberufs solche Entscheidungen überlassen darf;

d) der Grundsatz der freien Arztwahl gewahrt bleibt;

e) die behandelnde Ärztin oder der behandelnde Arzt zur Unterstützung in seinen diagnostischen Maßnahmen oder zur Therapie auch andere als die in der Gemeinschaft kooperierenden Berufsangehörigen hinzuziehen kann;

f) die Einhaltung der berufsrechtlichen Bestimmungen der Ärztinnen und Ärzte, insbesondere die Pflicht zur Dokumentation, das Verbot der berufswidrigen Werbung und die Regeln zur Erstellung einer Honorarforderung, von den übrigen Partnerinnen und Partnern beachtet wird;

g) sich die medizinische Kooperationsgemeinschaft verpflichtet, im Rechtsverkehr die Namen aller Partnerinnen und Partner und ihre Berufsbezeichnungen anzugeben und – sofern es sich um eine eingetragene Partnerschaftsgesellschaft handelt – den Zusatz „Partnerschaft" zu führen.

Die Voraussetzungen der Buchstaben a – f gelten bei der Bildung einer juristischen Person des Privatrechts entsprechend. Der Name der juristischen Person muss neben dem Namen einer ärztlichen Gesellschafterin oder eines ärztlichen Gesellschafters die Bezeichnung „Medizinische Kooperationsgemeinschaft" enthalten. Unbeschadet des Namens sind die Berufsbezeichnungen aller in der Gesellschaft tätigen Berufe anzukündigen.

(2) Die für die Mitwirkung der Ärztin oder des Arztes zulässige berufliche Zusammensetzung der Kooperation im Einzelnen richtet sich nach dem Gebot des Absatzes 1 Satz 3; es ist erfüllt, wenn Angehörige aus den vorgenannten Berufsgruppen kooperieren, die mit der Ärztin oder dem Arzt entsprechend ihrem oder seinem Fachgebiet einen gemeinschaftlich erreichbaren medizinischen Zweck nach der Art ihrer beruflichen Kompetenz zielbezogen erfüllen können.

## 2.4 Zusammenfassung zum berufsrechtlichen Teil

### 2.4.1 Typisierung der Aufgaben im Rahmen von Community Health Nursing (CHN)

Bei den Personen, die im Rahmen von CHN tätig werden, handelt es sich um Advanced Practice Nurses (APN) / Nurse Practitioners (NP), die verschiedene Aufgaben selbstständig wahrnehmen sollen. Diese Aufgaben könnten folgendermaßen typisiert werden:

- Aufgaben, die gesundheitsversorgungspolitischen Charakter haben, z. B. bei der allgemeinen Bedarfsanalyse von Versorgungssituationen. Es handelt sich hier um Aufgaben, die nicht mit direkten Gesundheitsdienstleistungen gegenüber Personen zu tun haben.
- Aufgaben, die gesundheitsversorgenden Charakter mit Personen-/Patientenkontakt haben, wie z. B. Gesundheitsförderung und Prävention, die aber nicht den in § 1 Abs. 2 HeilprG aufgeführten Maßnahmen der Heilkunde zuzuordnen sind.
- Aufgaben, die gesundheitsversorgenden Charakter mit Patientenkontakt haben, die den in § 1 Abs. 2 HeilprG aufgeführten Maßnahmen der Heilkunde zuzuordnen sind, und die auch durch andere als ärztliche Heilberufe, insbesondere durch Pflegefachpersonen i.S.d. Pflegeberufegesetzes (PflBG) kraft ihrer Ausbildungsziele und Berufszulassung durchgeführt werden können.
- Aufgaben, die gesundheitsversorgenden Charakter mit Patientenkontakt haben, die den in § 1 Abs. 2 HeilprG aufgeführten Maßnahmen der Heilkunde zuzuordnen sind, und die den Ärzten und Heilpraktikern zur selbstständigen Durchführung gemäß § 1 Abs. 1 HeilprG vorbehalten sind. Solchen Aufgaben sind auch die dem Kernbereich der ärztlichen Tätigkeit zugeordneten Maßnahmen zuzurechnen. Hier handelt es sich insbesondere um Maßnahmen, die in der medizinischen Primärversorgung seitens der Ärzte durchgeführt werden.

### 2.4.2 Aktuelle rechtliche Rahmenbedingungen und Gestaltungsmöglichkeiten

Für gesetzliche Regelungen auf dem Gebiet von CHN muss eine Gesetzgebungskompetenz der jeweiligen gesetzgebenden Körperschaft (Bund / Länder) vorliegen. Weiter dürfen die gesetzlichen Regelungen keine Grundrechte verletzen, wobei hier das Grundrecht der Berufsfreiheit der Ärzte und Heilpraktiker aus Art. 12 Abs. 1 GG in Frage kommt.

Für eine gesetzliche Regelung auf Bundesebene steht die konkurrierende Gesetzgebungskompetenz aus Art. 74 Abs. 1 Nr. 19 GG (Zulassung zu den ärztlichen und anderen Heilberufen) zur Verfügung. Die Länder können auf diesem Gebiet nur gesetzgeberisch tätig werden, solange und soweit der Bund von seiner Gesetzgebungszuständigkeit durch Gesetz nicht Gebrauch gemacht hat (Art. 72 Abs. 1 GG). Der Bund hat mit § 1 HeilprG von seiner Gesetzgebungszuständigkeit dergestalt Gebrauch gemacht, dass die selbstständige Ausübung von Heilkunde den Ärzten und Heilpraktikern vorbehalten ist. Damit verbieten sich gesetzliche Regelungen der Länder auf diesem so erfassten Gebiet. Das bedeutet aber nicht, dass die Länder keine Weiterbildungsregelungen für Heilberufe, etwa für Pflegeberufe, treffen können. Nur dürfen diese Weiterbildungsregelungen nicht den Bereich der selbstständigen Heilkundeausübung durch Ärzte und Heilpraktiker berühren. Da das insbesondere bei Maßnahmen der medizinischen Primärversorgung der Fall ist, scheiden solche Regelungen auf Länderebene aus. Dies gilt auch für die bundesweite Anerkennung von Weiterbildungen durch Masterabschlüsse, wie sie die Kultusministerkonferenz (KMK) vorsieht.

Aus den genannten Gründen kommt mit Blick auf die Aufgaben von APN / NP in der medizinischen Primärversorgung eine heilberufsgesetzliche Regelung (APN / NP-Gesetz) auf Bundesebene gemäß der Gesetzgebungskompetenz in Art. 74 Abs. 1 Nr. 19 GG in Frage, wobei die Ausbildung als hochschulisches Studium stattzufinden hat. Eine weitere Lösungsmöglichkeit besteht in der Einfügung einer Vorschrift in das PflBG zur Anerkennung landesrechtlich geregelter Weiterbildungen zu APN / NP.

Die anderen nicht heilkundlichen Aufgaben im Rahmen von CHN können ebenso in einem Ausbildungsgesetz für APN / NP geregelt werden, da bei diesen Aufgaben ein Sachzusammenhang mit den heilkundlichen Tätigkeiten besteht.

Solche gesetzlichen Regelungen stellen mit Blick auf die medizinische Primärversorgung keinen Eingriff in die Berufsfreiheit der Ärzte dar (Art. 12 Abs. 1 GG). Selbst unter Annahme eines Eingriffs in die Berufsausübungsfreiheit oder die Berufswahlfreiheit wäre ein solcher Eingriff gerechtfertigt, da es hier um die Sicherung des wichtigen Gemeinschaftsgutes der gesundheitlichen Versorgung der Bevölkerung geht.

### 2.4.3 Einschätzungen zu den rechtlichen Lösungsmöglichkeiten

Im Folgenden soll nur auf die besonders kritischen Fragen zur Einschätzung von Regelungen zum Arztvorbehalt und zu einer landesrechtlich geregelten Weiterbildung mit Bezug auf den heilkunderechtlichen Arztvorbehalt eingegangen werden.

#### 2.4.3.1 Zum Umgang mit dem Arztvorbehalt

Die gesundheitliche Versorgung in Deutschland konzentriert sich auf den Beruf des Arztes. Dessen Stellung und dessen berufsrechtliche Position ist bei allen Erwägungen zu berücksichtigen, die eine Einschränkung ärztlicher Handlungsbefugnisse zum Gegenstand haben, wie es insbesondere bei einer Erweiterung der heilberuflichen Zuständigkeiten auf dem Gebiet der medizinischen Primärversorgung der Fall ist.

Unabhängig von der verfassungsrechtlichen Zulässigkeit einer Zuordnung der medizinischen Primärversorgung an APN / NP im Wege eines (Bundes-)Heilberufegesetzes erscheint vor diesem Hintergrund in einem ersten Schritt eine Lösung denkbar, nach der die Zuordnung ärztlicher Tätigkeiten, die auch Tätigkeiten der ärztlichen Kernbereichsaufgaben enthalten können, wie folgt konfiguriert wird::

- In Anlehnung an die Richtlinie nach § 63 Abs. 3c SGB V werden die dort genannten ärztlichen Tätigkeiten und Prozeduren, ggf. ergänzt um weitere Tätigkeiten und Prozeduren, als übertragbare ärztliche Tätigkeiten und Prozeduren für die im Rahmen von CHN tätigen Personen (APN / NP) zugewiesen (Substitution ärztlicher Tätigkeit).
- Das Erfordernis der vorherigen Diagnose und Indikationsstellung (§ 3 Abs. 1 S. 1 Richtlinie nach § 63 Abs. 3c SGB V) wird insofern gelockert, als bei einfachen Erkrankungen wie z. B. Erkältungen die Diagnose nachgeholt wird, wenn sich die Erkrankung über einen zu definierenden längeren Zeitraum erstreckt. Bei anderen Erkrankungen soll die Diagnose und ggf. die weitere Therapiestellung unverzüglich nachgeholt werden.

Zum erstgenannten Punkt ist zu sagen, dass es hier um die Gestaltung eines im Rahmen eines APN / NP-Gesetzes zu regelnden Ausbildungszieles zur primärmedizinischen Versorgung geht. Daran müsste dann für die erforderlichen Veränderungen im SGB V angeknüpft werden.

Der zweitgenannte Punkt betrifft eine im SGB V zu regelnde Änderung im Zusammenhang mit der Konfiguration einer primärmedizinischen Versorgung.

### 2.4.3.2 Weiterbildungsregelungen auf Länderebene – bundesweite Anerkennung

Landesrechtliche Weiterbildungen, die auf eine Ausbildung nach dem PflBG aufsetzen und die den Ärzten und Heilpraktikern nach § 1 Abs. 1 HeilprG zur selbstständigen Durchführung vorbehaltene Maßnahmen betreffen, bedürfen einer bundesgesetzlichen Ermächtigung. Zu diesem Zweck könnte etwa im Rahmen des PflBG eine Vorschrift eingefügt werden mit dem Inhalt, dass solche über eine landesrechtliche Weiterbildung vermittelten Kompetenzen auch zur selbstständigen Ausübung von Heilkunde im Sinne des § 1 Abs. 1 HeilprG berechtigen. Das bedeutet jedoch nicht, dass mit solchen Weiterbildungsmaßnahmen eine Beschränkung der ärztlichen Tätigkeit oder der Tätigkeit des Heilpraktikers einhergehen kann. Mit Blick auf den Arztvorbehalt ändert sich dadurch nichts hinsichtlich der vorstehenden Einschätzungen zum Umgang mit dem Arztvorbehalt.

### 2.4.4 Lösungsvarianten

Es bieten sich drei Lösungsvarianten für die Gestaltung der Aus- und Weiterbildung von APN / NP an, die im Folgenden skizziert werden sollen:

### 2.4.4.1 Variante 1: APN / NP-Ausbildungsgesetz auf Bundesebene (als Heilberufsgesetz)

In der *Variante 1* geht es um ein APN / NP-Ausbildungsgesetz auf Bundesebene (als Heilberufsgesetz auf Grundlage des Kompetenztitels in Art. 74 Abs. 1 Nr. 19 GG).

Wenn beabsichtigt wird, in die Ausbildung von APN / NP auch Elemente oder Bereiche der primärmedizinischen Versorgung aufzunehmen, ist zu bedenken, dass nur der Bund die Ausbildung zur *selbstständigen* Ausübung bestimmter heilkundlicher Materien, z.B. primärmedizinischer Maßnahmen, gesetzlich regeln kann.

Dabei empfiehlt es sich, bei den Ausbildungszielen zur primärmedizinischen Versorgung bestimmte Handlungsfelder / Aufgaben / Tätigkeiten (im Sinne von diagnose- und prozedurbezogen) herauszugreifen.

Der Bund kann in diesem Zusammenhang auch weitere nicht heilkundliche Materien regeln („Kompetenz kraft Sachzusammenhangs").[151]

Die Ausbildung ist als hochschulisches Studium anzulegen (mit Studien- und Prüfungsverordnung auf Bundesebene). Ob dieses Studium (nur) als Bachelorstudium zu gestalten oder auch konsekutiv mit einem Masterabschluss zu verbinden ist, was angesichts der Qualifikationsanforderungen wünschenswert wäre, ist im Einzelnen insbesondere im Rahmen der betreffenden Fachgesellschaften zu thematisieren.

Grundsätzlich bietet sich auch eine Ergänzung der hochschulischen Pflegeausbildung nach §§ 37 bis 39 PflBG um Regelungen für eine Ausbildung zur APN / NP an. Gleiches gälte dann auch für die PflAPrV. Der Vorteil einer solchen Lösung könnte darin gesehen werden, dass damit der Qualifikationszusammenhang mit der Ausbildung zu den Pflegefachberufen deutlich würde.

## 2.4.4.2 Varianten 2 und 3: Landesrechtliche Möglichkeiten

Wenn beabsichtigt wird, in die Ausbildung von APN / NP Elemente oder Bereiche der primärmedizinischen Versorgung aufzunehmen, diese Ausbildung aber *nicht* qualifizieren soll zur *selbstständigen* Durchführung heilkundlicher Maßnahmen, sondern nur zur Durchführung solcher Maßnahmen im Wege der Delegation durch einen Arzt oder unter Leitung eines Arztes in einem CHN-Zentrum, so kann hierfür eine landesrechtlich zu bestimmende Hochschulausbildung eingerichtet werden (Variante 2).

Gleiches gilt im Sinne einer dritten Lösungsvariante, wenn eine Ausbildung in der primärmedizinischen Versorgung nicht stattfinden soll, da eine spätere Tätigkeit in dieser Versorgung nicht vorgenommen werden soll.

---

151 Bundesverfassungsgericht im Altenpflegeurteil, BVerfGE 106, 62, 110, 115, 121 f.

# 3 Leistungsrecht (Leistungen, Leistungserbringung und Leistungsvergütung)

Der Schwerpunkt des nachfolgend erörterten Leistungsrechts liegt angesichts des Tätigkeitsspektrums von CHN im Bereich des die Gesetzliche Krankenversicherung regelnden SGB V. Dieses normiert ebenso wie die anderen Teile des Sozialgesetzbuchs, insbesondere das die soziale Pflegeversicherung regelnde SGB XI, welche einzelnen von Dienstleistern erbrachten Tätigkeiten als sozialversicherungsrechtlich relevante Leistungen anzusehen sind. Dabei werden den einzelnen Leistungen Leistungserbringer zugeordnet und es wird festgelegt, welche Voraussetzungen ein Leistungserbringer erfüllen muss, um zulasten der jeweiligen Sozialversicherungskasse eine Vergütung erhalten zu können.

All dies gilt im personellen Anwendungsbereich des jeweiligen Sozialgesetzbuchs, im Bereich der Krankenversicherung mithin für die gesetzlich versicherten Patientinnen und Patienten. Die privat versicherten bzw. über staatliche Beihilfekassen geschützten Patientinnen und Patienten sind anderen Regeln unterworfen, denen hier nicht nachgegangen werden kann. Vielfach orientieren sich diese Regeln aber, jedenfalls in den Grundentscheidungen, an denen des SGB V.

Keine Relevanz hat das Leistungsrecht außerhalb des sachlichen Anwendungsbereichs des Sozialgesetzbuchs. Das betrifft im vorliegenden Zusammenhang die dem Felde der allgemeinen Daseinsvorsorge zuzurechnenden Aufgaben der Kommune, wie z.B. die Verwirklichung sozialräumlicher Konzepte innerhalb eines benachteiligten Quartiers oder die Erfüllung der Aufgaben des Öffentlichen Gesundheitsdienstes. Insoweit muss dann aber auch eine Finanzierung außerhalb der Vergütungssysteme der Sozialgesetzbücher erfolgen. Hierauf wird im Teil 4 zurückzukommen sein. Teilweise sind aber auch die Kommunen als Leistungserbringer nach dem Sozialgesetzbuch vergütungsberechtigt, so etwa als Erbringer von Beratungs- und Unterstützungsleistungen im Bereich der Altenhilfe nach § 71 SGB XII oder (mittelbar) als (Mit-)Träger eines Medizinischen Versorgungszentrums (MVZ) nach § 95 Abs. 1a SGB V (dazu unten 4.4.4.).

Im Interesse einer Überführung von CHN in einen neuen Teil der Regelversorgung werden rein modellbezogene Arrangements, auf denen teilweise die gegenwärtig erprobten Projekte beruhen (näher zu ihnen 4.1.3.) nicht vertieft. Zu nennen ist hier der Innovationsfonds nach § 92a SGB V, der eine Grundlage zur Förderung „neuer Versorgungsformen" bildet, sich aber in einer reinen Anschubfinanzierung erschöpft.

## 3.1 Leistungsrechtliche Fragestellungen

### 3.1.1 Überblick

Das Leistungsrecht bildet neben dem oben im Zweiten Teil dieses Gutachtens erörterten Berufsrecht einen seinerseits hochkomplexen Normenbestand, der zutreffend als indirektes Berufsrecht bezeichnet wird.[152] Dabei werden im Vergleich zum direkten Berufsrecht unterschiedliche Begrifflichkeiten verwendet, denen sich wiederum die Aufgaben und Tätigkeiten von CHN nicht ohne Weiteres zuordnen lassen. Dies macht es zunächst erforderlich, im Anschluss an die kurze Beschreibung der Grundstrukturen in diesem Abschnitt die wichtigsten Handlungsfelder, insbesondere das Handlungsfeld der ambulanten Krankenversorgung zu entfalten (3.2). Im Anschluss daran soll geklärt werden, welche Leistungsanbieter potenzielle Leistungserbringer nach dem SGB V sein können (z.B. Ärzte) und dann, wenn sie etwa hinzutretende weitere Voraussetzungen erfüllen (z.B. über die Zulassung als Vertragsarzt verfügen), vergütungsberechtigt sind (3.3). Sodann wird der Versuch unternommen, die einzelnen Tätigkeiten von CHN in tabellarischer Form den Leistungskategorien des SGB V zuzuordnen und jeweils eine Beurteilung über die Berechtigung, Leistungserbringer bzw. Vergütungsberechtigter zu sein, abzugeben, sortiert nach den zuvor beschriebenen Handlungsfeldern (3.4.). Im Anschluss an eine Zusammenfassung der Situation *de lege lata* (3.5) werden abschließend dann auch in diesem Teil Vorschläge zur Gestaltung des künftigen Regelungsrahmens, also zur Situation *de lege ferenda* formuliert (3.6).

### 3.1.2 Bedeutung und Systematik des Leistungsrechts

Das Recht der Leistungen und der Leistungserbringung ist namentlich im SGB V durch ein kompliziertes Beziehungsdreieck geprägt, bestehend aus dem Mitgliedschafts-/Versicherungsverhältnis zwischen den Versicherten und der Krankenkasse, dem Leistungserbringungsverhältnis zwischen Krankenkassen und Leistungserbringern und schließlich dem Erfüllungs-

---

152 *Igl*, in: Igl/Welti (Hrsg.), Gesundheitsrecht, § 14 Rn. 10 ff.

verhältnis zwischen dem Versicherten und dem Leistungserbringer. Verbindender Leitgedanke ist das Sachleistungsprinzip.

Danach gewähren die Krankenkassen ihren Versicherten Sach- und Dienstleistungen nicht selbst und unmittelbar, sondern dadurch, dass sie Vereinbarungen mit selbstständigen Leistungserbringern treffen (§ 2 Abs. 2 S. 3 SGB V). Vermittels dieser Vereinbarungen koordinieren die Krankenkassen Inhalt und Umfang der Leistungsberechtigung ihrer Versicherten im jeweiligen Versicherungsverhältnis. D.h., sie konkretisieren dadurch den Leistungsanspruch der Versicherten.[153] Dies bedeutet, dass Versicherte nur diejenigen Leistungen mit finanzieller Wirkung zulasten einer Gesetzlichen Krankenkasse erhalten dürfen, die nach einem komplizierten Zusammenspiel von gesetzlichen Regelungen und vertraglichen Festlegungen vorgesehen sind.

Auf Seiten der Krankenkassen sind Partner jener Vereinbarungen die für jede Kassenart gebildeten Landesverbände und auf Bundesebene der Spitzenverband Bund. Auf Seiten der Leistungserbringer sind bei dem ganz im Vordergrund stehenden Bereich der ärztlichen Leistungserbringung die Kassenärztlichen Vereinigungen als Körperschaften des Öffentlichen Rechts (vgl. § 77 Abs. 5 SGB V) für die „Sicherstellung der vertragsärztlichen Versorgung der Versicherten" zuständig (§ 75 Abs. 1 S. 1 SGB V). Die einzelnen Vertragsärzte sind Zwangsmitglieder der jeweiligen Kassenärztlichen Vereinigung. Der sich bereits daraus ergebende starke Einfluss der Ärzte auf das gesamte Versorgungsgeschehen und darüber hinaus auf die Gesundheitspolitik wird dadurch verstärkt, dass zusätzlich die Ärztekammern über Organisation und Überwachung der ärztlichen Berufsausübung mitbestimmen, d.h. im direkten Berufsrecht wirkmächtig sind und überdies eine Interessenvertretung herkömmlicher Art (wie etwa bei den Industrieverbänden) in Fachverbänden wie dem Marburger Bund (der auch Funktionen einer Gewerkschaft hat) oder dem Hausärzteverband erfolgt.[154]

Die gesetzliche Systematik sieht nun so aus, dass zunächst nach **Leistungsarten** unterschieden wird, wobei der jeweilige Leistungsinhalt nur dem Grunde nach benannt wird.

- Die diesbezüglichen Regelungen finden sich in den §§ 11 ff. SGB V. So ist z.B. in § 27 Abs. 1 SGB V geregelt, dass die Versicherten Anspruch

---

153 Ausführlich zum Sachleistungsprinzip und seinen Auswirkungen *Welti*, in: Igl/Welti (Hrsg.), Gesundheitsrecht, § 28 Rn. 20 f.
154 Treffend aus politikwissenschaftlicher Sicht *Bandelow*, Politische Bildung 37 (2004), S. 49 ff.

haben auf „Krankenbehandlung". Was „Krankenbehandlung" in diesem Sinne ist, wird näher in Abs. 2 S. 1 dieser Vorschrift geregelt. Aus dem ambulanten Bereich ist von vornherein nur umfasst die „ärztliche Behandlung" (Nr. 1), die „Versorgung mit Arznei-, Verband-, Heil- und Hilfsmitteln sowie mit digitalen Gesundheitsanwendungen" (Nr. 3) und die „häusliche Krankenpflege und Haushaltshilfe" (Nr. 4).

• Sämtliche Leistungen müssen nach § 12 Abs. 1 S. 1 SGB V ausreichend, zweckmäßig und wirtschaftlich sein und nach § 2 Abs. 1 S. 3 SGB V dem allgemein anerkannten Standard der medizinischen Erkenntnisse entsprechen sowie den medizinischen Fortschritt berücksichtigen. Die Konkretisierung des Leistungsinhalts liegt in den Händen des Gemeinsamen Bundesausschusses (GBA), einer Art Hybridgremium der Gemeinsamen Selbstverwaltung, dem neben drei neutralen Mitgliedern Vertreter der Krankenkassen, der Kassenärztlichen Bundesvereinigungen und der Deutschen Krankenhausgesellschaft (vgl. § 91 Abs. 1 SGB V) und zu einem geringen Teil auch Vertreter der Patientinnen und Patienten angehören, die allerdings lediglich ein Beteiligungsrecht haben (vgl. § 140f Abs. 1 u. 2 SGB V). Durch § 92 SGB V ist der GBA zum Erlass von Richtlinien berechtigt worden, die in außenwirksamer, allgemeinverbindlicher Weise das gesamte Leistungsgeschehen steuern, also nicht nur den Bereich der ärztlichen Leistungen, sondern auch die anderen Bereiche. Dies ist bislang von der Rechtsprechung legitimiert worden.[155]

Wer die solchermaßen festgelegten Leistungen erbringen darf, bestimmt sich nach dem **Leistungserbringungsrecht** (§§ 69 ff. SGB V). Dieses erschließt sich aus einem Zusammenspiel von gesetzlicher Regelung und den bereits erwähnten Vereinbarungen. Dabei ergeben sich im Einzelnen erhebliche Unterschiede zwischen dem ambulanten und dem stationären Bereich, die nachfolgend ausgeblendet bleiben können.

• In dem besonders wichtigen Bereich der „Behandlung einer Krankheit" (§ 11 Abs. 1 Nr. 4 SGB V) sind im Grundsatz lediglich Ärzte als Leistungsanbieter vorgesehen (vgl. § 15 Abs. 1 S. 1; § 28 Abs. 1 SGB V; näher differenzierend dann unten 3.3.1).

• Dies bedeutet aber noch nicht, dass jeder Arzt nun gegenüber den Versicherten einer Krankenkasse Leistungen erbringen darf. Vielmehr bedarf es hierzu der Zulassung als sog. Teilnehmer an der vertragsärztlichen Versorgung. Gemäß § 95 SGB V können Teilnehmer an der vertragsärztlichen Versorgung „zugelassene Ärzte und zugelassene medizi-

---

155  Vgl. BSGE 18, 54 (61); BSGE 89, 184 ff.

nische Versorgungszentren" sein. Die Zulassung zur Teilnahme an der vertragsärztlichen Versorgung erfolgt im Einzelfall durch Verwaltungsakte der Zulassungsausschüsse. Hierbei handelt es sich wiederum um Gremien der Gemeinsamen Selbstverwaltung, dieses Mal aus Krankenkassen und Ärzten, die gemäß § 96 Abs. 1 SGB V zur Beschlussfassung und Entscheidung in Zulassungssachen zuständig sind.

Ausschließlich die zur Teilnahme an der vertragsärztlichen Versorgung berechtigten Leistungserbringer sind wiederum Vergütungsberechtigte. Auch die nähere Ausgestaltung der ärztlichen Vergütung fällt weitgehend in die Zuständigkeit dieser sog. Kollektivvertragsparteien. So vereinbaren im Vertragsarztrecht die Kassenärztlichen Bundesvereinigungen mit dem Spitzenverband Bund der Krankenkassen durch Bewertungsausschüsse einen Einheitlichen Bewertungsmaßstab (EBM) für die ärztlichen Leistungen (vgl. § 87 Abs. 1 S. 1 SGB V). Hierbei handelt es sich um einen sog. Normsetzungsvertrag, mithin eine Rechtsnorm.[156] Er bestimmt gemäß § 87 Abs. 2 S. 1 Hs. 1 SGB V den Inhalt der abrechnungsfähigen Leistungen und ihr wertmäßiges, in Punktzahlen (also nicht in Geldbeträgen) ausgedrücktes Verhältnis zueinander. Jeder einzelnen ärztlichen Leistung wird hierbei eine Punktzahl zugeordnet, die den Zeitaufwand und die Kosten dieser Leistungen im Verhältnis zu anderen Leistungen wiedergibt. Im Vertragsarztrecht ist der EBM das „zentrale Steuerungsmedium", weil er „nicht nur die Grundlage für die Berechnung der Vergütung des Arztes (ist), sondern zugleich die Funktion eines abschließenden Leistungskataloges (erfüllt) und sich damit auch auf den Inhalt des Leistungsanspruchs des Versicherten" auswirkt.[157]

Es liegt auf der Hand (und ist wiederholt kritisch angemerkt worden),[158] dass dieses System der Koordination und des Korporatismus infolge der zahlreichen verteilungslenkenden Strukturen (Zulassung, Planung, Finanzierung) keinen Schub zugunsten sektorenübergreifender Ansätze auszulösen vermag und gerade „an den Schnittstellen zwischen ambulanter und stationärer Versorgung, zwischen Akutversorgung und Rehabilitation, zwischen medizinischer und pflegerischer Versorgung sowie sozialer Be-

---

156  Vgl. nur BSGE 81, 86 (89); BSGE 88, 216 (233).
157  Bündig zum Ganzen *Kingreen*, Regulierung und Wettbewerb in den Gesundheitsmärkten, in: Kühling/Zimmer (Hrsg.), Neue Gemeinwohlherausforderungen – Konsequenzen für Wettbewerbsrecht und Regulierung, S. 223 (240 f.).
158  Vgl. Unterrichtung durch die Bundesregierung, Gutachten 2005 des Sachverständigenrates zur Begutachtung der Entwicklung im Gesundheitswesen. Koordination und Qualität im Gesundheitswesen, Deutscher Bundestag, Drucksache 15/5670, S. 32 f., Ziffer 48 f.

treuung" zahlreiche Probleme, Doppeluntersuchungen, Behandlungsdiskontinuitäten und Fehlentscheidungen auftreten.[159] Im Hinblick auf eine zunehmend durch Erkrankungen mit chronisch degenerativem Verlauf und das Auftreten von Zivilisationskrankheiten geprägten Lebenswirklichkeit ist dies umso problematischer.

Vor diesem Hintergrund sind aber immerhin in den vergangenen Jahren verschiedene modellhafte Ansätze in das Gesetz aufgenommen worden, darunter die im nachfolgenden Zusammenhang noch näher thematisierte Möglichkeit von Modellvorhaben nach § 63 Abs. 3c SGB V (vgl. 3.3.4).

### 3.1.3 Fazit mit Blick auf CHN

Es liegt auf der Hand, dass eine dauerhafte und finanziell valide Etablierung von CHN-Strukturen bei dieser Ausgangslage außerordentlich schwierig ist. CHN-Personen sind nicht nur von vornherein gar nicht als Leistungserbringer in der „Krankenbehandlung" konstituiert, sie verfügen auch nicht über Vereinigungen, die auch nur im Entferntesten die gesetzliche Legitimation und Durchsetzungskraft namentlich der Kassenärztlichen Vereinigungen aufweisen können.

### 3.1.4 Eingreifen von Mechanismen der Qualitätssicherung

Der Neunte Abschnitt des SGB V (im Vierten Kapitel) enthält ein in den vergangenen Jahren kraftvoll ausgebautes und ausdifferenziertes System der „Sicherung der Qualität der Leistungserbringung". Dabei sind zahlreiche Institutionen involviert. Neben den Kassenärztlichen Vereinigungen und dem GBA ist das „Institut für Qualitätssicherung und Transparenz im Gesundheitswesen" (§ 137a SGB V) zu nennen, an das der GBA gemäß § 137b SGB V „Aufträge" vergeben kann. Davon zu unterscheiden ist das durch § 139a SGB V konstituierte „Institut für Qualität und Wirtschaftlichkeit im Gesundheitswesen".

Ziel sämtlicher Maßnahmen der Qualitätssicherung ist die Einhaltung der durch § 135a SGB V konstituierten Verpflichtung aller Leistungserbringer zur Qualitätssicherung. Dies betrifft neben der Pflicht, sich an ein-

---

159 Explizit *Knieps/Müller*, Neue Versorgungsformen, in: Schnapp/Wigge (Hrsg.), Handbuch des Vertragsarztrechts, § 11 Rn. 2.

richtungsübergreifenden Maßnahmen der Qualitätssicherung zu beteiligen auch die Notwendigkeit, „einrichtungsintern ein Qualitätsmanagement einzuführen und weiter zu entwickeln" (vgl. § 135a Abs. 2 Nr. 2 SGB V).

Gegenstand von qualitätssichernden Maßnahmen ist die zuvor durch die gesetzlichen Regelungen sowie die eingangs erwähnten Vereinbarungen und untergesetzlichen Richtlinien etc. konkretisierte Leistung. Neben den durch das SGB V eingeführten Mechanismen entsenden auch die Bestimmungen des privatrechtlichen Haftungsrechts sowie des Strafrechts Impulse zur Qualitätssicherung.[160]

## 3.2 Die wichtigsten Handlungsfelder

Nachfolgend werden die Handlungsfelder Prävention und Gesundheitsförderung (3.2.1), kurative ambulante Krankenversorgung (3.2.2) und Rehabilitation (3.2.3) beleuchtet, weil ihnen der weitaus größte Teil der dem CHN zugeordneten Tätigkeiten (oben 1.1.3) zugerechnet werden kann.

Zusätzliche leistungsrechtliche Bezüge und Vergütungsmöglichkeiten können entstehen, wenn einzelne Patientinnen und Patienten Kinder und Jugendliche bzw. behinderte Personen sind, in Bezug auf die nach dem SGB VIII (Kinder- und Jugendhilfe) bzw. nach dem SGB IX (soweit es dort um die „Teilhabe von Menschen mit Behinderungen" geht) u.U. zusätzliche Leistungs- bzw. Vergütungsansprüche entstehen können.

Entsprechendes gilt bei einer Leistungserbringung zugunsten von Personen, die Ansprüche aufgrund von Pflegebedürftigkeit nach dem SGB XI bzw. als Empfänger von Sozialhilfe nach dem SGB XII haben.[161] Gemäß § 264 Abs. 2 S. 1 SGB V ist aber vorrangig auch insoweit die Gesetzliche Krankenkasse zur Leistung verpflichtet. Aus dem Leistungsbereich der Sozialen Pflegeversicherung ist das sog. Versorgungsmanagement im Rahmen der „Pflegeberatung" nach § 7a SGB IX bereits als ein für CHN geeignetes Tätigkeitssegment (2.3.2.5.3) beschrieben worden. Die *medizinische* Behandlungspflege unterfällt als Teil der kurativen ambulanten Krankenversorgung wiederum im Kern dem SGB V (vgl. § 37 SGB V).[162] Soweit

---

160 Vgl. *Deutscher Sozialrechtsverband*, Qualitätssicherung im Sozialrecht, 2012; *Neumann*, Die externe Qualitätssicherung im Krankenhausrecht, S. 38 ff.

161 Zur Krankenbehandlung zulasten der staatlich finanzierten Sozialhilfe vgl. *Nebendahl*, in: Igl/Welti (Hrsg.), Gesundheitsrecht, § 30 Rn. 355 f.

162 Vertiefend zum Handlungsfeld der Langzeitpflege (synonym: der Leistungen bei Pflegebedürftigkeit) vgl. *Igl*, in Igl/Welti (Hrsg.), Gesundheitsrecht, § 31; zu

hier in Einklang mit den bestehenden gesetzlichen Vorgaben CHN-Personen als Leistungserbringer bzw. Beschäftigte bei zur Leistungserbringung berechtigten Institutionen tätig sind, kann dies eine wichtige Abstützung des jeweils gewählten Finanzierungs- und Organisationsmodells darstellen, die aber nachfolgend nicht vertieft werden kann.

### 3.2.1 Prävention und Gesundheitsförderung

Der Begriff der Prävention erfasst in einem weiteren Sinne alles, was der Vermeidung und Verhütung von Krankheiten gilt, und ist dadurch von der kurativen Krankenversorgung abzugrenzen, deren Ziel es gerade ist, einen beeinträchtigten Gesundheitszustand wieder zu verbessern.[163] Maßnahmen der Primärprävention wollen schon dem Auftreten einer Krankheit vorbeugen, während es bei der Sekundärprävention darum geht, eine Erkrankung möglichst im symptomlosen Frühstadium zu entdecken, um sie erfolgreich therapieren zu können. Die Tertiärprävention versucht der Verschlimmerung einer bereits manifestierten Krankheit entgegenzuwirken. Weiterhin lassen sich die Maßnahmen in die hier primär interessierenden medizinischen („expliziten") und die nicht-medizinischen („impliziten") Präventionsanstrengungen unterteilen, zu denen beispielsweise technische Regeln des Arbeitsschutzes gehören.

CHN-Tätigkeiten wären innerhalb der verschiedenen Präventionsansätze der Verhaltensprävention zuzurechnen, zu der beispielsweise Schulungen im Umgang mit Ernährung, Stress und übertragbaren Krankheiten oder auch Maßnahmen wie Schutzimpfungen gehören würden.[164]

Gemäß § 1 SGB V ist es eine Aufgabe der Gesetzlichen Krankenversicherung, die Gesundheit der Versicherten „zu erhalten und dazu auch die gesundheitliche Eigenkompetenz und Eigenverantwortung" zu stärken. Die Krankenkassen helfen den Versicherten dabei durch Aufklärung, Beratungen und Leistungen. Konkret bilden Leistungen „zur Verhütung von Krankheiten und deren Verschlimmerung" eine eigene Leistungsart gemäß §§ 11 Abs. 1 Nr. 2, 20 bis 24b SGB V.

---

den Strukturen, insbes. auch mit Blick auf die Kommunen *Burgi*, Kommunale Verantwortung, S. 83 ff.

163  Vgl. *Rosenbrock*, ZSR 2003, S. 342 (344).
164  Vgl. hierzu *Welti*, in: Igl/Welti (Hrsg.), Gesundheitsrecht, § 29 Rn. 1 f.

Die einzelnen Leistungen der Krankenkassen zur primären Prävention und Gesundheitsförderung[165] werden in Satzungen geregelt. Von den Leistungserbringern werden individuelle Leistungen der verhaltensbezogenen Prävention erbracht (vgl. § 20 Abs. 5 SGB V). Medizinische Vorsorgeleistungen durch Vertragsärzte und Vorsorgeeinrichtungen nach den §§ 23, 107 Abs. 2 Nr. 1a SGB V sind der sekundären Prävention zuzurechnen. Neben der Gesetzlichen Krankenversicherung können unter bestimmten Umständen auch die Träger der Rentenversicherung bzw. der Unfallversicherung[166] zuständig sein.

Wichtige Angebote in diesem Bereich sind Kurse und Informationsveranstaltungen, deren Finanzierung § 20 Abs. 2 SGB V regelt. Auch die Förderung von Selbsthilfegruppen und -organisationen gemäß § 20h SGB V spielt eine wichtige Rolle. Soweit nicht präventive Aspekte der ärztlichen Behandlung (inklusive Maßnahmen der Früherkennung) betroffen sind, für die die Kassenärztliche Vereinigung gemäß § 75 Abs. 1 S. 1 i.V.m. § 73 Abs. 2 SGB V den Sicherstellungsauftrag innehaben (also v.a. Maßnahmen der sekundären und tertiären Prävention), obliegt es den Krankenkassen, für entsprechende Präventionsleistungen zu sorgen. Gemäß § 140 Abs. 2 S. 1 SGB V können sie subsidiär auch Eigeneinrichtungen errichten.

Die Bundesländer haben in ihren Gesetzen über den Öffentlichen Gesundheitsdienst die auf kommunaler Ebene angesiedelten Gesundheitsbehörden jeweils mit Präventionsaufgaben betraut (vgl. z.B. § 1 Abs. 2 Nr. 2 u. 5 ÖGDG NRW). Teilweise ist diesen auch eine Koordinierungsfunktion anvertraut worden (vgl. z.B. § 24 ÖGDG NRW; demgegenüber aber zurückhaltender Art. 9 S. 1 BayGDVG).[167] In der Summe handelt es sich hier um ein Feld, auf dem doch eine vergleichsweise starke Position der Kommunen besteht, sowohl als Träger zahlreicher (freiwilliger) Präventionsangebote als auch in der Funktion als untere Gesundheitsbehörde.

In der Sache besteht im Handlungsfeld der Prävention und Gesundheitsförderung ein hoher Koordinierungsbedarf, weil neben den herkömmlichen Leistungsanbietern des Gesundheitswesens (Ärzte und Apotheker, Gesundheits- und Sozialverbände, Kommunen und Krankenkassen) auch Kindergärten und Schulen, Selbsthilfegruppen, Sportvereine etc. wichtige Akteure sind.

---

165 Näher hierzu *Schneider*, SGb 2015, S. 599.
166 Näher hierzu *Burgi*, Kommunale Verantwortung, S. 42 f.
167 Zum Gesamtüberblick *Burgi*, Kommunale Verantwortung, S. 44 f.

Durch das Gesetz zur Stärkung der Gesundheitsförderung und der Prävention (Präventionsgesetz) vom 17. Juli 2015[168] wurden die Grundlagen für die Zusammenarbeit von Sozialversicherungsträgern, Ländern und Kommunen verbessert. Auch hat die soziale Pflegeversicherung einen spezifischen Präventionsauftrag erhalten, um auch Menschen in Pflegeeinrichtungen mit gesundheitsfördernden Angeboten erreichen zu können. Hierzu wurden verschiedene Änderungen im SGB XI bewirkt. Dort wie auch im Bereich der Gesetzlichen Krankenversicherung können „Modellvorhaben" (vgl. § 20g SGB V) eine wichtige Rolle bei der Verwirklichung neuartiger Modelle spielen.

## 3.2.2 Kurative ambulante Krankenversorgung

Das nach Art und Umfang weitaus wichtigste Handlungsfeld für CHN ist das der Behandlung von Krankheiten und der Wiederherstellung der Gesundheit dienende Feld der kurativen Medizin, fokussiert auf den ambulanten Bereich.[169] Dabei müssen angesichts des Aufgabenspektrums von CHN (oben 1.1.3) neben der ambulanten Krankenpflege auch Aufgaben der Primärversorgung (Untersuchung, Beratung und Behandlung) an Patientinnen und Patienten in den Blick genommen werden.

In SGB V bilden die Leistungen bei Krankheit den weitaus umfangreichsten Teil des Leistungsrechts. Er ist geregelt in den §§ 27 bis 43c SGB V. In den §§ 63 f. sind verschiedene Modellvorhaben skizziert, während in den §§ 72 ff. das Leistungserbringungs- und das Vergütungsrecht geregelt sind.

Innerhalb des Handlungsfelds der kurativen ambulanten Krankenversorgung bildet die Leistungsart der „ärztlichen Behandlung" eine Art Herzstück. Dabei wird interessanterweise die Leistungsart bereits unmittelbar mit einem bestimmten Leistungsanbieter, eben den Ärztinnen und Ärzten verbunden (vgl. § 28 Abs. 1 SGB V). Die Leistungen, die durch ärztliches Hilfspersonal erbracht werden, zählen unter bestimmten Voraussetzungen als eine Art Teil der ärztlichen Behandlung (Delegation; § 28 Abs. 1 S. 2 u. 3 SGB). Davon zu unterscheiden ist die immerhin im Rahmen von Modellvorhaben nach § 63 Abs. 3c SGB V mögliche Substitution,

---

168 BGBl. I, S. 1368.
169 Zu den grundlegenden Unterschieden, aber auch Überschneidungen beider Bereiche, die hier nicht vertieft werden können, *Burgi*, Kommunale Verantwortung, S. 49 ff.

d.h. die Übertragung der ärztlichen Tätigkeiten, bei denen es sich um selbstständige Ausübung von Heilkunde handelt, auf Angehörige eines im Pflegeberufegesetz geregelten Berufs (zum Ganzen näher unten 3.3.4). Stets setzt „ärztliche Behandlung" aber nicht nur die Tätigkeit durch einen Arzt, sondern auch eine in der Sache ärztliche Tätigkeit voraus, weswegen nichtärztliche handwerklich-technische Hilfstätigkeiten auch dann ausgeschlossen sind, wenn sie durch einen Arzt erfolgen.[170]

Den normativen Ausgangspunkt der gegenwärtigen Versorgungsstrukturen in diesem Bereich bildet § 72 Abs. 1 SGB V. Durch ihn wird die „Sicherstellung der vertragsärztlichen Versorgung" den Krankenkassen und den Kassenärztlichen Vereinigungen anvertraut, wie bereits oben (3.1.2) skizziert. Die Kassenärztlichen Vereinigungen erfüllen ihr Sicherstellungsmonopol durch die zugelassenen Vertragsärzte; mithin hat nicht jeder Arzt Zugang zur Leistungserbringung, sondern nur derjenige, der die Voraussetzungen für eine Zulassung zum Vertragsarzt nach § 95 ff. SGB V erfüllt. Diese Gestaltung unterscheidet sich beispielsweise von der Situation im Pflegesektor, wo die Pflegekassen allein verantwortlich sind (§ 69 SGB XI).[171]

Wie ebenfalls bereits eingangs skizziert, ergeben sich die Einzelheiten des Leistungsrechts aus Kollektivvereinbarungen zwischen den Gesetzlichen Krankenkassen und den vertragsärztlichen Organisationen. Neuerdings sind namentlich in Gestalt der „Besonderen Versorgung" nach §§ 140a f. SGB V Möglichkeiten des Abschlusses von Selektivverträgen zur Ermöglichung neuer Strukturen entstanden.[172] Sie betreffen jeweils spezifische Versorgungssituationen und können daher nachfolgend nicht ausgeleuchtet werden. Politische und wissenschaftliche Überlegungen dahingehend, die Sicherstellungsverantwortung auf andere Träger, namentlich auf die Länder oder gar die Kommunen zu übertragen, konnten sich bislang nicht durchsetzen.[173]

---

170 Zu den Einzelheiten vgl. *Nebendahl*, in: Igl/Welti (Hrsg.), Gesundheitsrecht, § 30 Rn. 216 ff.

171 Vgl. nur *Burgi*, Kommunale Verantwortung, S. 49.

172 Vgl. dazu hier nur *Burgi*, Kommunale Verantwortung, S. 53 ff.; *Weidenbach*, in: Soldan (Hrsg), Handbuch des Krankenversicherungsrechts, 3. Aufl. 2018, § 31 Rn. 1 ff.

173 Aus der Diskussion *Burgi*, Kommunale Verantwortung, S. 66 f. m.w.N.

### 3.2.3 Medizinische Rehabilitation

Während die Prävention darauf abzielt, Krankheiten zu vermeiden und gesund zu bleiben, und die kurative ambulante Krankenversorgung das Ziel verfolgt, einen akut krankhaften Zustand ursächlich zu behandeln, geht es bei der Rehabilitation darum, eine drohende Behinderung[174] abzuwenden oder eine bestehende Funktions- oder Fähigkeitsstörung zu lindern bzw. möglichst umfassend zu kompensieren. Solche Störungen sind oft Folge einer Erkrankung. Gelingt es, sie zu überwinden, kann eine Wiedereingliederung in die Gesellschaft erreicht werden.[175]

Das Rehabilitationsrecht ist im SGB IX verankert; Zuständigkeit und Leistungsspektrum sind allerdings im jeweiligen Leistungsgesetz, so z.B. im SGB V normiert. Dabei sind gleich mehrere Träger der Sozialverwaltung zu Rehabilitationsträgern bestimmt worden (vgl. § 6 Abs. 1 SGB IX). Unter ihnen spielen im vorliegenden Zusammenhang wiederum die Gesetzlichen Krankenkassen die Hauptrolle. Die Kommunen sind hier als örtliche Träger der öffentlichen Jugendhilfe sowie der Sozialhilfe ebenfalls an Bord.

Gemäß § 28 Abs. 1 SGB IX kann der zuständige Rehabilitationsträger Leistungen zur Teilhabe entweder allein oder gemeinsam mit anderen Leistungsträgern, durch andere Leistungsträger oder (Nr. 3) „unter Inanspruchnahme von geeigneten, insbesondere auch freien und gemeinnützigen oder privaten Rehabilitationsdiensten und -einrichtungen (...) ausführen." Dabei bleibt er für die Ausführung der Leistungen verantwortlich, ihm obliegt mithin eine Gewährleistungspflicht.[176]

Die Zuständigkeit der Krankenkasse als Trägerin der „medizinischen Rehabilitation" (vgl. § 11 Abs. 2 SGB V) ist in erster Linie für Rentnerinnen und Rentner wegen Alters, teilweise auch für Kinder eröffnet. Sie erbringt ambulante Rehabilitation in und durch Einrichtungen gemäß §§ 40 Abs. 1, 111c SGB V. Ergänzende Leistungen zur Rehabilitation betreffen Patientenschulungen und Nachsorge (§§ 43, 132c SGB V) sowie nichtärztliche sozialpädiatrische Leistungen (vgl. § 43a SGB V).

Sowohl die Einleitung als auch die Durchführung rehabilitativer Maßnahmen sowie die Integration nichtärztlicher Hilfen und flankierender Dienste in die Krankenbehandlung sind gemäß § 73 Abs. 1 Nr. 4 SGB V

---

174 Im Sinne von § 2 Abs. 1 SGB IX.
175 Vgl. nur *Schliehe*, ZSR 1997, S. 439 (443).
176 Ausführlich und grundsätzlich *Schmidt am Busch*, Die Gesundheitssicherung im Mehrebenensystem, S. 390.

Teil der hausärztlichen Versorgung. Die Verordnung von Behandlungen in Rehabilitationseinrichtungen ist gemäß § 73 Abs. 2 Nr. 7 SGB V vertragsärztliche Aufgabe.[177]

## 3.3 Leistungsanbieter im für CHN relevanten Anwendungsbereich des SGB V

Bevor in der zu 3.4 dokumentierten systematischen Darstellung für die einzelnen CHN-Tätigkeiten jeweils geprüft wird, unter welchen Voraussetzungen eine Zulassung als Leistungserbringer nach dem SGB V (mit der Konsequenz des Entstehens von Vergütungsansprüchen) in Betracht kommt, wird in diesem Abschnitt danach gefragt, ob im SGB V Personen, die Leistungen auf dem Felde der Gesundheitsprävention und -förderung, der medizinischen Rehabilitation und insbesondere der kurativen ambulanten Krankenversorgung anbieten ohne Ärzte zu sein, überhaupt vorkommen. Um das Ergebnis vorwegzunehmen: Es fällt äußerst bescheiden aus, d.h. wenn andere als ärztliche Leistungsanbieter in einem bestimmten normativen Zusammenhang auftauchen, dann geschieht dies vielfach ohne Spezifizierung und ohne die Zuschreibung von Qualifikationsprofilen. Fast durchgehend ist auch eine Weisungsbefugnis bzw. ein Verordnungsrecht zugunsten von Ärzten vorgesehen, CHN-Personen bzw. CHN-Einheiten tauchen (erwartungsgemäß) im bestehenden Recht als solche überhaupt nicht auf.

### 3.3.1 Ärzte

Ärztliche Leistungsanbieter nehmen in allen drei Handlungsfeldern nach 3.3.2 eine Schlüsselstellung ein. Die Erbringung zahlreicher Leistungen ist allein ihnen vorbehalten, durch ihre Entscheidungen konkretisieren sie den Leistungsanspruch der Versicherten. Dies ist vielfach auch dann erforderlich, wenn die Leistung durch andere Anbieter erbracht wird.[178] Dabei dominiert in der Praxis – insbesondere im hier relevanten hausärztlichen Bereich – unverändert die Erbringung ärztlicher Leistungen durch Einzel-

---

177 Vgl. näher *Welti*, in: Igl/Welti (Hrsg.), Gesundheitsrecht, § 32 Rn. 13 f.
178 Bündig *Ulmer*, in: Eichenhofer/von Koppenfels-Spies/Wenner (Hrsg.), SGB V, 3. Aufl. 2018, § 15 SGB V, Rn. 15 u. § 28 SGB V, Rn. 5. Vgl. ferner zur Stellung der Ärzte im „indirekten Berufsrecht", also im sozialrechtlichen Leistungserbringungsrecht *Igl*, in: Igl/Welti (Hrsg.), Gesundheitsrecht, § 15 Rn. 29 ff.

personen. Unter den Voraussetzungen von § 95 Abs. 1 S. 2 SGB V können ärztliche Leistungen aber auch durch „Medizinische Versorgungszentren" (MVZs) angeboten werden, die dann in statthafter Weise an der vertragsärztlichen Versorgung teilnehmen. Voraussetzung ist auch hier, dass die Einrichtung unter ärztlicher Leitung steht und in ihr Ärzte entweder als Angestellte oder als Vertragsärzte tätig sind (dazu ausführlich unten 4.3.2.4.1).

Wichtig ist, dass die Ärzte durch das SGB V nicht nur als Leistungsanbieter benannt werden, wenn sie die entsprechenden Leistungen selbst erbringen. Vielmehr ist nahezu durchgehend vorgesehen, dass andere (immerhin genannte bzw. zumindest nicht ausgeschlossene) Leistungsanbieter ausschließlich nach vorheriger „Verordnung" oder „Anordnung" der entsprechenden Leistungen durch Ärzte tätig werden dürfen. Dies betrifft gemäß § 73 Abs. 2 S. 1 SGB V die Verordnung von „Leistungen zur medizinischen Rehabilitation" (Nr. 5), die „Anordnung der Hilfeleistung anderer Personen" (Nr. 6), die „Verordnung von Arznei-, Verband- Heil- und Hilfsmitteln, ... oder (die) Behandlung in Vorsorge- oder Rehabilitationseinrichtungen" (Nr. 7) sowie die „Verordnung häuslicher Krankenpflege" (Nr. 8).

In Bezug auf sämtliche dieser durch Verordnung erfassten Leistungen wird gemäß § 92 Abs. 1 S. 2 Nrn. 6 u. 7 SGB V der Gemeinsame Bundesausschuss (GBA) zum Erlass von „Richtlinien" ermächtigt, die gemäß S. 1 dieser Vorschrift „die Gewähr für eine ausreichende, zweckmäßige und wirtschaftliche Versorgung der Versicherten" bieten sollen.

Sofern im Handlungsfeld der **Prävention** i.S.v. § 23 Abs. 1 SGB V „medizinische Vorsorgeleistungen" zu erbringen sind, werden diese im ambulanten Bereich als „ärztliche Behandlung und Versorgung mit Arznei-, Verband-, Heil- und Hilfsmittel" entweder unmittelbar durch Ärzte oder anhand der nachfolgend für den Bereich der kurativen ambulanten Krankenversorgung dargestellten Grundsätze durch andere Anbieter erbracht.

Im Handlungsfeld der **kurativen ambulanten Versorgung** steht die „ärztliche Behandlung" (wie bereits zu 3.2.2 erwähnt) ganz im Mittelpunkt des Handlungsspektrums. Gemäß § 15 Abs. 1 S. 1 SGB V wird im Grundsatz die „ärztliche ... Behandlung von Ärzten ... erbracht". Gemäß § 28 Abs. 1 S. 1 SGB V umfasst die ärztliche Behandlung in diesem Sinne „die Tätigkeit des Arztes, die zur Verhütung, Früherkennung und Behandlung von Krankheiten nach den Regeln der ärztlichen Kunst ausreichend und zweckmäßig ist." Sodann heißt es ausdrücklich:

*„Zur ärztlichen Behandlung gehört auch die Hilfeleistung anderer Personen, die von dem Arzt angeordnet und von ihm zu verantworten ist".*

Dies bedeutet, dass alle anderen Personen von der eigenständigen und selbstständigen Versorgung im Handlungsfeld der kurativen ambulanten Versorgung (und zu erheblichen Teilen auch im präventiven Bereich) ausgeschlossen sind. Dies gilt (anders als im Berufsrecht) auch gegenüber Heilpraktikerinnen und Heilpraktikern. Werden die entsprechenden Leistungen dennoch von Nicht-Ärzten angeboten, ist mithin von vornherein eine Zulassung als Leistungserbringer im Anwendungsbereich des SGB V und damit auch eine Vergütung durch die Gesetzlichen Krankenkassen ausgeschlossen.

Im Handlungsfeld der **Rehabilitation** können ambulante Leistungen der medizinischen Rehabilitation i.S.d. § 40 Abs. 1 S. 1 SGB V ausschließlich von Rehabilitationseinrichtungen, für die ein Versorgungsvertrag gemäß § 111c SGB V besteht, erbracht werden; solche Einrichtungen müssen gemäß § 107 Abs. 2 Nr. 2 SGB V unter „ständiger ärztlicher Verantwortung" stehen, allerdings dürfen (und müssen) in der Einrichtung auch Leistungsangebote durch Nicht-Ärzte erfolgen (dazu unten 3.3.2). Auch die ergänzenden Rehabilitationsleistungen (Patientenschulungen und Nachsorge i.S.d. §§ 43, 132c SGB V) müssen nicht ausschließlich durch Ärzte selbst angeboten werden.

### 3.3.2 Andere Leistungserbringer

In diesem Abschnitt werden diejenigen Regelungen zusammengestellt, die andere Leistungserbringer als Ärzte vorsehen bzw. ermöglichen, und zwar außerhalb der Delegation (zu ihr 3.3.4) und außerhalb des § 63 Abs. 3b bzw. Abs. 3c SGB V (dazu dann 3.3.5).

Im Handlungsfeld der **Prävention und Gesundheitsförderung** lässt sich dem Gesetz (nur mittelbar) entnehmen, dass verschiedene andere als ärztliche Leistungsanbieter Leistungen der verhaltensbezogenen Prävention erbringen dürfen, so beispielsweise Leistungen zur Gesundheitsförderung und Prävention in Lebenswelten (etwa als Bildungsträger oder auch Sportfördereinrichtungen). Hierbei kommen auch kommunale Träger in Betracht. Nähere Spezifizierungen finden sich insoweit nicht. Gemäß § 20 Abs. 5 SGB V bedarf es für die Erbringung von Leistungen zur verhaltensbezogenen Prävention eine „Zertifizierung" durch die zuständige Krankenkasse. Pflegerisch qualifizierte Personen oder gar CHN-Personen werden in diesem Zusammenhang nirgendwo genannt, sind aber auch nicht ausgeschlossen. Und immerhin bedarf es insoweit keiner ärztlichen Verordnung oder Anordnung nach § 73 Abs. 2 S. 1 SGB V.

Im Handlungsfeld der **kurativen ambulanten Krankenversorgung** sind andere Leistungsanbieter wie folgt erkennbar:

- Die Vorschrift des § 124 Abs. 1 S. 1 SGB V nennt als Erbringer von „Heilmitteln, die als Dienstleistungen abgegeben werden", Anbieter „der Physiotherapie, der Stimm-, Sprech- und Sprachtherapie, der Ergotherapie, der Podologie oder der Ernährungstherapie" (nach wiederum vorheriger Verordnung durch den Arzt; vgl. § 73 Abs. 2 S. 1 Nr. 6 SGB V). Die näheren Einzelheiten regelt die durch den GBA verabschiedete Heilmittel-Richtlinie.[179] Die dem CHN zugeordneten Tätigkeiten lassen sich hierunter indes nicht fassen, so dass dieser Sektor nachfolgend nicht näher betrachtet wird.

- Die Vorschrift des § 37 Abs. 1 SGB V nennt als Erbringer von Leistungen der „häuslichen Krankenpflege" „geeignete Pflegekräfte". Die häusliche Krankenpflege kommt dann zum Einsatz, wenn „Krankenhausbehandlung geboten, aber nicht ausführbar ist, oder wenn sie durch die häusliche Krankenpflege vermieden oder verkürzt wird" (S. 1). Gemäß S. 3 dieser Vorschrift umfasst die häusliche Krankenpflege „die im Einzelfall erforderliche Grund- und Behandlungspflege". Die „geeigneten Pflegekräfte" können allerdings nur wiederum nach Verordnung durch den Arzt gemäß § 73 Abs. 2 S. 1 Nr. 8 SGB V tätig werden. Immerhin werden aber hier explizit „Pflegekräfte" genannt, es erfolgt somit zumindest ansatzweise eine Aussage über deren Qualifikation. Die Spitzenverbände der Krankenkassen haben mit verschiedenen Pflegeverbänden auf der Grundlage von § 132a Abs. 1 SGB V „Rahmenempfehlungen zur Versorgung mit Häuslicher Krankenpflege" in einer Fassung vom 30.08.2019 verabschiedet. Danach erfüllen u.a. „Gesundheits- und KrankenpflegerInnen" die fachlichen Voraussetzungen als „verantwortliche Pflegefachkraft" (gemäß § 1 Abs. 3 der Rahmenempfehlungen). Es handelt sich mithin um ein Profil, das auch von CHN-Personen erfüllt werden könnte.

Wie bereits festgestellt (3.3.1), können und müssen im Handlungsfeld der **Rehabilitation** auch andere als ärztliche Personen eingesetzt werden, da ambulante Rehabilitation als eine komplexe multidisziplinäre Leistung auf der Basis (wiederum ärztlich) aufgestellter Rehabilitationspläne zur Erreichung des jeweiligen Rehabilitationsziels verstanden wird (vgl. § 40 Abs. 1 SGB V). Dies gilt auch für die ergänzenden Rehabilitationsleistungen nach § 43 und § 132c SGB V (Patientenschulungen und Nachsorge). Auch insoweit findet im Gesetz keine Spezifizierung statt. Insbesondere wird dort

---

179  Vgl. zu ihr bereits 2.3.2.5.2.

nicht an bestimmte pflegerische Qualifikationen angeknüpft. Dies gilt sowohl für die in § 43 Abs. 1 Nr. 2 SGB V erwähnten „Patientenschulungsmaßnahmen für chronisch Kranke" als auch für die sozialmedizinischen Nachsorgemaßnahmen gemäß § 132c Abs. 1 SGB V. Dort heißt es lediglich, dass diese durch „geeignete Personen" erbracht werden. Wie bereits festgestellt, bedarf es bezüglich aller hiermit verbundenen Tätigkeiten überdies jeweils der Verordnung durch den Arzt gemäß § 73 Abs. 2 S. 1 Nr. 7 SGB V. Die Spitzenverbände der Krankenkassen haben am 1. Juli 2005 ein mittlerweile in einer Fassung vom 30. Juni 2008 veröffentlichtes Dokument mit „Empfehlungen zu den Anforderungen an die Leistungserbringer sozialmedizinischer Nachsorgemaßnahmen nach § 132c Abs. 2 SGB V" erarbeitet. Danach wird als Mindeststandard in personeller Hinsicht eine „vollzeitlich beschäftigte(r) MitarbeiterIn aus den unten genannten Berufsgruppen" verlangt; als eine von drei Berufsgruppen (neben Diplomsozialarbeitern und Fachärzten für Kinder- und Jugendmedizin) werden „Kinderkrankenschwestern/Kinderkrankenpfleger" genannt. Die entsprechenden Personen müssen „ihre berufliche Qualifikation detailliert nachweisen"; diese muss „die theoretische Ausbildung und die praktischen Kenntnisse sowohl während als auch nach Abschluss der Ausbildung einbeziehen". Aus jeder der drei Berufsgruppen muss mindestens ein Teammitglied „zwei Jahre vollzeitige (oder äquivalent vier Jahre halbtags) berufspraktische Erfahrungszeit in der jeweiligen Berufsgruppe nachweisen" können. Sodann werden im Hinblick auf die Berufsgruppe der „Kinderkrankenschwester/Kinderkrankenpfleger" einzelne Kenntnisse aufgeführt, darunter „Kenntnisse des regionalen und kooperierenden Netzes an Einrichtungen des Sozial- und Gesundheitswesens" sowie „Grundkenntnisse des Case-Managements". Insgesamt handelt es sich hierbei mithin um ein Profil, das von CHN-Personen erfüllt werden könnte.

### 3.3.3 Ärztlich angeordnete und verantwortete Hilfeleistungen anderer Personen

Gemäß § 27 Abs. 1 S. 1 SGB V obliegt den Ärzten neben der Verordnung von Dienstleistungen anderer Leistungsanbieter zwecks Erfüllung des Anspruchs der Versicherten auf „Krankenbehandlung" selbstverständlich auch die eigentliche „ärztliche Behandlung" gemäß S. 2 Nr. 1 dieser Vorschrift. Dies gilt auch, wenn in den Handlungsfeldern der Gesundheitsförderung und Prävention bzw. Rehabilitation ärztliche Behandlungen erfolgen müssen (vgl. zum Ganzen § 15 Abs. 1 S. 1 SGB V).

§ 15 Abs. 1 S. 2 SGB V nimmt aber in den Blick, dass auch im Zusammenhang mit der „ärztlichen Behandlung" Hilfeleistungen „anderer Personen erforderlich" sein können. Solche Hilfeleistungen dürfen nur erbracht werden, wenn sie vom Arzt „angeordnet und von ihm verantwortet werden". Die Hilfeleistungen dieser Personen gehören dann „zur ärztlichen Behandlung", was § 28 Abs. 1 S. 2 SGB V ausdrücklich feststellt. Die die von Ärzten angeordnete Hilfeleistung erbringenden Personen agieren mithin auf der Grundlage einer Delegation (vgl. bereits oben 2.3.3.2.1.2). Dass die Hilfeleistung nur nach „Anordnung" des Arztes erbracht werden darf, wird überdies ausdrücklich in § 73 Abs. 2 S. 1 Nr. 6 SGB V bestätigt.

Im Gesetz selbst erfolgt keine Spezifizierung der „anderen Personen" und es werden keinerlei nähere Anforderungen an deren Qualifikation formuliert. Gemäß § 28 Abs. 1 S. 3 SGB V sollen aber „die Partner der Bundesmantelverträge" für die ambulante Versorgung „beispielhaft" festlegen, „bei welchen Tätigkeiten Personen nach S. 2 ärztliche Leistungen erbringen können und welche Anforderungen an die Erbringung zu stellen sind." Hierbei ist wiederum der Bundesärztekammer „Gelegenheit zur Stellungnahme zu geben" (S. 4).

Ausgehend davon haben die Kassenärztliche Bundesvereinigung und der GKV-Spitzenverband als „Anlage 24" zum Bundesmantelvertrag – Ärzte (BMV-Ä) am 1.10.2013 eine „Vereinbarung über die Delegation ärztlicher Leistungen an nichtärztliches Personal in der ambulanten vertragsärztlichen Versorgung gemäß § 28 Abs. 1 S. 3 SGB V getroffen und veröffentlicht. Darin werden einzelne „delegierbare ärztliche Tätigkeiten" und „typische Mindestqualifikationen" festgelegt. In § 2 wird beschrieben, welche Leistungen „nicht delegierbar sind". Bezeichnenderweise heißt es schon in § 1 S. 1 dieser Vereinbarung, dass es sich bei diesen Personen um „nichtärztliche Mitarbeiter" handle; von vornherein gehen die Urheber dieser Vereinbarung also davon aus, dass es sich um Angestellte der jeweiligen Ärzte handeln soll, während das Gesetz – neutral – von „Personen" spricht (s. dazu oben Abschnitt 2.2.5.3.2).

In der „Anlage 8" zum Bundesmantelvertrag – Ärzte (BMV-Ä) sind im Näheren die „Zusatzqualifikationen der nicht-ärztlichen Praxisassistenten" beschrieben (s. dazu oben Abschnitt 2.2.5.3.3).

Auch auf der Ebene des Bundesmantelvertrags – Ärzte findet mithin keine Spezifizierung in Richtung von Personen mit pflegerischen Kompetenzen statt und erst recht nicht werden CHN-Personen benannt. Immerhin lassen sich aus den Qualifikationsanforderungen einige Rückschlüsse ableiten (dazu näher unten 3.5.3).

### 3.3.4 Pflegefachpersonen als Leistungserbringer

§ 15 Abs. 1 S. 1 SGB V eröffnet mit dem Verweis auf § 63 Abs. 3c SGB V eine Ausnahme von der ausschließlichen Zuordnung ärztlicher Behandlungen an Ärzte, und zwar im Rahmen von „Modellvorhaben". Strukturell damit vergleichbar sind die in § 63 Abs. 3b SGB V vorgesehenen Modellvorhaben:

- Die Modellvorhaben nach § 63 Abs. 3b SGB V betreffen „die Verordnung von Verbandsmitteln und Pflegehilfsmitteln (Nr. 1)" sowie die „inhaltliche Ausgestaltung der häuslichen Krankenpflege einschließlich ihrer Dauer". In diesbezüglichen Modellvorhaben kann vorgesehen werden, dass Angehörige der im „Pflegeberufegesetz, im Krankenpflegegesetz und im Altenpflegegesetz geregelten Berufe" solche Tätigkeiten vornehmen dürfen. Als Voraussetzung hierfür wird normiert, dass sie „aufgrund ihrer Ausbildung qualifiziert sind und es sich bei der Tätigkeit nicht um selbstständige Ausübung von Heilkunde handelt". Dies ist oben (2.3.2.5.1) bereits näher erläutert worden. An dieser Stelle hat der Gesetzgeber also immerhin eine erste Spezifizierung vorgenommen und auch nähere Aussagen zu den Qualifikationsanforderungen getroffen.
- Das Gleiche gilt in den in § 63 Abs. 3c SGB V geregelten Modellvorhaben, betreffend die „Übertragung" bestimmter ärztlicher Tätigkeiten. Dies betrifft ärztliche Tätigkeiten, bei denen „es sich um selbstständige Ausübung von Heilkunde handelt" und zwar unter der Voraussetzung, dass die Angehörigen des im Pflegeberufegesetzes geregelten Berufs auf Grundlage „einer Ausbildung nach § 14" dieses Gesetzes qualifiziert sind. Im Hinblick auf welche ärztlichen Tätigkeiten dies in Betracht kommt, sollen die Krankenkassen und ihre Verbände vereinbaren, während der GBA in Richtlinien festgelegt, „bei welchen Tätigkeiten eine Übertragung von Heilkunde auf die Angehörigen" der entsprechenden Berufe erfolgen kann. Vor der Entscheidung des GBA ist der Bundesärztekammer, aber auch den maßgeblichen Verbänden der Pflegeberufe Gelegenheit zur Stellungnahme zu geben (S. 4). Auch insoweit findet mithin eine erste Spezifizierung statt und es sind Qualifikationsanforderungen niedergelegt worden. Zu den Einzelheiten s. oben Abschnitt 2.3.2.5.2.

In der diesbezüglichen Richtlinie des GBA[180] werden im „Besonderen Teil" einzelne übertragbare Ärztetätigkeiten benannt und diesen bestimmte „Qualifikationsanforderungen" nach § 4 des Krankenpflegegesetzes zugeordnet. Dies geschieht einerseits in Bezug auf diagnosebezogene heilkundliche Tätigkeiten (unter 1.) und andererseits im Hinblick auf prozedurenbezogene heilkundliche Tätigkeiten (unter 2.).

### 3.3.5 Fazit

CHN-Personen könnten *de lege lata* grundsätzlich nur in den nachfolgend zusammengefassten Situationen als Leistungserbringer tätig werden und Vergütungsansprüche auslösen:

- Als Erbringer von Leistungen zur Gesundheitsförderung und Prävention in Lebenswelten
- Als Erbringer von Leistungen der häuslichen Krankenpflege (nur nach ärztlicher Verordnung)
- Als Erbringer von Leistungen in der ambulanten Rehabilitation bzw. im Rahmen von Patientenschulungen und Nachsorgemaßnahmen (nur nach ärztlicher Verordnung)
- Als Erbringer von Hilfeleistungen im Rahmen der ärztlichen Behandlung (nur nach Anordnung durch den Arzt)
- Als Erbringer von Leistungen innerhalb von Modellvorhaben betreffend entweder die Verordnung von Verbandsmitteln und Pflegehilfsmitteln sowie die inhaltliche Ausgestaltung der häuslichen Krankenpflege einschließlich deren Dauer (§ 63 Abs. 3b SGB V) oder betreffend ärztliche Tätigkeiten nach Maßgabe näherer Festlegungen in Richtlinien des GBA nach § 63 Abs. 3c SGB V. In diesen beiden Situationen bedarf es dann weder einer ärztlichen Verordnung noch einer Anordnung, vielmehr handelt es sich um eine „selbstständige Ausübung von Heilkunde". Es handelt sich mithin nicht um eine Delegation, sondern um eine Substitution.

---

180 I.d.F. v. 20.10.2011, veröffentlicht im Bundesanzeiger Nr. 46 v. 21.3.2012 und Nr. 50 v. 28.3.2012, in Kraft getreten am 22.3.2012.

## 3.4 Zusammenfassung der Situationen und weiteres Vorgehen

In struktureller Parallelführung zum berufsrechtlichen Teil (siehe dort 2.2.6 f.) werden nachfolgend die von CHN-Personen zu erbringenden Tätigkeiten einzelnen Leistungen nach dem SGB V zugeordnet. Dabei wird jeweils festgestellt, welche Anforderungen die Leistungserbringer APN / NP erfüllen müssen, und ob einzelne CHN-Personen oder CHN-Einheiten, bei denen jene Personen tätig sind, im Hinblick auf die jeweiligen Leistungen vergütungsberechtigt sind.

Nach dieser Zuordnung auf Grundlage des aktuellen Rechtszustands (*de lege lata*) werden dann jeweils Hinweise gegeben, wie sich die künftige Rechtslage (*de lege ferenda*) gestalten könnte, um für CHN einen operablen Rechtsrahmen zu liefern. Im nachfolgenden Abschnitt (3.5) werden dann die gesetzlichen Regelungsmöglichkeiten auf dem Gebiet des Leistungs-, Leistungserbringungs- und Leistungsvergütungsrechts ausführlicher entfaltet. Weiter wird auf die Verteilung der Gesetzgebungskompetenzen eingegangen.

### 3.4.1 CHN-Tätigkeiten jenseits der ärztlichen Behandlung

#### 3.4.1.1 Gesundheitserhaltung und -förderung

*De lege lata:*
Die Unterstützung von Patienten in der Gesundheitserhaltung und -förderung und die Stärkung der Gesundheitskompetenz des Einzelnen und der Familien/Gruppen können ebenso wie die in diesem Zusammenhang genannte umfassende Patienteninformation, Patientenberatung und -schulung Leistungen nach dem SGB V sein. Dies ergibt sich aus den zu 3.2.1 dargestellten Regelungen über Leistungen im Handlungsfeld Prävention und Gesundheitsförderung sowie aus den in Abschnitt 3.2.3 dargestellten Leistungen im Bereich der medizinischen Rehabilitation. Pflegefachpersonen werden in beiden Zusammenhängen zwar nicht explizit genannt (siehe 3.3.2), sind aber als Leistungserbringer auch nicht ausgeschlossen, da in den jeweiligen gesetzlichen Regelungen klar zum Ausdruck kommt, dass auch andere als ärztliche Personen zum Einsatz gelangen können, teilweise sogar müssen (so im Handlungsfeld der ambulanten Rehabilitation).

Als vergütungsberechtigte Leistungserbringer kommen im Hinblick auf diese Tätigkeit nicht einzelne CHN-Personen, sondern die etwaigen Organisationseinheiten, in denen die CHN-Personen angesiedelt sein werden, in Betracht, da es sich hierbei um Tätigkeiten mit einem gewissen infrastrukturellen und personellen Bedarf handelt.

*De lege ferenda:*
Naheliegend wäre die Spezifizierung des leistungsberechtigten Personenkreises im Hinblick (auch) auf CHN-Personen bzw. CHN-Einheiten durch ihre explizite Nennung im Gesetz selbst.

### 3.4.1.2 Bedarfserhebung

*De lege lata:*
Die im Zusammenhang der Bedarfsdeckung aufgeführten Maßnahmen z.B. der Erhebung von Gesundheitsproblemen von Einzelnen oder Gruppen in einer Region, etwa in Form der Eruierung von Unfallschwerpunkten, Fehl-, Über- oder Unterversorgung in speziellen Gruppen sind dem Bereich des Public Health zuzuordnen. Hierbei handelt es sich nicht um Leistungen, die nach dem SGB V versicherten Personen als leistungsberechtigte Personen zukommen. Der Bereich des SGB V ist hier nicht betroffen.

*De lege ferenda:*
Änderungsbedarf im SGB V besteht insoweit nicht.

### 3.4.1.3 Koordination, Kooperation, Leadership

*De lege lata:*
Soweit Maßnahmen dieser Art nicht auf einzelne Individuen zugeschnitten sind, sondern allgemein versorgungssteuernden Charakter tragen (anders als im Bereich des Versorgungsmanagements nach § 11 Abs. 4 SGB V), liegen sie ebenfalls außerhalb des Anwendungsbereichs des SGB V. Dies gilt auch für die Sicherstellung einer umfassenden, koordinierten Versorgung, die Bündelung der Leistungserbringung und eine Basisversorgung in strukturschwachen Regionen sowie für Forschungs- und Erhebungsaufgaben in diesem Zusammenhang. Ebenso sind Tätigkeiten der Überleitung und des damit im Zusammenhang stehenden Case-und-Care-Managements sowie die Organisation und Sicherstellung der sich daran anschließenden Gesundheitsversorgung keine Leistungen unmittelbar zugunsten von Versicherten.

Sie liegen daher ebenso wie die Frage nach einer etwaigen Leistungserbringerschaft bzw. Vergütungsberechtigung außerhalb des SGB V. Die
Kosten hierfür werden regelmäßig aus dem Steueraufkommen zu finanzie-
ren sein.

*De lege ferenda:*
Im Hinblick auf das SGB V besteht insoweit kein Änderungsbedarf, da es
wiederum die Grundsystematik dieses Regelwerks sprengen würde, solche
letztlich der allgemeinen Daseinsvorsorge auf gesundheitlichem Sektor zuzurechnenden Tätigkeiten zu erfassen und in die Vergütungsstränge der
Gesetzlichen Krankenkassen einzubeziehen.

### 3.4.2 CHN-Tätigkeiten im Rahmen der ärztlichen Behandlung

#### 3.4.2.1 Befähigung von Patienten

*De lege lata:*
Die Befähigung von Patienten bezieht sich mehr oder weniger direkt auf
die Behandlung von Krankheiten und ist besonders bei chronisch Kranken
von großer Bedeutung. Die diesbezüglichen Tätigkeiten können nur in
dem Umfang als „Leistungen" i.S.d. SGB V angesehen werden, in dem sie
Teil der „ärztlichen Behandlung" i.S.v. § 27 Abs. 1 S. 1 Nr. 1 SGB V sind.
Soweit die betroffenen Patienten aufgrund ärztlicher Verordnung von
Leistungen der „häuslichen Krankenpflege" nach § 37 Abs. 1 SGB V profi-
tieren, kann es sich auch insoweit um nach dem SGB V statthafte Leistungen handeln. Diese Tätigkeiten umfassen die Beratung, die Anleitung und
Unterstützung der zu pflegenden Menschen bei ihrer individuellen Auseinandersetzung mit Gesundheit und Krankheit sowie bei der Erhaltung
und Stärkung der eigenständigen Lebensführung und Alltagskompetenz
unter Einbeziehung ihrer sozialen Bezugspersonen. Ferner gehören hierher Tätigkeiten der Erhaltung, Wiederherstellung, Förderung, Aktivierung
und Stabilisierung der individuellen Fähigkeiten der zu pflegenden Menschen, insbesondere im Rahmen von Rehabilitationskonzepten, sowie die
Pflege und Betreuung bei Einschränkungen der kognitiven Fähigkeiten.
Soweit es sich um ergänzende Rehabilitationsleistungen i.S.d §§ 43
und 132c SGB V handelt (Patientenschulungen und Nachsorge), handelt
es sich um eine statthafte Leistungsart im Handlungsfeld der Rehabilitation.

Leistungserbringer sind im letztgenannten Fall alle „geeigneten Personen", also grundsätzlich auch CHN-Personen. Im Falle einer Zuordnung
der Tätigkeiten zur Befähigung von Patienten zur „häuslichen Krankenpflege" nennt § 37 Abs. 1 SGB V „geeignete Pflegekräfte" als Leistungserbringer.

Soweit es sich hingegen um „ärztliche Behandlung" handelt, kommt die
Einbeziehung solcher Personen bzw. die Zuordnung jener Tätigkeiten an
sie nur im Wege entweder einer Delegation nach § 15 Abs. 1 S. 2 SGB V
oder im Wege einer Substitution nach § 15 Abs. 1 S. 1 i.V.m. §§ 63 Abs. 3b
bzw. Abs. 3c SGB V in Betracht.

Vergütungsberechtigt sind im Falle der Delegation ausschließlich die
auch sonst vergütungsberechtigten Hausärzte bzw. Medizinischen Versorgungszentren. In den Handlungsfeldern der häuslichen Krankenpflege,
der Rehabilitation bzw. im Rahmen eines Modellvorhabens nach § 63
Abs. 3b bzw. Abs. 3c SGB V wären die jeweiligen Einrichtungsträger vergütungsberechtigt. Dies gilt dann auch für den Fall, dass auf diesem Gebiet
CHN-Einheiten agieren.

*De lege ferenda:*
Im Hinblick auf diese Tätigkeiten vorzuschlagende Änderungen betreffen
die Spezifizierung von CHN-Personen bzw. CHN-Einheiten als Leistungserbringer und Vergütungsberechtigte im Hinblick auf die den Handlungsfeldern der häuslichen Krankenpflege und der Rehabilitation zuzurechnenden Tätigkeiten. Im Hinblick auf den Einsatz von CHN-Personen auf
den Wegen der Delegation bzw. Substitution im Rahmen einer ärztlichen
Behandlung müsste eine Spezifizierung von CHN-Personen bzw. CHN-
Einheiten als Adressaten von Delegations- bzw. Substitutionsmaßnahmen
normativ verankert werden.

### 3.4.2.2 Ersteinschätzung und Beratung hinsichtlich spezifischer Gesundheits- und Krankheitsfragen des individuellen Patienten

*De lege lata:*
Die Beratung der Patienten zu deren spezifischen Gesundheits- oder
Krankheitsfragen ist als am individuellen Patienten ausgerichtete Tätigkeit
eine Leistung nach dem SGB V, und zwar als Bestandteil einer ärztlichen
Behandlung i.S.v. § 27 Abs. 1 S. 2 Nr. 1 SGB V. Davon zu unterscheiden
sind Ersteinschätzung und Beratung, sofern sie die Erhebung und Feststellung des individuellen Pflegebedarfs und die Planung der Pflege betreffen.

In diesem Falle handelt es sich um (hier nicht zu vertiefende) Leistungen nach dem SGB XI.

Hinsichtlich der Tätigkeiten der ersten Gruppe kommt als Leistungserbringer ausschließlich der Hausarzt in Betracht, der folglich (ggf. auch über ein Medizinisches Versorgungszentrum) Vergütungsberechtigter ist.

*De lege ferenda:*
Reformbedarf ist insoweit allein im Hinblick auf die Möglichkeit einer Substitution i.S.v. § 63 Abs. 3c SGB V bzw. im Hinblick auf die von § 63 Abs. 3b SGB V erfassten Tätigkeiten indiziert. Da die Tätigkeiten der Ersteinschätzung und Beratung individueller Patienten auch der Sache nach nicht als „Hilfeleistung anderer Personen" vorstellbar sind, kommt insoweit nicht einmal eine Reform der Delegationsmöglichkeiten in Betracht.

### 3.4.2.3 Entscheidung über weiteres Vorgehen, vor allem aufgrund von klinischem Assessment, körperlicher Untersuchung und Gesprächen

*De lege lata:*
Tätigkeiten der Anamnese und Diagnostik sind ebenfalls der Leistungsart „ärztliche Behandlung" zuzuordnen. Sie sind daher vom SGB V-Regime erfasst, aber ausschließlich mit Ärzten als Leistungserbringer. Die Einbeziehung von CHN-Personen als Leistungserbringer ist nach geltendem Recht denkbar zum einen über ein „Modellvorhaben" i.S.v. § 63 Abs. 3b Nr. 2 SGB V, soweit die Tätigkeit „die inhaltliche Ausgestaltung der häuslichen Krankenpflege einschließlich deren Dauer" betrifft. Des Weiteren kommt eine Substitution zugunsten von CHN-Personen im Rahmen von Modellvorhaben nach § 63 Abs. 3c SGB V in Betracht.

*De lege ferenda:*
Reformbedarf bezöge sich mithin auf jene beiden Arten von Modellvorhaben, dies mit dem Anliegen, im Interesse einer dauerhaften Etablierung von CHN die entsprechenden Tätigkeiten aus dem Status von Modellvorhaben in den Status der Regelversorgung zu überführen.

### 3.4.2.4 Verordnung von Verbandsmitteln und Pflegehilfsmitteln

*De lege lata:*
Die damit verbundenen Tätigkeiten sind Leistungsarten des SGB V und bilden nach § 27 Abs. 1 S. 2 Nr. 3 SGB V einen Teil der „Krankenbehandlung", der gemäß § 73 Abs. 2 S. 1 Nr. 7 SGB V den Ärzten als Leistungserbringer und Vergütungsberechtigten im Rahmen der vertragsärztlichen Versorgung zugeordnet ist. Eine diesbezügliche Einbeziehung von CHN-Personen ist de lege lata ausschließlich im Rahmen eines Modellvorhabens nach § 63 Abs. 3b Nr. 1 SGB V möglich.

*De lege ferenda:*
Reformbedarf würde mithin an dieser Vorschrift ansetzen und zum Ziel haben, die Einbeziehung von CHN-Personen aus dem Bereich der Modellvorhaben in die Regelversorgung zu überführen.

### 3.4.2.5 Verabreichung von Medikamenten i.S.v. Unterstützung bei der Einnahme durch Patienten

*De lege lata:*
Die Verabreichung von (durch den Arzt) angeordneten Medikamenten ist keine dem Arzt vorbehaltene Tätigkeit. Es handelt sich auch nicht um eine Delegation ärztlicher Tätigkeit, da die Einnahme von Medikamenten grundsätzlich Aufgabe des Patienten ist. Ist dieser hierzu nicht selbst in der Lage, kann er durch Dritte, und damit auch durch CHN-Personen unterstützt werden. Dies gilt insbesondere im Hinblick auf Menschen mit chronischen Erkrankungen, die mit zum Teil hochkomplexen Medikamentenregimen konfrontiert sind.

Diese unterstützenden Tätigkeiten bilden bislang keine eigene Leistungsart nach dem SGB V.

*De lege ferenda:*
Reformbedarf besteht u.E. insoweit, als es um die Unterstützung von Menschen mit chronischen Erkrankungen geht. Insoweit wird angeregt, im Rahmen des § 27 Abs. 1 S. 2 SGB V einen Unterfall der „Krankenbehandlung" diesbezüglich zu charakterisieren und als Leistungserbringer auch CHN-Personen im Wege der Delegation bzw. im Rahmen des (seinerseits reformierten) Regimes des § 63 Abs. 3b SGB V vorzusehen.

### 3.4.2.6 Koordination, Kooperation, Leadership

*De lege lata:*
Anders als bei 3.4.1.3 beschrieben handelt es sich hier um Tätigkeiten der Überleitung und des Case- und Care-Managements zwecks Sicherstellung der nachfolgenden Gesundheitsversorgung nicht allgemeiner, sondern individuell-patientenbezogener Art. Da diese Tätigkeiten in der Sache Aufgaben der direkten Patientenversorgung und der Prozesssteuerung der Primärversorgung im Sinne einer „Leadership" darstellen, bilden sie zwar Leistungen nach dem SGB V, allerdings ausschließlich als Teil der ärztlichen Behandlung. Leistungserbringer können mithin nur die Hausärzte sein. Da Leadership-Aufgaben gerade nicht „Hilfeleistungen" sind, kommt insoweit auch keine Delegation i.S.v. § 15 Abs. 1 S. 2 SGB V in Betracht, sondern allenfalls eine Einbeziehung von CHN-Personen im Wege eines Modellvorhabens nach § 63 Abs. 3c SGB V.

*De lege ferenda:*
Reformbedarf besteht mithin im Hinblick auf diese Vorschrift.


### 3.5 Gesetzliche Regelungsmöglichkeiten auf dem Gebiet des Leistungs-, Leistungserbringungs- und Leistungsvergütungsrechts

### 3.5.1 Politische Zielvorstellung: Etablierung von CHN als weiterer Form der Primärversorgung

Auf der Basis der vorherigen Überlegungen in diesem und im Zweiten Teil der Untersuchung haben sich Reformvorschläge im Leistungsrecht daran zu orientieren, dass keine Konkurrenz zur „ärztlichen Behandlung" geschaffen werden soll, sondern ein kooperativer, insbesondere auf die Schließung von Versorgungslücken gerichteter Ansatz zugrunde gelegt wird. Der Schwerpunkt liegt dabei auf der medizinischen Primärversorgung, nicht auf der Pflege. Eine Reform muss nicht nur einen sicheren Rechtsrahmen bereitstellen, sondern auch einen Beitrag zur Erkennbarkeit des CHN in Deutschland leisten. Damit einher geht die Zielvorgabe, nicht lediglich Modellvorhaben vorzusehen (zumal von den bisher bestehenden Möglichkeiten für Modellvorhaben sowohl in § 63 Abs. 3b als auch in § 63 Abs. 3c SGB V kaum Gebrauch gemacht worden ist). Vielmehr geht es um eine neue Form der Regelversorgung.

### 3.5.2 Spezifizierung als Leistungserbringer im Hinblick auf bereits bislang statthafte Tätigkeiten

Der erste Regelungsbedarf betrifft diejenigen Tätigkeiten, die bereits nach bestehender Rechtslage von CHN-Personen erbracht werden dürfen, ohne dass das Gesetz in seiner bestehenden Fassung allerdings spezifiziert, welche Personen (außerhalb der ärztlichen Leistungserbringer) in statthafter Weise als (vergütungsberechtigte) Leistungserbringer tätig werden dürfen. Entsprechendes würde auch im Hinblick auf die oben (3.4.2.5) beschriebene Tätigkeit der Unterstützung von chronisch kranken Patienten bei der Einnahme von Medikamenten nach deren Aufnahme in den Leistungskatalog der GKV gelten. Mit allen diese Tätigkeiten betreffenden Regelungen würde die Etablierung von CHN in Deutschland vorangebracht, wenn ausdrücklich in das Gesetz eine Aussage dahingehend aufgenommen würde, dass auch CHN-Personen bzw. CHN-Einheiten zum Kreis der Leistungserbringer gehören. Dabei sollten keine zusätzlichen Qualifikationsanforderungen über die Anforderungen hinaus formuliert werden, die sich aus dem seinerseits reformierten Berufsrecht (siehe 2.4.4.) ergeben.

Die Einzelheiten zur Leistungserbringerschaft und zur Vergütung würden in einer neu geschaffenen Anknüpfungsnorm (siehe 3.5.6.) geregelt.

An der Gesetzgebungskompetenz des Bundes für diesbezügliche Regelungen ist nicht zu zweifeln, da es sich durchgehend um Bestimmungen auf dem Gebiet der „Sozialversicherung" i.S.v. Art. 74 Abs. 1 Nr. 12 GG handelt, mithin um einen Gegenstand der konkurrierenden Gesetzgebungskompetenz, von der der Bund dann mit den entsprechenden Regelungen i.S.v. Art. 72 Abs. 1 GG „Gebrauch machen" würde.

### 3.5.3 Spezifizierung und normative Verankerung als Adressaten einer Delegation im Hinblick auf Hilfeleistungen

Wie bei 3.3.3. beschrieben, könnten CHN-Tätigkeiten zu einem erheblichen Teil im Wege der Delegation, d.h. als „Hilfeleistungen" in funktionaler Zuordnung zu dem sie anordnenden Hausarzt gemäß §§ 15 Abs. 1 S. 2, 28 Abs. 1 S. 2 SGB V erbracht werden. Da im Gesetz bislang aber keine Spezifizierung derjenigen „anderen Personen", die zur Erbringung solcher „Hilfsleistungen" berechtigt sein sollen, erfolgt ist, liegt es auf der Hand, dass durch eine explizite Spezifizierung auf der Ebene des Gesetzes ein weiterer erheblicher Beitrag zur Etablierung von CHN in Deutschland geleistet werden könnte.

Explizit benannt werden müssten dabei CHN-Personen und zwar in den §§ 15 Abs. 1 S. 2 und 28 Abs. 1 S. 2 SGB V.

Anders als bislang sollte auch die nähere Ausgestaltung der einzelnen in Betracht kommenden „Hilfeleistungen" sowie insbesondere die Formulierung von Anforderungen an die in diesem Kontext einzusetzenden Personen nicht der Kassenärztlichen Bundesvereinigung und dem GKV-Spitzenverband überlassen werden. Wie bereits zu 3.3.3 kritisiert worden ist, sprechen diese in der bislang abgeschlossenen Vereinbarung ausschließlich von „nichtärztlichen Mitarbeitern" bzw. von „nicht-ärztlichen Praxisassistenten".

Hinsichtlich des Inhalts der einzelnen Tätigkeiten könnte in der künftig durch Gesetz (u.U. unter Schaffung einer Konkretisierungsbefugnis durch Richtlinien des GBA) eine Orientierung an den bislang in der Anlage 24 des BMV-Ä enthaltenen Aufzählung der „delegierbaren ärztlichen Tätigkeiten" erfolgen. Auch im Hinblick auf die „allgemeinen Anforderungen an die Delegation" (insbesondere Auswahl-, Anleitungs- und Überwachungspflicht) kann eine Orientierung an den bestehenden Vereinbarungen erfolgen. Hinsichtlich der Anforderungen an die Qualifikation der insoweit dann einsatzberechtigten CHN-Personen sollten im SGB V keine zusätzlichen Anforderungen formuliert werden als die, die sich aus der bestehenden Vereinbarung bzw. aus der diese ggf. weiterführenden berufsrechtlichen Neuregelungen ergeben (siehe insoweit ausführlich 2.2.5.3.3). Hilfsweise müsste zumindest im Gesetz eine Vorgabe für die bislang durch § 28 Abs. 1 S. 2 SGB V zum Abschluss der entsprechenden Vereinbarungen ermächtigten Akteure (die Partner der „Bundesmantelverträge") aufgenommen werden, dass sie in die Vereinbarungen Regelungen der soeben beschriebenen Art aufnehmen müssen.

Alles Weitere würde sich wiederum aus der noch zu schaffenden sog. Anknüpfungsnorm (3.5.6.) ergeben.

Für sämtliche vorgeschlagenen Regelungen in diesem Bereich würde sich der Bund gemäß Art. 74 Abs. 1 Nr. 12 GG wiederum auf die (konkurrierende) Gesetzgebungszuständigkeit für die „Sozialversicherung" berufen können.

3.5.4 Spezifizierung und normative Verankerung als Adressaten einer
teilweisen Übertragung von Tätigkeiten bei der Versorgung mit
Verbands- und Pflegehilfsmitteln sowie bei der häuslichen
Krankenpflege

Auch im Hinblick auf die in § 63 Abs. 3b SGB V genannten Tätigkeiten
der „Verordnung von Verbandsmitteln und Pflegehilfsmitteln" (Nr. 1) sowie „inhaltliche Ausgestaltung der häuslichen Krankenpflege einschließlich deren Dauer" (Nr. 2) sollten im Interesse einer dauerhaften Etablierung CHN-Personen explizit als Leistungserbringer genannt werden. Außer der bereits im Gesetz genannten Anforderung, Angehöriger von u.a.
im „Pflegeberufegesetz" geregelter Berufe zu sein, bedarf es insoweit keiner zusätzlichen gesetzlichen Vorgaben.

Die entsprechende Betätigungsmöglichkeit sollte aber im Hinblick auf
CHN-Personen nicht mehr als Modellvorhaben, sondern als weitere Form
der Regelversorgung vorgesehen werden. Im Hinblick auf die Vergütungsberechtigung wären die Einzelheiten wiederum in der zu 3.5.6. beschriebenen Anknüpfungsnorm festzulegen.

Auch insoweit würde der Bund über die erforderliche Gesetzgebungskompetenz, wiederum nach Art. 74 Abs. 1 Nr. 12 SGB V („Sozialversicherung"), verfügen.

3.5.5 Spezifizierung und regelhafte Verankerung als Adressaten einer
teilweisen Übertragung weiterer ärztlicher Tätigkeiten

§ 63 Abs. 3c SGB V bietet gegenwärtig das größte Potenzial für die Ausdeh-
nung des statthaften Tätigwerdens von CHN-Personen, allerdings nur im
Rahmen von Modellvorhaben. Diese Vorschrift und die auf ihrer Grundlage durch den Gemeinsamen Bundesausschuss erlassene Richtlinie (vgl. bereits 2.3.2.5.2.; nachfolgend: GBA-Richtlinie) bieten aber ein Reservoir für
eine künftige Regelung im Gesetz, durch die die entsprechenden Tätigkeiten dann perspektivisch in eine Regelversorgung überführt werden könnten.

In einer solchen Regelung müssten zunächst die CHN-Personen explizit
benannt werden; in § 63 Abs. 3c SGB V ist bislang wiederum „nur" – un-
spezifisch – von „Angehörigen des im Pflegeberufegesetzes (…) auf Grundlage einer Ausbildung nach § 14 des Pflegeberufegesetzes geregelten Berufen" die Rede (S. 1). Die zu schaffende Neuregelung würde stattdessen unmittelbar an die im Rahmen der rechtspolitischen Vorschläge des Zweiten

Teils (Berufsrecht) gemachten Qualifikationsanforderungen anknüpfen („berufsrechtlicher Vorrang").[181]

Die zu schaffende gesetzliche Neuregelung könnte zur Ausgestaltung von Detailfragen weiterhin eine Richtlinienbefugnis des Gemeinsamen Bundesausschusses vorsehen; insoweit könnten auch die bislang in § 63 Abs. 3c S. 4 u. 5 SGB V vorgesehenen Stellungnahmerechte der Bundesärztekammer sowie der maßgeblichen Verbände der Pflegeberufe fortgeführt werden.[182] Anders als bislang würden aber die zentralen Aspekte bereits auf der Ebene des Gesetzes geregelt, weil nur so die Überführung aus dem Bereich der Modellvorhaben in eine Option der Regelversorgung gelingen kann.

Damit würde sich auch der Teil der Kritik,[183] der sich seinerzeit bei der Einführung von § 63 Abs. 3c SGB V aus der Ärzteschaft, aber auch mit verfassungsrechtlicher Unterfütterung, daran entzündet hatte, dass der Gesetzgeber ursprünglich die Variante der Substitution nicht seinerseits zum Ausdruck gebracht hatte, endgültig erledigen. Die damals getroffene Regelung ging u.a. zurück auf eine Anregung des Sachverständigenrats im Gesundheitswesen.[184] Mittlerweile hat der Gesetzgeber selbst in § 15 Abs. 1 S. 1 SGB V zum Ausdruck gebracht, dass grundsätzlich eine Einbeziehung anderer Personen als Ärzte in die „ärztliche Behandlung" möglich ist.[185] Im Einzelnen sollte wie folgt vorgegangen werden:

• Am Anfang einer zu schaffenden Neuregelung auf der Ebene des Gesetzes müsste die explizite Benennung des verfolgten Ziels stehen. Es deckt sich mit der bereits hinter der Schaffung von § 63 Abs. 3c SGB V stehenden Intention, durch eine intensivere Beteiligung anderer als ärztlicher Heilberufe eine Entlastung der Ärzte und insbesondere eine Überwindung bzw. zumindest Linderung des in immer mehr Regio-

---

181  Terminus nach *Scholz*, in: BeckOK Sozialrecht, Rolfs/Giesen/Kreikebohm/ Udsching (Hrsg.), SGB V, § 63 Rn. 7.

182  Zu ihrer Bedeutung vgl. *Roters*, in: Kasseler Kommentar zum Sozialversicherungsrecht, Werkstand 107. EL, Juli 2017, SGB V, § 63 Rn. 21.

183  Die wichtigsten Beiträge zur Frage der Statthaftigkeit einer Substitution ärztlicher Leistungen auf der Grundlage von Richtlinienrecht sind dokumentiert bei *Huster*, in: Becker/Kingreen, SGB V, § 63 Rn. 9 mit zahlreichen Nachweisen.

184  Kooperation und Verantwortung, Gutachten 2007, Tz. 134.

185  Darauf macht *Wenner*, in: Eichenhofer/von Koppenfels-Spies/Wenner (Hrsg.), SGB V, § 63 SGB V Rn. 9, aufmerksam.

nen bestehenden Mangels an Versorgung mit Hausärzten zu erreichen.[186]

- Sodann wäre stärker als bislang in § 63 Abs. 3c SGB V angelegt zu betonen, dass es sich um ein kooperatives, gleichsam im Tandem zwischen Hausarzt und CHN-Personen erfolgendes Versorgungskonzept handelt; namentlich der bislang gebräuchliche Begriff der „Substitution" bringt dies nicht hinreichend klar zur Geltung. Immerhin sieht § 6 der GBA-Richtlinie bereits vor, dass in Modellvorhaben u.a. „Regelungen zur Einbeziehung der Berufsangehörigen in die ärztliche Versorgung unter Berücksichtigung der erforderlichen Vernetzung und Kommunikation" getroffen werden sollten. Eine dahingehende Aussage könnte auf der Ebene des zu schaffenden Gesetzes weitergeführt und präzisiert werden.

- Hinsichtlich der einzelnen übertragbaren ärztlichen Tätigkeiten könnte eine vollständige Übernahme der bislang im Teil „B Besonderer Teil" der GBA-Richtlinie enthaltenen tabellarischen Aufzählung erfolgen. Dies beträfe zum einen die einzelnen übertragbaren Tätigkeiten diagnosebezogen (z.B. Assessment bei Diabetes mellitus Typ 1) bzw. prozedurenbezogen (z.B. Injektionen/Infusionstherapien). Die im Gesetz aufgeführten übertragbaren Tätigkeiten sollten jeweils als abschließend festgelegt werden.

- In diesem Zusammenhang wäre auch die bereits im Abschnitt 2.3.3.2.2 dieses Gutachtens vorgeschlagene Lockerung des Erfordernisses der vorherigen Diagnose und Indikationsstellung zu verankern. Bislang ist in § 3 Abs. 1 S. 1 der GBA-Richtlinie vorgesehen, dass die „selbstständige Ausübung von Heilkunde" durch Pflegepersonen „eine ärztliche Diagnose und Indikationsstellung voraus[setzt]" und diese dem Berufsangehörigen „dokumentiert mitzuteilen" ist. Eine Lockerung könnte dahingehen, dass bei einfachen Erkrankungen (beispielsweise Erkältungen) die ärztliche Diagnose nachgeholt wird, und auch nur dann, wenn sich die Erkrankung über einen längeren Zeitraum erstreckt.

- In Anlehnung an § 3 Abs. 3 der Richtlinie sollten durchgehend Informations- und Dokumentationspflichten im Verhältnis zwischen den CHN-Personen und dem jeweils eingebundenen Arzt verankert werden.[187]

---

186 Vgl. *Huster*, in: Becker/Kingreen, SGB V, § 63 Rn. 9; *Wenner*, in: Eichenhofer/von Koppenfels-Spies/Wenner (Hrsg.), SGB V, § 63 SGB V Rn. 11.
187 Dies betont auch *Scholz*, in: BeckOK Sozialrecht, § 63 SGB V Rn. 8b.

Die Initialisierung einer Leistungserbringung im Modus der teilweisen Übertragung ärztlicher Tätigkeiten an CHN-Personen würde in den durch eine zu schaffende Regelung im Abschnitt über die „Beziehungen zu Leistungserbringern" (dazu sogleich 3.5.6) vorgezeichneten Bahnen erfolgen. Vertragspartner der jeweils zuständigen Gesetzlichen Krankenkasse wäre die jeweilige CHN-Einheit, die die in jener Neuregelung aufgestellten Anforderungen erfüllt.

Der Bundesgesetzgeber könnte sich hinsichtlich sämtlicher vorgeschlagener Regelungen wiederum auf die Gesetzgebungskompetenz nach Art. 74 Abs. 1 Nr. 12 GG für die „Sozialversicherung" berufen.

### 3.5.6 Schaffung einer Anknüpfungsnorm im Abschnitt über die „Beziehungen zu sonstigen Leistungserbringern" des SGB V

In den Abschnitten 3.5.1 bis 3.5.5 wurde jeweils festgestellt, dass es für eine „Beförderung" von CHN-Personen bzw. von CHN-Einheiten zu Leistungserbringern nach dem SGB V insbesondere zur näheren Ausgestaltung der dann möglichen Vergütung der erbrachten Leistungen erforderlich sein wird, in das Vierte Kapitel des SGB V („Beziehungen der Krankenkassen zu den Leistungserbringern") entweder einen neuen eigenen Abschnitt einzufügen oder (was u.E. näher liegt) innerhalb des bestehenden „Achten Abschnitts: Beziehungen zu sonstigen Leistungserbringern" eine näher ausgestaltende Regelung aufzunehmen.

Folgendes ist als zentrales Merkmal des hier vorgeschlagenen Konzeptes herauszustellen: Dieses Konzept besteht darin, die CHN-Personen bzw. CHN-Einheiten als neue, spezifizierte und erstmals normativ anerkannte Leistungserbringer zu etablieren und nicht darin, die von ihnen erbrachten Tätigkeiten zu einer neuen Leistungsart zu bündeln. Würde man den Weg der Schaffung einer neuen Leistungsart, etwa als „Primärmedizinische Versorgung/Versorgungsmanagement und Case-Management, Patientenbegleitung etc.", gehen, so wäre nicht nur der normative Reformbedarf um ein Vielfaches größer. Es würden sich auch in weit höherem Maße Abgrenzungs- und Kompetenzschwierigkeiten, insbesondere gegenüber der bislang ganz im Vordergrund stehenden Leistungsart „Ärztliche Behandlung" ergeben. Im Interesse einer realistischen und möglichst erfolgreichen Etablierung von CHN in Deutschland erscheint daher der hier vorgeschlagene Weg vorzugswürdig.

Die einzelnen, statthafterweise von CHN-Personen bzw. CHN-Einheiten erbrachten Tätigkeiten würden daher im Kontext der auf die jeweiligen bereits bislang bestehenden Leistungen bezogenen Vorschriften zu finden sein, wie in den Abschnitten 3.5.2 bis 3.5.5 beschrieben. Dabei hat sich gezeigt, dass (jedenfalls bei Einbeziehung der Möglichkeiten der Delegation sowie der teilweisen Übertragung von ärztlichen Tätigkeiten) sämtliche überhaupt vom SGB V erfassten potenziellen Tätigkeiten von CHN-Personen bzw. CHN-Einrichtungen bereits bislang im Leistungskatalog des SGB V enthalten sind.

In jedem der vorherigen Abschnitte wurde sodann die Feststellung getroffen, dass sich die Einzelheiten hinsichtlich der Leistungserbringerschaft und insbesondere des Vergütungsmechanismus aus einer Norm im Abschnitt über die „Beziehungen zu sonstigen Leistungserbringern" (Viertes Kapitel – Achter Abschnitt SGB V) ergeben sollen; diese Norm stellt mithin eine „Anknüpfungsnorm" dar, indem sie auf die jeweils im Kontext bestimmter Leistungen vorgenommenen Spezifizierungen Bezug nimmt.

Neben den sogleich skizzierten strukturellen und insbesondere vergütungsbezogenen Regelungsinhalten müsste diese Anknüpfungsnorm zumindest auch eine knappe Definition von „CHN im Sinne des SGB V" enthalten. Eine solche Definition sollte (vorbehaltlich weiterer inhaltlicher Überlegungen) zumindest die folgenden Merkmale festschreiben:

- Kooperationsstruktur unter Beteiligung mindestens eines Hausarztes und der zuständigen Kommune;
- Innerhalb dieser Kooperationsstruktur sind Angehörige eines (nach dem Vorschlag von 2.4.4.1 zu schaffenden APN / NP-Ausbildungsgesetzes qualifizierten) Pflegeberufes mit erfolgreich absolviertem Studium in auch koordinierender Funktion tätig.

Sodann wäre zu regeln, unter welchen Voraussetzungen und mit welchen Mechanismen die Vergütungen ermittelt werden. Dazu gehört auch die Frage, ob und mit welchen Verbänden ggf. Kollektiv- bzw. Selektivverträge abgeschlossen werden. Ein Muster für den diesbezüglichen Regelungsbedarf könnte in § 132d SGB V zu finden sein.[188] Diese Vorschrift betrifft die „spezialisierte ambulante Palliativversorgung" und berechtigt den Spitzenverband Bund der Krankenkassen und die maßgeblichen Spitzenorganisationen in jenem Themenfeld zum Abschluss eines „einheitlichen Rahmenvertrages über die Durchführung der (einschlägigen) Leistungen". In den Rahmenverträgen sollen gemäß S. 3 der Vorschrift „die sächlichen und personellen Anforderungen an die Leistungserbringung, Maßnahmen

---

188 Mit Hinblick auf Rehabilitationseinrichtungen mag § 111 SGB V ausreichend sein.

zur Qualitätssicherung und die wesentlichen Elemente der Vergütung" festgelegt werden. Im Rahmen dieser Untersuchung kann nicht vertieft werden, ob ein solches Modell oder ein anders geartetes Vergütungsmodell vorzugswürdig ist, weil dies letzten Endes vom gewählten normativen Zugriff auf die Leistungserbringer als solche abhängt und daher noch von mehreren gegenwärtig nicht festliegenden Variablen.

## 3.6 Zusammenfassung zum leistungsrechtlichen Teil

Die Analyse des gegenwärtigen Leistungsrechts des SGB V zu den Leistungen, der Leistungserbringung und der Leistungsvergütung hat den wiederholt kritisch bewerteten Befund bestätigt, dass dieses System infolge der zahlreichen verteilungslenkenden Strukturen, der strikten Abgrenzung nach Handlungsfeldern und teilweise bestehender korporatistischer Elemente der immer wieder angemahnten ganzheitlichen Sicht auf das Versorgungsgeschehen oft im Wege steht. Stattdessen drohen Doppeluntersuchungen, Behandlungsdiskontinuitäten und sogar Fehlentscheidungen. Im ländlichen Raum, aber teilweise auch in bestimmten städtischen Räumen sind außerdem zunehmend Versorgungslücken zu beobachten, die durch das vermehrte Auftreten von Erkrankungen mit chronisch-degenerativem Verlauf und von Zivilisationskrankheiten noch verschärft werden. Immerhin hat der Gesetzgeber wiederholt bewiesen (insbesondere über das Instrument von Modellvorhaben, u.a. im Zusammenhang mit §§ 63 ff. SGB V), dass er offen für neue Sichtweisen ist.

Dennoch ist eine dauerhafte und finanziell tragfähige Etablierung von CHN in Deutschland bei der gegebenen leistungsrechtlichen Ausgangslage als außerordentlich schwierig einzustufen. CHN-Personen sind bislang nicht nur von vornherein gar nicht als Leistungserbringer in der „Krankenbehandlung" konstituiert. Sie verfügen auch nicht über Vereinigungen, die die gesetzliche Legitimation und Durchsetzungskraft aufweisen könnten, über die namentlich die Kassenärztlichen Vereinigungen verfügen.

Zwar tauchen nichtärztliche Leistungsanbieter an verschiedenen Stellen innerhalb des SGB V auf. Dies geschieht aber vielfach ohne Spezifizierung und ohne die Zuschreibung von Qualifikationsprofilen. Fast durchgehend ist auch eine Weisungsbefugnis bzw. ein Verordnungsrecht zugunsten von Ärzten vorgesehen, CHN-Personen bzw. CHN-Einheiten kommen unter dieser Benennung im bestehenden Recht überhaupt nicht vor.

Ärzte sind hingegen im SGB V als Leistungsanbieter durchgehend benannt, wenn sie die entsprechenden Leistungen selbst erbringen. Darüber hinaus ist überwiegend vorgesehen, dass andere (oft gar nicht näher spezifizierte) Anbieter von Leistungen ausschließlich nach vorheriger Verordnung oder Anordnung durch Ärzte tätig werden dürfen. Dies gilt in allen relevanten Handlungsfeldern (Prävention, kurative ambulante Versorgung und Rehabilitation). Für andere Leistungsanbieter ist im Kernbereich der medizinischen Versorgung, also in der Kuration, abgesehen von der Krankenpflege durch Pflegefachpersonen, von vornherein nur für vergleichsweise wenige Tätigkeiten Raum. In den anderen Versorgungsbereichen, also der Gesundheitsförderung und Prävention, der medizinischen Rehabilitation, der Langzeitpflege und der Palliation, werden zwar andere als ärztliche Personen als direkte Leistungserbringer tätig, jedoch, wie gesagt, häufig kraft Steuerung durch den Arzt.

Das größte Potenzial für ein Tätigwerden von CHN-Personen bzw. CHN-Einheiten unter dem bestehenden Rechtsrahmen bietet die in den §§ 15 Abs. 1 S. 2 u. 28 Abs. 1 S. 2 SGB V vorgesehene Übertragung von „Hilfeleistungen" durch Ärzte und insbesondere die in § 63 Abs. 3b bzw. Abs. 3c SGB V (allerdings bislang nur im Rahmen von „Modellvorhaben") vorgesehene teilweise Übertragung ärztlicher Tätigkeiten auf bestimmte Angehörige vor allem im Pflegeberufegesetz geregelter Berufe.

Zur Überwindung dieser Situation im Interesse einer Etablierung von CHN als neuer Form der medizinischen Primärversorgung in Deutschland werden mehrere Vorschläge für Gesetzesänderungen im SGB V unterbreitet. Bei der Realisierung dieser Vorschläge könnte der Bundesgesetzgeber von der ihm durch Art. 74 Abs. 1 Nr. 12 GG („Sozialversicherung") eingeräumten konkurrierenden Gesetzgebungsbefugnis Gebrauch machen. Im Einzelnen zielen die unterbreiteten Vorschläge für Gesetzesänderungen auf

- Spezifizierung und normative Verankerung als Leistungserbringer
- Spezifizierung und normative Verankerung als Adressaten einer Delegation
- Spezifizierung und normative Verankerung als Adressaten einer teilweisen Übertragung von Tätigkeiten bei der Versorgung mit Verbands- und Pflegehilfsmitteln sowie bei der häuslichen Krankenpflege
- Spezifizierung und regelhafte Verankerung als Adressaten einer teilweisen Übertragung weiterer ärztlicher Tätigkeiten.

Dieses Regelungskonzept schafft keine neuen bzw. zusätzlichen Leistungen, sondern strukturiert einen Teil der Leistungserbringerschaft und der Vergütungsberechtigung neu. Dies geschieht „bottom up", indem die Initiative für eine Leistungserbringung im Rahmen von CHN jeweils vom Tätigwerden von CHN-Personen bzw. von delegierenden Hausärzten oder von CHN-Einheiten, mit denen nach Maßgabe der Anknüpfungsnorm Vereinbarungen geschlossen werden, ausgeht. Dies wird typischerweise geschehen, wenn die Verhältnisse vor Ort es erfordern und es der Kommune gelingt, eine CHN-Einheit zusammenzustellen – dieses wiederum wird im Vierten Teil untersucht.

# 4 Institutionelle Grundentscheidungen und organisatorische Gestaltungsoptionen

## 4.1 Fragestellungen

### 4.1.1 Untersuchungsrahmen

Anders als in den beiden vorherigen Abschnitten steht hier nicht die Frage der Statthaftigkeit bestimmter Arrangements im Vordergrund. Vielmehr muss beschrieben werden, welche institutionellen bzw. organisatorischen Gestaltungsoptionen infrage kommen und wie sie jeweils zu bewerten sind. Unzweifelhaft hängt die erfolgreiche Verwirklichung bestimmter materieller Zielsetzungen in entscheidendem Maße auch davon ab, wie das organisatorische Setting beschaffen ist. Dies gilt sowohl für die einzelnen mit CHN-Tätigkeiten befassten Personen als auch für die intendierten Kooperationspartner und schließlich für den Staat als Regelsetzer. Indem dieser insbesondere im SGB V Aussagen über die Organisation der Gesundheitsversorgung trifft (beispielsweise bei der Schaffung und Erweiterung der Medizinischen Versorgungszentren (MVZ) als Teilnehmer an der vertragsärztlichen Versorgung nach § 95 Abs. 1a SGB V), nutzt er die Funktion des Organisationsrechts als Steuerungsressource.[189]

Die nachfolgenden Ausführungen sind daher an die Regelsetzer, aber auch an die sich mit CHN-Konzepten beschäftigenden Kommunen, an kooperationswillige Ärzte, die Gesetzlichen Krankenkassen und andere relevante Akteure adressiert. Sie alle werden sowohl die Inanspruchnahme bestehender Organisationsformen als auch (soweit es in ihrer Kompetenz steht) die Entwicklung neuer Organisationsformen erst dann ins Auge fassen, wenn sie hinreichend Realisierungs- und Erfolgschancen sehen. Dabei kommt dann auch wieder der Aspekt der Statthaftigkeit ins Spiel, und zwar mit der Frage, welche institutionelle bzw. organisatorische Gestaltungsoption ggf. nur nach einer Änderung des bestehenden Rechtsrahmens (also de lege ferenda) möglich sein wird (4.5).

Nachfolgend wird unterschieden zwischen der institutionellen Zuordnung (4.3) und der näheren organisatorischen Ausgestaltung innerhalb

---

189 Vgl. dazu allgemein *Burgi*, in: Ehlers/Pünder (Hrsg.), Allgemeines Verwaltungsrecht, § 7 Rn. 4, 14, 18 ff.

einer gewählten institutionellen Zuordnung (4.4). Eine erste institutionelle Grundentscheidung betrifft die Frage, ob CHN als (Mit-)Einrichtungsträgerschaft verstanden wird, oder ob die CHN-Personen bei anderen Trägern angestellt sein sollen (4.3.1), die dann (auch) als CHN-Einheit anzusehen wären. Von größter Bedeutung ist sodann, institutionelle Antworten auf die Notwendigkeit einer Kooperation mit anderen Leistungserbringern, vor allem mit den Kommunen und den Hausärzten, zu finden. In diesem Zusammenhang müssen die institutionellen Profile der Kommunen bzw. der Hausärzte als jedenfalls unverzichtbare Kooperationspartner beschrieben werden (4.3.2). Eine durch das Gesetz bereitgestellte Form der institutionalisierten Kooperation ist sodann das MVZ, dessen Leistungsprofil und Statthaftigkeit ebenfalls ermittelt werden muss (4.3.3).

Im Abschnitt 4.4 können auf dieser Grundlage dann die einzelnen organisationsrechtlichen Gestaltungsoptionen *de lege lata* untersucht werden: CHN im Angestelltenstatus bei der Kommune, einem Hausarzt bzw. in einem MVZ (dies wiederum differenziert danach, ob dort eine kommunale Beteiligung erfolgt oder nicht) oder CHN als (Mit-)Einrichtungsträgerschaft. Abschließend erfolgt dann wiederum die Einschätzung künftiger Regelungsmöglichkeiten (4.5).

Auch diesem Abschnitt liegt die dem juristischen Zugriff immanente realistische Sichtweise zugrunde. Daher muss von der jeweils bestehenden institutionellen bzw. organisatorischen Ausgangslage ausgegangen werden. Dies führt von vornherein zu einer vergleichsweise kritischeren Beurteilung von Gestaltungsoptionen, die ein besonders hohes Maß an Reformnotwendigkeit und (eine vielfach fehlende) Reformbereitschaft von Akteuren erfordern. Eine Option wie etwa die „Erwirtschaftung" finanzieller Kapazitäten durch eine Reduzierung von Vertragsarztsitzen zugunsten des Aufbaus von CHN-Strukturen wäre auf der Zeitschiene eher in der ferneren Zukunft zu platzieren. Die Möglichkeiten einer Zuordnung von CHN in zu entwickelnden sog. PORT-Zentren bietet hingegen eine hochinteressante Perspektive, die freilich im Rahmen dieses Gutachtens nicht ihrerseits entfaltet werden kann. An jeweils geeigneter Stelle soll aber bereits darauf aufmerksam gemacht werden, ob eine Überführung in ein entstehendes PORT-Zentrum möglich erscheint.

Nicht geleistet werden kann eine Analyse der einzelnen in Betracht kommenden Organisationsformen des Gesellschaftsrechts. Auch die für die Entscheidung vor Ort relevanten Aspekte des Steuer-, Arbeits- oder Fremdfinanzierungsrechts (Kredite, Sicherheiten etc.) müssen ebenso ausgeblendet bleiben wie die Frage, wie innerhalb ggf. neu entstehender Kooperationsstrukturen die Haftungsrisiken verteilt werden müssen.

### 4.1.2 Impulse des SGB für Kooperation und Koordination

Auch wenn der Blick in die Praxis nicht immer diesen Eindruck vermittelt, ist die Koordination verschiedener Leistungsangebote und ihre etwaige Weiterentwicklung zu Kooperationen ein an mehreren Stellen in den Sozialgesetzbüchern festgelegtes Ziel. So werden die verschiedenen Leistungsträger der Sozialversicherung gemäß § 17 Abs. 3 SGB I zur Zusammenarbeit „mit gemeinnützigen und freien Einrichtungen und Organisationen" verpflichtet. Im SGB V ist an verschiedenen Stellen die Kooperation zwischen Ärzten und Krankenhäusern (etwa im Belegarztwesen), die Tätigkeit als ermächtigter (Krankenhaus-)Arzt und beim ambulanten Operieren geregelt. Die auf der Grundlage des § 95 Abs. 1a SGB V errichteten MVZ wurde bereits erwähnt. Mit der integrierten Versorgung nach § 140a SGB V steht eine neuartige Form der Kooperation zwischen Vertragsärzten und -zahnärzten, Krankenhausträgern, Pflegekassen und Pflegeeinrichtungen zur Verfügung.[190] Auch die bereits im Abschnitt über die Qualitätssicherung in Teil 3 erwähnten strukturierten Behandlungsprogramme nach § 137f Abs. 1 SGB V stellen eine spezifische Form der Kooperation der Leistungserbringer, beschränkt auf bestimmte Krankheiten, dar.[191] In dem die soziale Pflegeversicherung regelnden SGB XI wird in § 8 Abs. 1 die pflegerische Versorgung der Bevölkerung als „gesamtgesellschaftliche Aufgabe" bezeichnet, bei deren Erfüllung „die Länder, die Kommunen, die Pflegeeinrichtungen und die Pflegekassen ... eng zusammen" wirken sollen (§ 8 Abs. 2 S. 1 SGB XI).

### 4.1.3 Blick in die bestehende institutionelle Landschaft

Wie in der umfangreichen Broschüre „CHN Deutschland" skizziert, gibt es bereits einige bestehende CHN-Projekte. Ihnen wird zutreffenderweise bescheinigt, dass sie noch nicht durch eine „verstärkte Übernahme von Verantwortung und das selbstständige Ausfüllen von Handlungsfeldern nach dem Beispiel von Advanced Nursing Practice aus dem Ausland" charakterisiert seien. Überwiegend sind die bestehenden Projekte auf der kommunalen Ebene angesiedelt.[192] So ist das in Rheinland-Pfalz praktizierte Modell „Gemeindeschwester plus" ein auf die Unterstützung und Be-

---

190  Dazu zuletzt *Fleischer*, jurisPR-ITR 2/2020 Anm. 2.
191  Vgl. zum Ganzen bündig *Igl*, in: Igl/Welti (Hrsg.), Gesundheitsrecht, § 23.
192  *Agnes-Karll-Gesellschaft*, CHN Deutschland, S. 37 ff.

ratung hochbetagter Menschen fokussiertes Gemeinschaftsprojekt von Gemeinden, Landkreisen und Bezirken. Bei dem Projekt „LGS-Licher Gemeindeschwestern" und verwandten Projekten werden ebenfalls primär die Senioren einer Gemeinde adressiert. Die Finanzierung erfolgt hier über einen Investor sowie einen gemeinnützigen Förderverein. Weitere Projekte betreffen verschiedene Formen der Zusammenarbeit von Pflegeexperten („Tandempraxis Medizin/Pflege"). Ebenfalls sektorenübergreifend sind Projekte wie die „Gesundheitsregion Landkreis Leer" und das von einer Ärzteinitiative und einem privatwirtschaftlichen Unternehmen gegründete Modellprojekt „Gesundes Kinzigtal", das mittlerweile in Verträge zur integrierten Versorgung nach § 140a SGB V gemündet ist. Genannt werden in der Broschüre „CHN Deutschland" auch die Medizinischen Versorgungszentren als potenzielle Organisationsstruktur. Bislang gibt es hierfür aber offenbar noch keine praktischen Beispiele und auch die zuvor genannten Projekte weisen jeweils doch nur einen entfernten Bezug zur CHN-Thematik auf.

Der Blick in die bestehende Landschaft zeigt mithin, dass sich bislang noch kein institutionell-organisatorisches Modell herausgebildet hat, das für den bundes- oder auch nur landesweiten Einsatz adaptiert und ggf. weiterentwickelt werden könnte. Die bestehenden Projekte sind sehr von den handelnden Personen und vor Ort obwaltenden Umständen, insbesondere von Fördermöglichkeiten geprägt. Von ihnen dürfte dauerhaft kein Impuls zur Etablierung von CHN-Arrangements ausgehen können. Auf dem Stand des bislang bereits Erreichten und in Anbetracht der in den kommenden Jahren nach Einsatzmöglichkeiten suchenden Absolventinnen und Absolventen der geförderten Studiengänge erscheint es daher dringend indiziert, die Arbeit am institutionell-organisatorischen Setting voranzutreiben.

## 4.2 Anforderungen an das institutionelle und organisatorische Arrangement

Nach der modernen Sichtweise auf das Organisationsrecht muss eine erfolgreiche Gesundheitsversorgung unter den Rahmenbedingungen des Verfassungs- und Rechtssystems der Bundesrepublik Deutschland darauf ausgerichtet sein, eine flächendeckende, gleichmäßige Versorgung der Bevölkerung sicherzustellen, die Qualität der Versorgung sowie die Wirtschaftlichkeit (vgl. § 12 SGB V) und Beitragssatzstabilität (vgl. § 71 SGB V) zu gewährleisten und bei all dem der zunehmenden Verzahnung der Handlungsfelder Rechnung zu tragen. Dies bedeutet, dass institutionelle und organisatorische Arrangements in stärkerem Maße Elemente der Ko-ordination und Kooperation beinhalten müssen als dies bislang der Fall war.[193] Wichtig ist sodann, dass die Betroffenen, d.h. die zu versorgenden Menschen, stärker (auch) als Akteure und nicht (nur) als Adressaten von Versorgungsmaßnahmen begriffen werden. Dies schließt auch die Perspektive einer verstärkten Beteiligung an den zu treffenden Entscheidungen (Partizipation) ein.[194] Die nachfolgend beschriebenen und bewerteten Organisationsmodelle müssen in diesem Sinne funktionsgerecht sein.

Konkret im Hinblick auf die Etablierung einer CHN-Struktur lassen sich aus den Überlegungen in den Teilen 1 – 3 dieses Gutachtens und unter Orientierung an den im Teil 1 (1.1.3.3) dokumentierten Kanon der CHN-Tätigkeiten die folgenden Anforderungen an das institutionell-organisatorische Arrangement ableiten:

- Durchführbarkeit aller im Rahmen des CHN de lege lata und ggf. de lege ferenda vorgesehenen Tätigkeiten: Klinisches Assessment und körperliche Untersuchung, Ersteinschätzung und Beratung, Gesundheitserhaltung und -förderung, Befähigung von Patienten, Koordination, Kooperation, Leadership und Bedarfserhebung.
- Community-Verankerung, d.h. Bezogensein auf rechtlich verfasste gebietliche Einheiten wie typischerweise Landkreise, kreisfreie Städte, aber auch Stadtbezirke oder Zweckverbände. Jedenfalls in der Wahrnehmung nach außen soll CHN in einem „kommunalen Gesundheitszentrum" stattfinden bzw. erkennbar sein (zunächst unabhängig davon, ob die Kommune selbst als Träger oder einer von mehreren Trägern engagiert ist).
- Innerhalb des letztlich gewählten institutionell-organisatorischen Arrangements sollen Pflegeexpertinnen APN/Pflegeexperten APN einen zentralen Platz finden, ggf. nach verschiedenen Rollen differenziert (primär etwa leitende Funktionen, primär am Patienten stattfindende Funktionen etc.).[195]
- Ermöglicht werden muss die Einbeziehung möglichst vieler Kooperationspartner. Neben Hausärzten und der jeweils betroffenen Kommune können dies Fachärzte sein, Physiotherapeuten und Logopäden, Sozial-

---

193  Dazu *Brandhorst/Hildebrandt/Luthe*, Kooperation und Integration – das unvollendete Projekt des Gesundheitssystems.

194  Vgl. zum Ganzen *Igl*, in: Ruland/Becker/Axer (Hrsg.), Sozialrechtshandbuch, § 18 Rn. 38 ff.; *Schuler-Harms*, in: Fehling/Ruffert, Regulierungsrecht, § 15 Rn. 20 ff.; *Burgi*, Kommunale Verantwortung, S. 21.

195  Das *Oberender*-Gutachten I: Umsetzbarkeit eines PORT-Zentrums, S. 57, differenziert zwischen drei verschiedenen CHN-Rollenprofilen.

arbeiter, Pflegedienste sowie die zuständige Behörde des Öffentlichen Gesundheitsdienstes (ÖGD).

- In finanzieller Hinsicht sollen möglichst viele Ressourcen nutzbar gemacht werden. Dies betrifft sowohl die Finanzierungsmöglichkeiten nach dem SGB V (Gesetzliche Krankenversicherung) und dem SGB XI (Soziale Pflegeversicherung). Über die Kommunen könnten Ressourcen aus Steuermitteln mobilisiert werden, u.U. sind die Kommunen aber auch selbst Bezugsberechtigte von Vergütungen nach dem Sozialversicherungsrecht, etwa im Rahmen von Sozialraumkonzepten (vgl. § 20h SGB V, §§ 7c und 45d SGB XI).[196] Potenzielle Fördertöpfe könnten auf der Ebene des Bundes sowie des jeweiligen Landes genutzt werden, ebenso Spenden und Gelder von Stiftungen. Im Hinblick auf die Begleitung bzw. Versorgung bestimmter Gruppen von Adressaten (Behinderte, Jugendliche, von Maßnahmen des ÖDGD erfasste Personen) könnten spezifische Finanzierungsquellen zu Verfügung stehen.

Bei der Entscheidung zwischen mehreren potenziellen institutionell-organisatorischen Arrangements sollte in der gegenwärtigen Situation, in dem sich das CHN-Projekt in einer Art Inkubationsphase befindet, überdies darauf geachtet werden, welche Realisierungschancen unabhängig von den konkreten Umständen und handelnden Personen vor Ort das betreffende Modell bietet. Je „exportfähiger" ein Modell ist, d.h. je stärker es als „role model" dienen kann, desto eher sollte es zum Einsatz gelangen. Dies dient dem erklärten Ziel einer flächendeckenden Einführung von CHN in Deutschland.

## 4.3 Institutionelle Grundentscheidungen

### 4.3.1 CHN im Angestelltenstatus bei oder in (Mit-)Trägerschaft einer (auch) CHN-Einheit

Eine Verankerung der CHN-Personen im Angestelltenstatus bei einer etablierten Institution (Kommune bzw. kommunales Krankenhaus, Hausarzt, MVZ), die dann (auch) als CHN-Einheit fungiert, bietet den Vorzug eines vergleichsweise unbeschwerten Starts und dürfte gerade im Hinblick auf die in einigen Jahren frisch ausgebildeten Absolventinnen und Absolventen der CHN-Studiengänge oftmals alternativlos sein. Infolge der durch das Angestelltenverhältnis begründeten festen Verbindung mit einem der

---

196 Darauf hat bereits *Schulz-Nieswandt*, ZögU 2018, S. 337 (344), hingewiesen.

für den erfolgreichen Aufbau einer CHN-Struktur unverzichtbaren Kooperationspartner (dazu sogleich 4.3.2) wäre zugleich eine erste Vorkehrung gegen die Gefahr der Isolierung angesichts eines vorgefundenen Systems mit bislang ja nicht CHN-offenen Strukturen getroffen.

Jedenfalls für die Startphase des Aufbaus von CHN-Strukturen in Deutschland vergleichsweise unrealistisch erscheint ein Tätigwerden von CHN-Personen als Träger eigenständiger CHN-Einrichtungen. Denkbar erscheint ein Engagement von bisher in der Pflege tätigen freien und v.a. freigemeinnützigen Trägern, also der Aufbau eigenständiger CHN-Angebote auf der Basis bestehender ambulanter Pflegedienste, Pflegestützpunkte (dazu näher unten 4.4.1) bzw. bereits modellhaft entwickelten Pflegekompetenzzentren.[197] Daraus könnte sich – bei einer Änderung der bestehenden gesetzlichen Bestimmungen (dazu unten 4.5) – wiederum eine (Mit-)Trägerschaft im Hinblick auf ein Medizinisches Versorgungszentrum nach § 95 Abs. 1a SGB V bzw. ein künftig entstehendes PORT-Zentrum entwickeln.

Die unternehmerische Verankerung in einer bereits erfolgreich agierenden Pflegeeinrichtung böte neben einer u.U. perspektivenreichen wirtschaftlichen Basis auch die politische Chance, die großen Wohlfahrtsverbände für den Aufbau von CHN-Strukturen im ganzen Bundesgebiet mobilisieren zu können. Hierher gehören als freigemeinnützige Träger die religiös, humanitär oder an politischen Überzeugungen orientierten Einheiten von z.B. Arbeiterwohlfahrt, Caritas, Deutsches Rotes Kreuz, Diakonie, Paritätischem Wohlfahrtsverband und der Zentralwohlfahrtsstelle der Juden in Deutschland.[198] Wichtig wäre dabei, die CHN-Struktur innerhalb einer bestehenden Pflegeeinrichtung als nach außen sichtbare eigenständige Teileinheit zu konzipieren.

---

197 Die DAK führt ein diesbezügliches Modell durch (https://www.dak.de/dak/bundesthemen/innovationsfonds-foerdert-dak-projekt-2112788.html#/, zuletzt aufgerufen am 08.12.2020).

198 Zu Bedeutung und Stellung vgl. *Klug*, Wohlfahrtsverbände zwischen Macht, Staat und Selbsthilfe, 1997, S. 19 ff.; *Moos/Klug*, Basiswissen Wohlfahrtsverbände, 2009, S. 41 ff.; zum Selbstverständnis siehe *Bundesarbeitsgemeinschaft der Freien Wohlfahrtspflege*, Selbstverständnis, https://www.bagfw.de/ueber-uns/freie-wohlfahrtspflege-deutschland/selbstverstaendnis (zuletzt aufgerufen am 08.12.2020).

### 4.3.2 Notwendigkeit einer Kooperation jedenfalls mit Kommune und Hausarzt

#### 4.3.2.1 Begriffe, Begründung, Auswahlfaktoren

Nachfolgend geht es um Kooperationen, die in rechtlich verfassten Formen stattfinden, also nicht lediglich auf dem guten Willen der Beteiligten beruhen. Dies kann in der verdichtetsten Form eine gemeinsame Institution bedeuten. Denkbar sind aber auch einzelvertraglich, d.h. unter Festlegung jeweiliger Handlungs- und Leistungspflichten, fixierte Arrangements.

- Institutionalisierte Anbindung: Dies bedeutet, dass diejenige Einrichtung, an der die CHN angesiedelt ist (als Angestellte bzw. als (Mit-)Trägerin) mit der jeweils anderen Einrichtung (Kommune bzw. Hausarzt) in ein und derselben Handlungs- und Organisationseinheit verbunden ist, namentlich in einem MVZ, künftig ggf. auch in einem PORT-Zentrum.

- Eine lediglich einzelvertraglich fixierte Kooperation begründet bestimmte Handlungs-, Leistungs-, und Finanzierungspflichten über einen vorab festgelegten Zeitraum. Typischerweise werden im wechselseitigen Interesse Dienstleistungen erbracht. Als schwächste Form kommt aber auch die bloß räumliche Kooperation, etwa über einen Mietvertrag, in Betracht. Stets würde auf der einen Seite des Vertrages die Kommune (bzw. ihr Krankenhaus) und auf der anderen ein Hausarzt bzw. ein MVZ, dem auch ein Hausarzt angehört, stehen und die CHN wäre bei einem der beiden Vertragspartner entweder angestellt oder in (Mit-)Trägerschaft engagiert.

Während die Kooperation mit zahlreichen anderen Einrichtungen zwar Mehrwert verspricht, aber nicht unverzichtbar ist, erscheint eine CHN-Struktur aufgrund ihrer Wesensmerkmale (siehe oben 1.1) ohne eine Kooperation sowohl mit einer Kommune als auch mit einem Hausarzt gar nicht vorstellbar.

- Im Hinblick auf die **Kommune** ergibt sich dies aus der Notwendigkeit der Community-Verankerung sowie daraus, dass mehrere der durchzuführenden Tätigkeiten in kommunaler Zuständigkeit bzw. zumindest in kommunaler Teilverantwortung liegen. Dadurch ist überdies die Erschließung verschiedener finanzieller Ressourcen, insbesondere auch eine Finanzierung über Steuermittel, möglich. Aufgrund der regelmäßig starken und anerkannten Stellung der Kommune im jeweiligen Gebiet dürfte auch die Öffnung gegenüber weiteren Kooperationspartnern erleichtert werden. Insbesondere in der Startphase von CHN-Strukturen bietet die Kommune zudem am ehesten die Gewähr, eine hinreichend starke Initialzündung auslösen zu können.

- Eine Kooperation mit einem **Hausarzt** ist notwendig, weil mehrere der durchzuführenden Tätigkeiten, insbesondere im Bereich der Primärversorgung auf dem Felde der kurativen Medizin, ohne eine Mitwirkung des Hausarztes nicht möglich sein werden. Nur über ihn wird insoweit auch ein Zugang zu den finanziellen Ressourcen der Sozialversicherung möglich sein. Überdies kann er eine leistungsfähige Brücke hin zur Einbeziehung weiterer Ärzte, aus deren Sicht er gleichsam auf Augenhöhe agiert, bilden.

Ob nun die primäre Anbindung bei einer Kommune oder einem Hausarzt erfolgen soll, kann abstrakt nicht festgelegt werden. Vielmehr sollte dies aufgrund der Gegebenheiten vor Ort von den dort vorzufindenden Akteuren und den zu befriedigenden Bedarfen entschieden werden. Wichtige Auswahlfaktoren sind:

- Ländlicher Raum oder benachteiligter städtischer Raum?
- Schwerpunktmäßige Betroffenheit von Senioren oder Behinderten, chronisch kranken oder pflegebedürftigen Personen, von Kindern oder Erwachsenen?
- Schwerpunkt bei den eher kurativen oder bei eher präventiven und beratenden Tätigkeiten?
- Mehr Rat oder auch Tat?
- Mehr Nachsorge oder mehr Vorsorge oder beides?

### 4.3.2.2 Leistungsprofil der Kommune

Die Kommunen charakterisiert ein gebietsbezogener, und kein funktioneller Ansatz. Dies unterscheidet sie beispielsweise von den Selbstverwaltungsorganisationen des Gesundheitswesens wie den Kassenärztlichen Vereinigungen und den Krankenkassen, die durch ihre Funktionen beschränkt sind, also nicht auf sämtliche Aufgaben zugreifen und auch nicht für sämtliche Personen in ihrem Zuständigkeitsbereich handeln dürfen, sondern nur für ihre jeweiligen Mitglieder. Daher ist ihnen ein ganzheitlicher Zugriff auf alle Angelegenheiten der örtlichen Gemeinschaft (vgl. Art. 28 Abs. 2 GG) möglich.[199] Die Kommunen erfassen die gesamte Bürger- und Einwohnerschaft und bieten bestmögliche demokratische Legiti-

---

199  So bereits *Burgi*, DVBl 2007, S. 70 (72).

mation. Zudem ist dort echte Bürgerbeteiligung organisierbar und in allen Gemeindeordnungen bzw. Kreisordnungen vorgesehen.[200] Allerdings ist ein Übergreifen auf andere kommunale Gebiete nicht ohne Weiteres, sondern nur im Wege der Kooperation mit den dort zuständigen Körperschaften möglich.[201] Ein weiterer Vorzug ist die Fähigkeit zu Akquirierung und Einbindung ehrenamtlicher Mitwirkender.

Bislang sind die Kommunen vor allem präsent als Krankenhausträger (also im stationären Bereich) und über Angebote in den Bereichen Prävention und Rehabilitation. Hinzu kommt die ihnen auf Kreis- bzw. Stadtkreisebene zugewiesene Funktion als Träger des Öffentlichen Gesundheitsdienstes (der Gesundheitsämter). Im ambulanten Bereich der kurativen Medizin verfügen sie im Grunde über keine relevanten Kompetenzen. Teilweise wird versucht, eine Koordinierungskompetenz aufzubauen.[202] Im Pflegesektor treten sie in Erscheinung bei der Planung, teilweise auch bei der finanziellen Förderung von Pflegeeinrichtungen, bei der Mitwirkung in Pflegestützpunkten, in der Pflegeberatung und bei der Heimaufsicht. Teilweise agieren sie auch als Einrichtungsträger. Weitere Funktionen üben sie insoweit als Träger der örtlichen Sozialhilfe aus, da sie als solche die überschießenden Kosten übernehmen bei Pflegebedürftigen, die nicht in der Lage sind, die die gedeckelten Pflegesätze übersteigenden Kosten zu tragen, weil ihr Einkommen und Vermögen hierzu nicht ausreicht. Diese Personen erhalten dann die Hilfe zur Pflege nach näherer Maßgabe der §§ 61 ff. SGB XII.[203] § 71 SGB XII normiert den Funktionsbereich der Altenhilfe. Sie soll „dazu beitragen, Schwierigkeiten, die durch das Alter entstehen, zu verhüten, zu überwinden oder zu mildern und alten Menschen die Möglichkeit zu erhalten, selbstbestimmt am Leben in der Gemeinschaft teilzunehmen und ihre Fähigkeit zur Selbsthilfe zu stärken" (§ 71 Abs. 1 SGB XII).

Freilich muss im Hinblick auf die Kommunen auch festgestellt werden, dass größere Kompetenzverschiebungen zu ihren Gunsten angesichts der

---

200 Zur vergleichsweise deutlich schwächer ausgestalteten Beteiligung in der sozialen Selbstverwaltung vgl. *Welti*, in: Mehde u.a. (Hrsg.), FS Bull, 2011, S. 903 (908 f.). Zu den einzelnen Formen der Mitwirkung auf kommunaler Ebene ausführlich *Burgi*, Kommunalrecht, 6. Aufl. 2019, § 11.

201 Zu den Möglichkeiten der interkommunalen Kooperation vgl. *Burgi*, Kommunalrecht, § 19.

202 Näher hierzu *Burgi*, Kommunale Verantwortung, S. 37 und öfters.

203 In einzelnen Bundesländern ist insoweit freilich ganz oder teilweise (im stationären Bereich) das Land oder ein sog. höherer Kommunalverband (etwa in Bayern die Bezirke) zuständig.

deutlich komfortableren finanziellen Ausgangslage des Sozialversiche-
rungssystems (im Vergleich mit der kommunalen Finanzausstattung)
nicht unbegrenzt möglich sein werden. Hinzu kommen die Konnexitäts-
bestimmungen in den Landesverfassungen (vgl. z.B. Art. 71 Abs. 3 Verf
BW; Art. 78 Abs. 3 Verf NRW), wonach die Übertragung neuer Aufgaben
nur gegen Erstattung der hiermit verbundenen finanziellen Aufwendun-
gen möglich ist. Daher setzen die nachfolgenden Überlegungen durchgehend darauf, durch eine möglichst attraktive Gestaltung der Rahmenbedingungen *de lege lata* und ggf. *de lege ferenda* den Kommunen den selbst-
bestimmten Einstieg in ein CHN-Projekt so leicht wie möglich zu machen.

Nichtsdestoweniger ist die vor einigen Jahren in einer großen Studie erfolgte Qualifizierung der Kommunen als „Spinne innerhalb des Netzes der
Gesundheitsversorgung" unverändert zutreffend, ebenso die Hoffnung,
dass dann, wenn man das Netz „immer dichter spinnen" möchte, also immer mehr Koordinierung und Kooperation stattfinden soll, es naheliegend
erscheint, mit diesbezüglichen Funktionen insbesondere auch „die Spinne" zu betrauen.[204]

### 4.3.2.3  Leistungsprofil des Hausarztes (i.S.v. § 73 Abs. 1a SGB V)

Gemäß § 73 Abs. 1a S. 1 SGB V nehmen „an der hausärztlichen Versorgung" als „Hausärzte" teil:
„1. Allgemeinärzte,
2. Kinder- und Jugendärzte,
3. Internisten ohne Schwerpunktbezeichnung, die die Teilnahme an der
   hausärztlichen Versorgung gewählt haben,
4. Ärzte, die nach § 95a Abs. 4 u. 5 S. 1 in das Arztregister eingetragen
   sind und
5. Ärzte, die am 31. Dezember 2000 an der hausärztlichen Versorgung
   teilgenommen haben."
Sie alle sind gemeint, wenn in dieser Untersuchung von „Hausärzten" die
Rede ist.

Wie im leistungsrechtlichen Teil (oben 3.3.1) gezeigt worden ist, nehmen die Hausärzte innerhalb des Systems sowohl der kurativen Medizin
als auch der Gesundheitsprävention und der Pflege eine Schlüsselstellung
ein. Zahlreiche Tätigkeiten sind ihnen bereits durch das Berufsrecht zuge-

---

204  *Burgi*, Kommunale Verantwortung, S. 118 f.

ordnet, teilweise ausschließlich (dazu oben 2.2.5.3). Sie verbinden den Vorteil einer wissenschaftlich fundierten medizinischen Ausbildung mit einer fachlich breit aufgestellten Orientierung und gleichzeitig großer Nähe zu den Patientinnen und Patienten und deren persönlichem wie sozialem Umfeld. Wie bereits festgestellt, sind sie überdies grundsätzlich in der Lage, Kooperationsstrukturen gegenüber anderen ärztlichen Leistungserbringern aufzubauen.

### 4.3.2.4 Leistungsprofil des Medizinischen Versorgungszentrums (MVZ)

Rein äußerlich betrachtet, ist ein MVZ dadurch gekennzeichnet, dass verschiedene Tätigkeiten durch verschiedene Leistungserbringer „unter einem Dach", also jedenfalls in gemeinsam genutzten Räumlichkeiten und in einer gemeinsam vereinbarten Kooperationsstruktur erbracht werden. Namentlich die beteiligten Ärzte setzen also nicht lediglich ihrer Tätigkeit in ihren bereits bisher bestehenden Praxen fort. Vielmehr entsteht eine neue, sich wesensmäßig unterscheidende eigenständige Gesamtpraxis, die auch die Einbeziehung anderer Leistungsanbieter unter bestimmten Voraussetzungen ermöglicht. Hierfür ist in § 95 Abs. 1 S. 2 – 5 und Abs. 1a SGB V eine gesetzliche Grundlage geschaffen worden.[205] Deswegen und infolge der bereits seit mehreren Jahren gesammelten Erfahrungen in der Praxis bietet das MVZ den Vorteil einer gesicherten, abrufbaren Regelungsstruktur betreffend die Leistungspflichten aller Beteiligten. Dies schließt auch Haftungsfragen mit ein. Auch die Finanzierungsströme nach dem SGB V sind klar geordnet. Ein weiterer Vorteil gegenüber der Einzelpraxis besteht darin, dass ein MVZ mit beliebig vielen Personen Anstellungsverhältnisse begründen kann.

Da (im Unterschied zur einzelnen Kommune und zum einzelnen Hausarzt) Charakter, Stärken und Schwächen eines MVZ sehr stark von den (nicht leicht zugänglichen) rechtlichen Voraussetzungen nach dem SGB V abhängen, müssen diese nachfolgend näher beleuchtet werden. Erst dann kann das Leistungsprofil zutreffend beurteilt werden.

---

205 Zum Überblick und teilweise mit interessanten Statistiken vgl. *Derlath*, PFB 2019, S. 308 ff.; *Preißler*, in: Katzenmeier/Ratzel (Hrsg.), FS Dahm, S. 335 ff.

#### 4.3.2.4.1 Gründungsvoraussetzungen

##### 4.3.2.4.1.1 Ärztliche Leitung

Nach § 95 Abs. 1 S. 2 – 5 SGB V muss ein MVZ unter ärztlicher Leitung stehen. Ärzte in diesem Sinne können als Angestellte oder als Vertragsärzte tätig sein, was gemäß S. 3 dieser Vorschrift auch für den Ärztlichen Leiter gilt. Dieser muss stets „in medizinischen Fragen weisungsfrei" sein. Sind Angehörige unterschiedlicher Berufsgruppen in einem MVZ tätig, ist gemäß S. 4 auch eine „kooperative Leitung" möglich; dies betrifft aber nur diejenigen Berufsgruppen, die „an der vertragsärztlichen Versorgung teilnehmen". CHN-Personen können mithin nicht Teil der ärztlichen Leitung sein.

In der Praxis besteht eine große Variationsbreite dadurch, dass zugelassene Vertragsärzte zwar Gründer eines MVZ sein können, nicht aber unbedingt selbst in diesem vertragsärztlich tätig werden müssen; Ärzte, die umgekehrt als Vertragsärzte in einem MVZ tätig werden wollen, müssen zwingend auch Gesellschafter der Trägergesellschaft des MVZ werden, da ein Vertragsarzt stets seine vertragsärztliche Tätigkeit in freier Praxis zu erbringen hat. Allein aufgrund des Erfordernisses der ärztlichen Leitung, an dem auch die mittlerweile erfolgte Erweiterung des Kreises der Gründungsberechtigten (dazu sogleich 4.3.2.4.1.2) nichts geändert hat, ist davon auszugehen, dass in einem MVZ eine interprofessionelle Arbeit auf Augenhöhe mit anderen als ärztlichen Dienstleistern jedenfalls nicht in der rechtlichen Grundstruktur angelegt ist. Vielmehr erscheinen Ärzte von Rechts wegen in einer dominanten Rolle, was ausdrücklich gewollt ist, aber „bestehende Asymmetrien zwischen Ärzten und Vertretern anderer Gesundheitsberufe eher verfestigen als abbauen" kann.[206] Dies würde auch dann gelten, wenn eine Kommune (ausschließlicher) Träger des MVZ ist (dazu noch 4.4.4). Die gesetzgeberische Erwartung geht jedenfalls dahin, dass der Ärztliche Leiter so tief in die Organisations- und Versorgungsstrukturen des MVZ eingebunden ist, dass er auch „tatsächlich auf die dortigen Arbeitsabläufe einwirken und sicherstellen kann, dass ärztliche Entscheidungen unabhängig von sachfremden Erwägungen getroffen werden".[207]

---

206 Zu der hier referierten Einschätzung vgl. *Oberender AG*, PORT-Gutachten I, S. 74.
207 Deutscher Bundestag, Drucksache 17/6906, S. 70.

### 4.3.2.4.1.2 Kreis der Gründungsberechtigten

Der Kreis der Gründungsberechtigten ist in § 95 Abs. 1 S. 1 u. 2 SGB V umschrieben. Diese Vorschrift wurde im Jahr 2015 durch das Gesetz zur Stärkung der Versorgung in der Gesetzlichen Krankenversicherung (GKV-Versorgungsstärkungsgesetz) erweitert.[208] Seither ist auch eine facharztgruppengleiche Ausgestaltung, d.h. ein von mehreren Hausärzten (ohne Fachärzte) gegründetes MVZ möglich. Unverändert ist aber die Bindung an einen vorhandenen Vertragsarztsitz, entweder des MVZ selbst oder des einzelnen, gleichsam den Sitz in das MVZ einbringenden Vertragsarztes notwendig.[209]

Gründungsberechtigt sind zugelassene Ärzte, zugelassene Krankenhäuser, Erbringer nichtärztlicher Dialyseleistungen nach § 126 Abs. 3 SGB V, anerkannte Praxisnetze nach § 87b Abs. 2 S. 3 SGB V und gemeinnützige Träger, die aufgrund von Zulassung oder Ermächtigung an der vertragsärztlichen Versorgung teilnehmen.

Diese Variante ist bislang nicht praxisrelevant geworden, wobei sie auch ein Tätigwerden der Kommunen nach § 105 Abs. 5 SGB V erfassen würde.[210] Dadurch, dass die Kommunen aber mittlerweile als potenzielle Gründer von MVZ ohne die Pflicht zur Erfüllung der in § 105 Abs. 5 S. 1 – 4 SGB V normierten restriktiven, die Entscheidungshoheit der Kassenärztlichen Vereinigung sichernden Vorgaben agieren dürfen, spielt dies keine Rolle. Kommunen können jedenfalls nach § 95 Abs. 1a S. 1 SGB V selbst potenzielle Gründer eines MVZ sein. Ebenso kann ein kommunal getragenes Krankenhaus Träger eines MVZ sein und ferner kann eine Kommune oder ein kommunales Unternehmen zusammen mit anderen Gründungsberechtigten ein MVZ ins Leben rufen. Auf diese Optionen ist näher zu 4.3.2.4.4 einzugehen.

### 4.3.2.4.1.3 Beurteilung mit Blick auf CHN

*De lege lata* können CHN-Personen weder Gründer eines MVZ noch Mitgründer sein. Auch ist keine Mitwirkung in der den Ärzten vorbehaltenen Leitung eines MVZ möglich. *De lege lata* kommt eine Mitwirkung von

---

208 Vom 16.07.2015 (BGBl. I, S. 1211).
209 Vertiefend dazu *Joussen*, in: Becker/Kingreen, SGB V, § 95 Rn. 11; *Plagemann/Ziegler*, DVBl 2016, S. 1432.
210 Vgl. *Gerlach*, in: Krauskopf, SGB V, § 95 Rn. 24.

CHN-Personen in einem MVZ mithin ausschließlich als dessen Angestellte in Betracht.

### 4.3.2.4.2 Mögliche Handlungsfelder und Tätigkeiten

Da das MVZ im SGB V geregelt ist, steht von vornherein fest, dass es ausschließlich in den durch das SGB V erfassten Handlungsfeldern (Gesundheitsprävention und -förderung und v.a. kurative Medizin, dies in primär ambulanter Form) agieren kann, nicht hingegen in den Handlungsfeldern der Rehabilitation und der Pflege (i.S.v. SGB XI), und auch nicht in den Handlungsfeldern der Jugendhilfe, der Behindertenteilhabe oder im Bereich der Handlungsfelder des Öffentlichen Gesundheitsdienstes. Nicht zufällig heißt die Einrichtung also „Medizinisches Versorgungszentrum – MVZ", und nicht „Gesundheitsversorgungszentrum – GVZ".

Die denkbaren Tätigkeiten sind mithin alle, die nach der Darstellung im Abschnitt 3 (3.3) durch Vertragsärzte bzw. durch ein MVZ selbst sowie durch einzelne, nach dem SGB V zur Leistungserbringung ermächtigte Personen, die in einem MVZ angestellt sind, erbracht werden dürfen.

### 4.3.2.4.3 Mögliche Organisationsformen

Der Kreis der möglichen Organisationsformen ist abschließend in § 95 Abs. 1a S. 3 SGB V beschrieben. Danach ist möglich die Rechtsform der Personengesellschaft, die der eingetragenen Genossenschaft, die der Gesellschaft mit beschränkter Haftung (GmbH) oder (seit 2015) eine öffentlich-rechtliche Rechtsform. Letzteres kommt nur dann in Betracht, wenn eine Kommune als alleiniger Gründer des MVZ fungiert (dazu sogleich 4.3.2.4.4.3). Die in der Praxis ganz überwiegende Organisationsform ist die der GmbH. Explizit ausgeschlossen durch die Aufzählung in § 95 Abs. 1a S. 3 SGB V ist die Rechtsform der Aktiengesellschaft.[211]

---

211 Vertiefend zum Ganzen *Preißler*, in: FS Dahm, S. 335 ff.

### 4.3.2.4.4 Spezifika von MVZ mit kommunaler Beteiligung

Wie bereits festgestellt, kommen gemäß § 95 Abs. 1a S. 1 SGB V explizit auch „Kommunen" als Gründer von MVZ in Betracht, ebenso kommunale „zugelassene Krankenhäuser". Die Kommune kann dabei entweder alleiniger Gründer eines MVZ sein oder auch zusammen mit anderen Gründungsberechtigten, namentlich mit Ärzten, als Gründer fungieren. Indem sich eine Kommune in einem MVZ engagiert, wechselt sie in die Rolle des Leistungserbringers über, so wie es im Hinblick auf einzelne kleinere Tätigkeiten auch an anderen Stellen im SGB V bereits vorgesehen ist, während sie im Allgemeinen und vorherrschend aber doch als Sozialleistungsträger (und nicht als Erbringer) fungiert, so namentlich etwa in den Bereichen der Jugend- und der Sozialhilfe.

Als „Kommunen" in diesem Sinne sind unstreitig die Gemeinden (inklusive selbstverständlich die Städte) und die Landkreise anzusehen.[212] M.E. müssen aber auch juristische Personen, denen nach dem jeweils hierfür maßgeblichen Landesrecht der Status einer juristischen Person zwecks kommunaler Kooperation (Zweckverbände bzw. von mehreren Kommunen getragene GmbH) verliehen worden ist, als Gründer eines MVZ fungieren dürfen.[213]

Mit dem kommunalen Wirtschaftsrecht des jeweiligen Bundeslandes (vgl. z.B. Art. 86 f. BayGO; §§ 107 ff. GO NRW)[214] ist ein solches Engagement jedenfalls vereinbar. Abgesehen davon, dass diese Vorschriften möglicherweise in einigen Bundesländern gar nicht eingreifen, weil dort die Restriktionen nur eine wirtschaftliche Betätigung außerhalb der Daseinsvorsorge erfassen, liegen jedenfalls auch die Voraussetzungen der Schrankentrias vor: öffentlicher Zweck, Beachtung der Subsidiaritätsklausel und Wahrung des Rahmens der eigenen Leistungsfähigkeit.[215]

---

212 Vgl. nur *Scholz/Bartha*, in: BeckOK SozR, 57. Ed., Stand 1.6.2020, SGB V, § 95 Rn. 77.

213 Dem zuneigend auch *Kingreen/Kühling*, DÖV 2018, S. 890 (892); a.A. *Wigge*, in: Schnapp/Wigge (Hrsg.), Handbuch des Vertragsarztrechts, 3. Aufl. 2017, § 6 Rn. 175.

214 Als Gesamtüberblick vgl. *Burgi*, Kommunalrecht, § 17 Rn. 22 ff., sowie zu den einzelnen Statthaftigkeitsvoraussetzungen bei Rn. 37 ff.

215 Vertiefend hierzu *Kingreen/Kühling*, DÖV 2018, S. 894 ff. Dies gilt auch für die Anforderungen des EU-Beihilferechts (a.a.O., S. 897 f.).

### 4.3.2.4.4.1 Modifizierte Gründungsvoraussetzungen

§ 95 Abs. 1a S. 5 SGB V suspendiert explizit im Falle einer Gründung eines MVZ durch eine Kommune von der verschiedene Mitwirkungsbefugnisse der Kassenärztlichen Vereinigung begründenden Vorschrift des § 105 Abs. 5 S. 1 – 4 SGB V. Dies ist ein großer Fortschritt gegenüber der früheren Rechtslage (bis 2015), nach der die Kommune in erheblichem Maße vom Wohlwollen der Kassenärztlichen Vereinigung abhängig gewesen wäre.[216]

Dies gilt allerdings nicht für das in § 105 Abs. 5 S. 5 SGB V niedergelegte Erfordernis, wonach Ärzte „bei ihren ärztlichen Entscheidungen nicht an Weisungen von Nichtärzten gebunden" sein dürfen; d.h. auch in einem kommunalen MVZ müssen Ärzte weisungsfrei agieren können. Unbeschadet bleiben auch die an verschiedenen Stellen innerhalb des SGB V geregelten Aufsichts- und Sanktionsbefugnisse der Kassenärztlichen Vereinigungen;[217] dies zu Recht, da auch ein kommunales MVZ ja nur innerhalb des durch § 75 Abs. 1 S. 1 Hs. 1 SGB V den Kassenärztlichen Vereinigungen zugewiesenen Sicherstellungs- und Gewährleistungsauftrags agieren kann.

### 4.3.2.4.4.2 Unverändert beschränkter Handlungsrahmen

Der große Vorzug (aus der Perspektive der kommunalen Gesundheitsverantwortung) eines MVZ besteht darin, dass erstmals den Kommunen ermöglicht wird, tatsächlich auch als Leistungserbringer im Handlungsfeld der kurativen Medizin im ambulanten Bereich (und nicht nur im stationären Bereich der Krankenhausträgerschaft) agieren zu dürfen. Alle Handlungsfelder und Tätigkeiten, die einem MVZ aber verwehrt sind (vgl. oben 4.3.2.4.2), bleiben ihm indes auch in kommunaler Trägerschaft verwehrt. Will die Kommune diesbezüglich tätig werden, müsste sie dies (weiterhin) außerhalb des institutionalisierten Verbundes „MVZ" tun. Hierauf wird noch unten im Abschnitt 4.4.4.2 zurückzukommen sein.

---

216 Forderungen, dies zu ändern, sind ausführlich erhoben und begründet worden bei *Burgi*, Kommunale Verantwortung, S. 64 u. 55; zur Begründung des Gesetzgebers im Jahr 2015 vgl. Deutscher Bundestag, Drucksache 18/4095, S. 53 f.
217 Näher hierzu *Kingreen/Kühling*, DÖV 2018, S. 893 f.

### 4.3.2.4.4.3 Mögliche Organisationsformen

Agiert eine Kommune als Mitträger eines MVZ, kommt allein die Organisationsform der GmbH in Betracht.

Will die Kommune als alleiniger Gründer und Träger eines MVZ agieren, stehen ihr gemäß § 95 Abs. 1a S. 3 SGB V nach näherer Maßgabe des Landesrechts auch öffentlich-rechtliche Rechtsformen zur Verfügung. Infrage kommt zum einen die Rechtsform des Eigenbetriebs, die allerdings kein Tätigwerden als juristische Person nach außen ermöglicht, und daher insoweit keine praktische Relevanz erlangen dürfte.[218] Relevant ist daher allein die Rechtsform der Anstalt des öffentlichen Rechts (in vielen Bundesländern auch „Kommunalunternehmen" genannt).[219] Die insoweit durch das jeweilige Landesgesetz eröffneten organisatorischen Möglichkeiten lassen sich in sachgerechter Weise für den Betrieb eines MVZ nutzen.[220]

Soll ein kommunales Krankenhaus als Träger des MVZ fungieren, kann es dies wiederum entweder allein oder zusammen mit anderen Gründungsberechtigten, jeweils in der Rechtsform der GmbH, tun.

### 4.4 Organisatorische Optionen de lege lata

Nachfolgend werden vier organisatorische Optionen, die innerhalb des soeben beschriebenen institutionellen Rahmens verwirklicht werden könnten, näher analysiert: Die Primäranbindung von CHN an die Kommune (1), die Primäranbindung an einen Hausarzt (2), die Primäranbindung über einen freien oder freigemeinnützigen Träger (3) und die Anbindung an ein MVZ in kommunaler (Mit-)Trägerschaft (4).

### 4.4.1 Primäranbindung an die Kommune

Erfolgt die Primäranbindung von CHN an eine Kommune im oben (4.3.2.4.4) beschriebenen Sinne, handelt es sich um eine Beschäftigung als

---

218  Näher hierzu *Plagemann/Ziegler*, DVBl 2016, S. 1435 f.

219  Als Überblick über die insoweit bestehenden Möglichkeiten nach dem Kommunalrecht der Bundesländer vgl. *Burgi*, Kommunalrecht, § 17 Rn. 76.

220  Wie bereits näher gezeigt worden ist von *Plagemann/Ziegler*, DVBl 2016, S. 1436 f., und von *Kingreen/Kühling*, DÖV 2018, S. 897 f.

Angestellte. Diese kann entweder bei der unmittelbaren Gemeindeverwaltung in einer nach außen erkennbaren eigenständigen Teileinheit (Abteilung, Referat etc.) oder in einer ggf. bestehenden Einheit des Quartiersmanagements erfolgen. Im städtischen Raum sind im Rahmen des Programms „Soziale Stadt" (vgl. § 171e BauGB) oftmals Kommunen Träger entsprechender Handlungseinheiten; vorherrschend ist freilich eine externe Vergabe der Trägerschaft, insbesondere an freigemeinnützige Träger (vgl. zu ihnen noch unten 4.4.3).[221]

Vielfach naheliegend dürfte die Anbindung von CHN bei einem bestehenden kommunalen Krankenhaus sein.

Eine letzte organisatorische Option könnte darin bestehen, die CHN-Struktur an einen (soweit vorhanden) Pflegestützpunkt nach § 7c SGB XI anzubinden. Nach Abs. 2 S. 1 Nr. 1 dieser Vorschrift besteht eine zentrale Aufgabe der Pflegestützpunkte darin, „umfassend sowie unabhängig Auskunft und Beratung" zu leisten. Hinzu kommen Aufgaben der „Koordinierung aller für die wohnortnahe Versorgung und Betreuung in Betracht kommenden gesundheitsfördernden, präventiven, kurativen, rehabilitativen und sonstigen medizinischen sowie pflegerischen und sozialen Hilfs- und Unterstützungsangebote einschließlich der Hilfestellung bei der Inanspruchnahme der Leistungen" (§ 7c Abs. 2 S. 1 Nr. 2 SGB XI) sowie „die Vernetzung aufeinander abgestimmter pflegerischer und sozialer Versorgungs- und Betreuungsangebote (vgl. § 7c Abs. 2 S. 1 Nr. 3 SGB XI). Freilich würde eine diesbezügliche Verankerung von CHN von vornherein eine Fokussierung auf das Handlungsfeld der Pflege i.S.v. SGB XI bedeuten, was dem ganzheitlicheren Ansatz von CHN eher zuwiderliefe.

### 4.4.1.1 Bewerkstelligung der Kooperation mit einem Hausarzt

Da eine institutionalisierte Kooperation der öffentlich-rechtlich organisierten Gebietskörperschaft „Kommune" mit einem einzelnen Hausarzt nicht in Betracht kommt (außer über eine gemeinsame Trägerschaft bei einem MVZ (dazu unten 4.4.4.1)), könnten lediglich einzelne Kooperationspflichten einzelvertraglich festgelegt werden. Dies dürfte kaum mehr als die gemeinsame Nutzung von Räumen erfassen können.

---

221 Vgl. als Gesamtüberblick https://www.bmi.bund.de/DE/themen/bauen-wohnen /stadt-wohnen/staedtebau/soziale-stadt/soziale-stadt-node.html (zuletzt abgerufen am 08.12.2020).

Damit die CHN-Personen im Wege der Delegation bzw. Substitution auch ärztliche Tätigkeiten erbringen bzw. in die Erbringung solcher Tätigkeiten einbezogen werden können, müssten zuvor die in den Teilen 2 und 3 dieser Untersuchung beschriebenen rechtlichen Änderungen im Berufs- und im Leistungsrecht erfolgen. Organisationsrechtlich müsste die Kommune dann sicherstellen können, dass der Hausarzt die erforderlichen Einwirkungs- und Überwachungsbefugnisse gegenüber der (in diesem Modell bei der Kommune angestellten) CHN-Person besitzt, was zu Schwierigkeiten arbeits- und haftungsrechtlicher Art führen dürfte.

Selbst wenn es gelänge, diese Schwierigkeiten (durch mühevolle Vertragskonstruktionen und permanentes Bemühen aller Beteiligten im Alltag) zu überwinden, bleibt das Grundproblem dieser Konstellation bestehen, dass nämlich die beiden Partner vom Aufgabenprofil, nach Struktur und Größe und auch von der jeweiligen Handlungsmission sehr unterschiedlich aufgestellt sind, so dass wohl eher ein Neben- als ein Miteinander in Gang käme. Gegenüber einer (insbesondere größeren) Kommune erscheinen jedenfalls sowohl der einzelne Hausarzt als auch die einzelnen ggf. bei diesem angestellten CHN-Personen buchstäblich zu klein, um dauerhaft ein eigenständiges CHN-Profil entwickeln zu können.

## 4.4.1.2 Erfüllbarkeit der anderen Anforderungen?

Mit einer Primäranbindung bei der Kommune könnten die CHN-Personen nicht die ihnen fehlende Berechtigung zur Durchführung bestimmter, (insbesondere) den Ärzten vorbehaltener Tätigkeiten dazugewinnen, weil die Kommunen erst recht von der Durchführung dieser Tätigkeiten ausgeschlossen sind. Insoweit sind auch keine Rechtsänderungen vorstellbar, weil beispielsweise Tätigkeiten im Wege der Substitution oder Delegation nur an einzelne behandelnde Personen, nicht aber an kommunale Gebietskörperschaften erfolgen könnten. Insoweit würden die CHN-Personen also nicht mehr gewinnen, als sie nicht sowieso schon haben bzw. über etwaige Rechtsänderungen zu ihren Gunsten erlangen könnten.

Auch die Einbeziehung weiterer Kooperationspartner (außer den Hausärzten), insbesondere Fachärzte, Logopäden, Ergotherapeuten etc. erscheint nur in räumlicher Hinsicht denkbar.

Damit ist auch die Erschließung finanzieller Ressourcen nach den verschiedenen Büchern des SGB nur in dem Umfang möglich, in dem die Kommunen selbst als Leistungserbringer dort Zugang zu Ressourcen hätten (vgl. oben 4.3.2.2). Möglich ist allerdings bei diesem Modell die Er-schließung von Steuergeldern.

Eine interessante Perspektive für eine nicht nur räumliche, sondern auch sachliche Form der Kooperation im Hinblick auf einzelne Tätigkei-ten bietet immerhin der Öffentliche Gesundheitsdienst, sofern dieser bei der gleichen Kommune angesiedelt ist. Insoweit könnte den CHN-Perso-nen die Durchführung von Impfkampagnen, Einschulungsuntersuchun-gen oder Gesundheitschecks übertragen werden. Dies dürfte teilweise be-reits auf der Grundlage der bestehenden Landesgesetze über den Öffentli-chen Gesundheitsdienst möglich sein, teilweise könnten insofern (durch-aus vorstellbare) Rechtsänderungen erfolgen. Dies erscheint umso aus-sichtsreicher als der Öffentliche Gesundheitsdienst infolge seiner Neuauf-stellung nach der Corona-Pandemie im Interesse einer stärkeren Fokussie-rung auf die damit verbundenen Aufgaben ein erhöhtes Interesse an ent-sprechenden Kooperationsmodellen zwecks eigener Entlastung haben soll-te.

### 4.4.1.3 Bewertung

Der Vorzug einer Primäranbindung von CHN in Gestalt der Beschäfti-gung der CHN-Personen bei einer Kommune besteht natürlich in der da-mit gewährleisteten Community-Verankerung. Gleichzeitig könnte um-standslos das Leistungsprofil der Kommune (wie oben beschrieben; 4.3.2.2) genutzt werden. Dies würde insbesondere diejenigen Handlungs-felder für CHN in finanziell tragfähiger und organisatorisch abgesicherter Weise erschließen, die außerhalb des Handlungsfelds der kurativen Medi-zin liegen.

Die für eine erfolgreiche CHN-Struktur unabdingbar erforderliche Ko-operation mit einem Hausarzt kann bei einer Primäranbindung an die Kommune aber nur mit mehreren Einschränkungen und nur teilweise ge-lingen. Entsprechendes gilt für die Kooperation mit anderen ärztlichen Leistungserbringern. Hierüber käme man auch mit etwaigen Rechtsände-rungen nicht hinweg.

### 4.4.2 Primäranbindung an einen Hausarzt

Ein zweites organisatorisches Modell könnte darin bestehen, dass die CHN-Personen bei einem Hausarzt angestellt sind. Sie würden dann dort neben den bereits bisher in den Hausarztpraxen tätigen Medizinischen Fachangestellten wirken, was zwar Synergie-Effekte und Kooperationsgewinne verspricht, aber auch unklare Kompetenzen und Reibungsverluste bedeuten kann.

Die Bereitschaft von Hausärzten, sich auf ein solches Modell einzulassen, kann selbstverständlich vom Staat nicht erzwungen werden, auch nicht durch Rechtsänderungen. Jeder Hausarzt wird (neben der Bildung einer positiven Grundeinstellung zu dem CHN-Projekt insgesamt) gut überlegen müssen, wie er das Modell ökonomisch bewerkstelligen kann. Die in jedem Fall damit verbundene größere Dimensionierung seiner jeweiligen Praxis müsste er sich zutrauen; dass er selbst dadurch ein Stück mehr zum Manager wird, müsste er in Kauf nehmen. Angesichts der vielfach beschriebenen Schwierigkeiten, insbesondere jüngere Absolventen des Medizinstudiums zu einer Tätigkeit als Hausarzt zu motivieren, dürfte kaum eine signifikante Zunahme dieses Organisationsmodells zu erwarten sein.

### 4.4.2.1 Bewerkstelligung der Kooperation mit einer Kommune

Am ehesten denkbar erscheint auch insoweit eine räumliche Kooperation. Vertragliche Kooperationen im Sinne von Austauschverhältnissen über wechselseitig erbrachte Leistungen scheinen ebenso schwierig wie im soeben beschriebenen umgekehrten Fall, dass die CHN-Personen bei der Kommune angestellt sind (oben 4.4.1.1).

Hinzu kommt hier, dass den Hausarzt die verschiedenen Aufgaben und Tätigkeiten der Kommunen im Grunde nichts angehen, er hierfür jedenfalls nicht zuständig ist und auch keine finanziellen Ressourcen bereitstellen kann bzw. darf. Anders als die Kommune im umgekehrten Modell kann er auch nicht einfach auf ein Reservoir an steuerlichen Mitteln zurückgreifen, sondern bleibt stets den Finanzierungszusammenhängen des SGB V verhaftet. Insoweit sind auch keine Rechtsänderungen zu erwarten. Die einzelnen in der Hausarztpraxis angestellten CHN-Personen dürften sich ihrerseits damit schwertun, auf Augenhöhe mit relevanten Ansprechpartnern in der Kommune zu kooperieren; Türöffner und Brücke dürfte bei diesem Modell stets der Hausarzt selbst sein.

#### 4.4.2.2 Erfüllbarkeit der anderen Anforderungen?

Von vornherein schwächer wäre bei diesem Modell die Community-Verankerung; sie würde sich im Wesentlichen in der räumlichen Gemeinschaft zwischen der Hausarztpraxis und der Kommune erschöpfen. Zahlreiche *de lege lata* bzw. *de lege ferenda* vorgesehenen CHN-Tätigkeiten könnten in diesem Modell immerhin erbracht werden, auch die in den Formen der Substitution und Delegation (bezogen auf den jeweiligen Hausarzt) erfolgende Tätigkeit.

Die Kommune ihrerseits könnte die dem Hausarzt nicht zugänglichen Tätigkeiten beisteuern, allerdings hätte sie keinen unmittelbaren Zugriff auf die CHN-Personen.

Die Zusammenarbeit mit anderen Leistungserbringern erscheint im Falle einer Primäranbindung der CHN-Personen an einen Hausarzt schwierig; Fachärzte dürften bei diesem Modell kaum zu gewinnen sein und die Vorstellung, dass der Hausarzt überdies Physiotherapeuten, Logopäden etc. anstellen würde, ist unrealistisch. Die anderen Leistungsanbieter müssten also (ggf. in räumlicher Nähe) der Kommune zugeordnet sein.

Eine Zusammenarbeit mit der in der jeweiligen Kommune verorteten Behörde des Öffentlichen Gesundheitsdienstes erscheint bei diesem Modell immerhin denkbar; Adressat einer der oben (4.4.1.2) beschriebenen, ggf. von einem Gesundheitsamt zu übertragenden Tätigkeiten erfassenden Regelung wäre dann die jeweilige Hausarztpraxis, wodurch deren unternehmerische Verantwortung allerdings noch ein Stück mehr wachsen würde.

#### 4.4.2.3 Bewertung

Der Vorzug einer Primäranbindung von CHN bei einem Hausarzt besteht in der vollen Nutzung der durch das Berufsrecht und dem SGB V dieser Berufsgruppe bzw. diesem Leistungserbringer jedenfalls primär zugeordneten Befugnisse für einzelne Tätigkeiten. Damit könnte das Leistungsprofil des Hausarztes (oben 4.3.2.3) ausgeschöpft werden.

Als Nachteil schlägt zu Buche, dass die Eigenständigkeit der CHN-Struktur bei diesem Modell wenig ausgeprägt wäre und die CHN-Personen einerseits in der Arztpraxis und andererseits im insoweit wenig klar strukturierten Außenverhältnis zur Kommune eher „unterzugehen" drohen.

Zudem könnten die Stärken des kommunalen Leistungsprofils (vgl. oben 4.3.2.2) weniger gut genutzt werden und auch hinsichtlich der Einbeziehung anderer Leistungsanbieter ergäben sich keine Vorteile.

### 4.4.3 Primäranbindung an einen freien oder freigemeinnützigen Träger

Bei dieser Option würden die CHN-Personen als leitende Angestellte (so bei einem freigemeinnützigen Träger) oder sogar als unternehmerisch engagierte freie Träger auf der Basis eines ambulanten Pflegedienstes, eines Pflegestützpunktes nach § 7c SGB XI oder einer externen Einrichtung des Quartiersmanagements (vgl. bereits oben 4.4.2.2) tätig, was insbesondere im Hinblick auf die in Deutschland traditionell stark aufgestellten Dienste der großen Wohlfahrtsverbände gewisse Realisierungschancen bieten könnte.

#### 4.4.3.1 Die Bewerkstelligung der Kooperation mit Kommune und Hausarzt

Da bei einem solchen Modell die Primäranbindung weder bei der Kommune noch bei einem Hausarzt läge, müssten freilich in beide Richtungen Kooperationen erst begründet und sodann weiterentwickelt werden. In Richtung der Kommune erscheint sowohl in räumlicher als auch in sachlicher Hinsicht einiges denkbar, soweit es die Handlungsfelder und Tätigkeiten betrifft, die (auch) den Kommunen eröffnet sind. Allerdings wäre die Community-Verankerung schwächer als bei dem Modell einer Primäranbindung bei der Kommune.

Deutlich schwieriger dürfte die Entwicklung einer fachlichen Zusammenarbeit mit einem oder mehreren Hausärzten sein; ebenso wie im Modell einer Anstellung der CHN-Personen bei der Kommune ist auch hier eine Ausweitung des Tätigkeitsspektrums in den kurativen ärztlichen Bereich hinein nicht zu bewerkstelligen.

#### 4.4.3.2 Erfüllbarkeit der anderen Anforderungen?

Angesichts einer sowieso schon schwierigen Ausgangslage, die durch die Notwendigkeit der Begründung tragfähiger Kooperationsstränge sowohl gegenüber der Kommune als auch gegenüber dem Hausarzt gekennzeichnet ist, wäre die Einbeziehung zusätzlicher Partner noch einmal schwieriger. Es handelte sich buchstäblich um ein Spiel mit mehreren Bällen, in das namentlich Fachärzte kaum einbezogen werden könnten und sowohl die Finanzierungs- als auch die Haftungsfragen nicht lösbar erscheinen.

### 4.4.3.3 Bewertung

Bei diesem Modell könnten sowohl das Leistungsprofil der Kommune als auch das Leistungsprofil des Hausarztes nur sehr eingeschränkt genutzt werden. Von vornherein bestünde eine gewisse Primärorientierung in Richtung des Sektors der Pflege i.S.d. SGB XI und mithin die Gefahr, durch die diesen kennzeichnenden Elemente der „Tat" übermäßig beansprucht zu werden. Dadurch würde das signifikant auch durch Elemente der Koordination, des Managements und der Beratung geprägte CHN-Konzept nicht entsprechend zur Geltung gelangen.

Die größte Stärke dieses Modells dürfte gegenwärtig in der Nutzbarmachung der in den vergangenen Jahren ausgebauten finanziellen Ressourcen für den Aufbau lokaler Infrastrukturen zur Pflegeberatung, den Anspruch auf Pflegekurse und individuelle häusliche Schulungen nach § 45 SGB XI sowie im Bereich der Beratungsbesuche (vgl. z.B. § 37 Abs. 3 SGB XI) bestehen.

### 4.4.4 Anbindung an ein MVZ in kommunaler (Mit-)Trägerschaft

Eine besonders perspektivenreiche organisatorische Option besteht in der Anbindung von CHN an ein MVZ. Wie oben (4.4.4.2) dargestellt, gibt es sowohl MVZ ohne kommunale Beteiligung als auch (neuerdings) MVZ in ausschließlicher kommunaler Trägerschaft oder mit kommunaler Beteiligung. Im Hinblick auf eine erfolgversprechende Realisierung einer CHN-Struktur kommen nur die letzten beiden Varianten in Betracht. Wären die CHN-Personen bei einem MVZ ohne kommunale (Mit-)Trägerschaft angestellt, käme ihnen zwar ein größeres Gewicht zu als bei der bereits oben (4.4.2) untersuchten Primäranbindung bei einem einzelnen Hausarzt. Sämtliche anderen strukturellen Nachteile einer solchen Primäranbindung im ärztlichen Lager würden aber fortbestehen.

Die MVZ-bezogenen Überlegungen beziehen sich daher auf die folgenden Organisationsmodelle:

- Anstellung der CHN-Personen bei einem MVZ in kommunaler Alleinträgerschaft (in der Rechtsform des Kommunalunternehmens oder des Eigenbetriebs).
- Anstellung der CHN-Personen bei einem MVZ, das in der Rechtsform der GmbH gemeinsam von der Kommune und ärztlichen Gründern betrieben wird.
- Anstellung der CHN-Personen bei einem kommunalen Krankenhaus, welches wiederum entweder allein oder zusammen mit Ärzten ein MVZ betreibt.

Bei allen Varianten könnte jedenfalls die besonders qualifizierte leitende CHN-Person auf einer Ebene mit dem zwingend notwendigen Ärztlichen Leiter stehen und aufgrund ihrer wichtigen Rolle auch die stellvertretende Geschäftsführung innehaben.[222]

### 4.4.4.1 Bewerkstelligung der Kooperation mit Hausarzt und Kommune

Der größte und sofort sichtbare Vorteil einer Anbindung an einem kommunal (mit-)getragenen MVZ besteht darin, dass damit von vornherein eine Anbindung sowohl an die Kommune als auch an den in ein MVZ integrierten Hausarzt gegeben ist. Es handelt sich mithin um eine gleichsam doppelte Primäranbindung.

So würde bei einem rein kommunalen MVZ der *Hausarzt* in der Rolle als Ärztlicher Leiter ein hinreichend starkes Gewicht haben und die Gewähr für eine täglich auf gesicherter Basis funktionierenden Kooperation bieten. Jedenfalls würde die CHN-Leitungsperson auf Augenhöhe mit ihm arbeiten und sowohl hier als auch den anderen CHN-Personen gegenüber könnten die aus berufs- und leistungsrechtlichen Gründen auf den Wegen der Delegation und Substitution nötigen Einwirkungs- und Überwachungsbefugnisse des Hausarztes gewährleistet werden. Die im Falle einer Einbindung von CHN an eine einzelne Hausarztpraxis latente Gefahr von Kompetenzstreitigkeiten gegenüber den Medizinischen Fachangestellten des Hausarztes wäre bei der Einbettung von CHN in einem MVZ, zumal auf dessen Leitungsebene, von vornherein deutlich geringer. Das Leistungsprofil das „Hausarztes" im oben (4.3.2.3) beschriebenen Sinne, könnte mithin voll umfänglich genutzt werden. Allerdings gilt auch hier, dass

---

222 Zu den Einzelheiten vgl. *Oberender*-Gutachten I, S. 77 f.

der Staat einen Hausarzt nicht dazu zwingen könnte, sich überhaupt an einem MVZ zu beteiligen.

Das Leistungsprofil der *Kommune* könnte ebenfalls ausgeschöpft werden, allerdings nur in dem Umfang, in dem dieses sich auf die Handlungsfelder des SGB V (Prävention und Förderung, aber auch teilweise kurative Medizin) bezieht. Vorstellbar ist auch, die oben (4.4.1.2) skizzierte etwaige Zusammenarbeit mit dem bei der Kommune angesiedelten Öffentlichen Gesundheitsdienst und dem MVZ als entgeltlich tätigen Vertragspartner zu gestalten.

Alle anderen Handlungsfelder der Kommune (insbesondere Pflege, aber auch Rehabilitation, Behindertenteilhabe, Jugendhilfe etc.) sowie die damit verbundenen Tätigkeiten und die hierauf bezogenen finanziellen Ressourcen könnten aufgrund des insofern beschränkten Handlungsrahmens eines MVZ (vgl. oben 4.3.2.4.2) allerdings nicht genutzt werden. Auch wäre die Community-Verankerung schwächer, da die Kommune in einem MVZ gewissermaßen verdünnisiert erschiene und nicht mehr in ihrer herkömmlichen Rolle als Gebietskörperschaft.

### 4.4.4.2 Erfüllbarkeit der anderen Anforderungen?

Wie bereits soeben festgestellt, könnte bei der Wahl eines MVZ-Organisationsmodells in institutionalisierter Form ausschließlich in den Handlungsfeldern des SGB V gehandelt werden. Um die für eine CHN-Struktur essenziellen weiteren Handlungsfelder und Tätigkeiten einbeziehen zu können, müsste weiterhin nach Kooperationslösungen gesucht werden, etwa mit Pflegediensten oder mit der Kommune (nun aber in ihrer Eigenschaft als Gebietskörperschaft, z.B. mit einer kommunalen Einheit des Quartiersmanagements oder der zuständigen Abteilung für Pflege- und Sozialwesen innerhalb der Gemeindeverwaltung).

Die Einbeziehung weiterer Kooperationspartner wäre leichter möglich, soweit es sich um Erbringer medizinischer Dienstleistungen handelt (Physiotherapeuten, Logopäden und Ergotherapeuten). Sozialarbeiter, Quartiersmanager, Betreuer in den Bereichen Behindertenteilhabe und Jugendhilfe etc. müssten (ebenso wie bei den bereits zuvor dargestellten Modellen) jeweils einzelvertraglich eingebunden werden, was angesichts des beschränkten Handlungsrahmens des MVZ allenfalls in räumlicher Hinsicht gelingen könnte. Dies gilt insbesondere auch im Hinblick auf die freien und freigemeinnützigen Träger im Pflegesektor. Dies bedeutet in letzter Konsequenz auch, dass namentlich die Träger der freien Wohlfahrtsverbände bei einer CHN-Anbindung in einem MVZ weder institutionalisiert noch über Leistungsverträge einbezogen werden könnten.

### 4.4.4.3 Bewertung

Bei einer Anbindung von CHN in einem MVZ in kommunaler (Mit-)Trägerschaft könnte das Leistungspotenzial von CHN in einem deutlich größeren Maße entfaltet werden als bei den anderen untersuchten Organisationsmodellen. Noch im Rahmen des geltenden Rechts müssen hierzu folgende Maßnahmen ergriffen werden:

- In räumlicher Hinsicht (soweit es den Öffentlichen Gesundheitsdienst betrifft u.U. auch in sachlicher Hinsicht) müsste das MVZ in kommunaler (Mit-)Trägerschaft zumindest mit der für die außerhalb des Gesundheitssektors liegenden Handlungsfelder von CHN zuständigen Kommune (in ihrer Eigenschaft als Gebietskörperschaft) kooperieren. Das würde im ländlichen Raum selbstverständlich nicht ausschließen, dass die CHN-Person zusätzlich in einer Außenstelle (in Räumen des Kreises oder einer kreisangehörigen Gemeinde) präsent ist.
- Die CHN-Personen wären dann (typischerweise, aber nicht zwingend, zur Hälfte) sowohl bei dem MVZ als auch bei der Kommune anzustellen. Die einzelnen von ihnen erbrachten Tätigkeiten könnten auf diese Weise jeweils auf den hierfür vorgesehenen Finanzierungspfaden vergütet bzw. finanziert werden. Über den gebietskörperschaftlichen Teil könnten überdies Spenden- und Sponsorengelder sowie weitere Fördermittel akquiriert und eingesetzt werden.

Eine optimale Nutzung des Leistungspotenzials von CHN kann angesichts der Beschränkung des Organisationsmodells „MVZ" auf den Gesundheitssektor im engeren, durch das SGB V beschriebenen Sinne aber auch hier nicht erreicht werden.

### 4.5 Gesetzliche Regelungsmöglichkeiten

Die nachfolgend beschriebenen Gesetzesänderungen müssten zusätzlich zu den bereits in Teil 2 zum Berufsrecht und in Teil 3 zum Recht der Leistungserbringung vorgeschlagenen Änderungen erfolgen. Hierbei wird unterstellt, dass diese Änderungen tatsächlich vorgenommen werden, sonst hingen die nachfolgend in institutionell-organisatorischer Hinsicht gemachten Vorschläge weitgehend in der Luft.

### 4.5.1 Weiterentwicklung des MVZ zu einem GVZ (PORT) – Skizze

Da die Weiterentwicklung der bestehenden Institution „MVZ" zu einem weiter gefassten GVZ sich thematisch mit dem ebenfalls von der Robert-Bosch-Stiftung unterstützten, groß angelegten Forschungsvorhaben betreffend die Schaffung von sog. PORT-Zentren überschneidet, erfolgen an dieser Stelle nur einige skizzenhafte Bemerkungen; schon aus politischen und logistischen Gründen erscheint es nicht zielführend, parallel an unterschiedlichen Regelungsmöglichkeiten für institutionalisierte Kooperationen jenseits des MVZ nachzudenken. Allein erfolgversprechend dürfte ein Aufschlag aus gleichsam einem Guss sein.

#### 4.5.1.1 Regelungsgegenstände

Ausgehend von der im vorherigen Abschnitt unternommenen Analyse des gegenwärtigen Leistungspotenzials eines MVZ bei der Etablierung von CHN in Deutschland, läge der nächste Schritt in der Weiterentwicklung des MVZ von einem Medizinischen Versorgungszentrum zu einem Gesundheitszentrum (GVZ), allerdings nur im Falle einer kommunalen (Mit-)Trägerschaft.

Die Entscheidung, sich für oder gegen ein herkömmliches MVZ oder ein neu zu schaffendes GVZ zu entscheiden, würde vollständig den Verantwortlichen vor Ort überlassen. Insbesondere sollte keine Verpflichtung der Kommunen dahingehend etabliert werden, sich für die Variante des GVZ entscheiden zu müssen. Auch die Entscheidung, sich überhaupt in der einen oder anderen Form zu engagieren, sollte nicht gesetzgeberisch determiniert werden, um nicht von vornherein die bereits erwähnten Konnexitätsprobleme (oben 4.3.2.2) hervorzurufen. Überdies dürften sich beide Strukturen auch nicht flächendeckend als bestmögliche Gestaltungsoption erweisen.

Eine gesetzlich vorgenommene Weiterentwicklung in diesem Sinne würde

- alle Handlungsfelder von CHN aus sämtlichen einschlägigen Büchern des SGB mit allen hierauf bezogenen Tätigkeiten in das Zentrum integrieren;
- ggf. differenzierte Regelungen über die interne Abgrenzung der unterschiedlichen Vergütungsmechanismen und -ressourcen treffen, jedenfalls ermöglichen;

- eine differenzierte Governance-Struktur (im Unterschied zum bestehenden MVZ) vorsehen, da sich namentlich die bisherige „Ärztliche Leitung" nicht auf die neu hinzukommenden Handlungsfelder (außerhalb der kurativen Medizin) beziehen könnte.

- Ferner könnte nachgedacht werden über eine Erweiterung des Kreises der Gründungsberechtigten, insbesondere im Hinblick auf freie bzw. freigemeinnützige Träger, die namentlich ihr Potenzial aus dem Handlungsfeld der Pflege einbringen könnten.

- In einem solchermaßen weiterentwickelten Zentrum könnten entsprechend zur Erweiterung der Handlungsfelder auch Personen mit beruflichen Qualifikationen jenseits des bisherigen Spektrums eines MVZ angestellt werden.

- Ebenfalls geregelt werden könnte die Befugnis zur Gründung separater Tochtergesellschaften in der Trägerschaft des GVZ, etwa einer GVZ-Pflege-GmbH mit dem GVZ als Gesellschafterin in alleiniger oder gemeinsamer Trägerschaft mit anderen Akteuren.[223]

Im Hinblick auf die CHN-Personen hätte ein solches Modell den Vorteil, dass diese nicht mehr bei unterschiedlichen Trägern, sondern einheitlich bei dem neuen Zentrum angestellt sein könnten; CHN könnte mithin „aus einer Hand" erfolgen. Dies würde von vornherein mehr Synergien und weniger einzelvertraglichen Aufwand bedeuten.

Eine kleinere, möglicherweise politisch leichter durchzusetzende Lösung könnte darin bestehen, dem als solches unverändert fortbestehenden MVZ durch ausdrückliche gesetzliche Regelung den Abschluss von Einzelverträgen über Leistungsbeziehungen mit anderen Anbietern, namentlich den Kommunen, Pflegediensten etc. zu ermöglichen (mit einer sodann wiederum hälftigen Anstellung der CHN-Personen). Wichtig wäre aber, dass Verträge dieser Art sich über die bereits nach geltendem Recht (siehe oben 4.4.4) mögliche bloße räumliche Kooperation hinaus verhalten müssten und dürften.

### 4.5.1.2 Gesetzgebungskompetenz

Der Bund verfügt nach Art. 74 Abs. 1 Nr. 12 GG über die konkurrierende Gesetzgebungskompetenz für die „Sozialversicherung". Dies bedeutet, dass er Regelungsgegenstände, die dieser Materie zuzuordnen sind, an sich ziehen kann. Da Art. 74 Abs. 1 Nr. 12 GG nicht im Katalog des Art. 72 Abs. 2

---

223 Vgl. hierzu näher *Oberender*-Gutachten, PORT III, S. 69 f.

GG aufgeführt ist, müsste der Bund insoweit nicht nachweisen, dass die entsprechenden Regelungen „erforderlich" sind.

Würde sich die Erweiterung des Handlungsrahmens des künftigen GVZ mithin auf die bereits bisher in den verschiedenen Büchern des Sozialgesetzbuchs geregelten Handlungsfelder beziehen, besäße der Bund hierfür die Gesetzgebungskompetenz nach diesem Titel. Sinnvollerweise würden die entsprechenden Regelungen nicht in dem allein auf die Krankenversicherung fixierten SGB V getroffen, sondern im SGB I (Allgemeiner Teil). Als zusätzliche Kompetenzgrundlage stünde Art. 74 Abs. 1 Nr. 7 („Öffentliche Fürsorge") zur Verfügung.

Nicht möglich wäre es ihm, inhaltliche oder organisatorische Vorgaben für die Erfüllung derjenigen Aufgaben der Kommunen im Wege eines Bundesgesetzes zu formulieren, die Handlungsfelder außerhalb der Sozialversicherung betreffen. Dies gilt namentlich für sozialräumliche Aktivitäten. Noch akzeptabel wäre eine bundesgesetzliche Regelung, wenn sie optional die Einbringung auch darauf bezogener Tätigkeiten durch die Kommune (und die diesbezügliche Betrauung von CHN-Personen) vorsehen würde, die Entscheidung über das Ob, das Wie sowie über die diesbezüglichen Finanzierungsmechanismen aber den Kommunen überließe. Weitergehende gesetzliche Regelungen könnten aufgrund der zu ihren Gunsten streitende Kompetenzregel des Art. 70 Abs. 1 GG ausschließlich die Länder treffen.

## 4.5.2 Anpassungen im Recht der Kommunen

Die nachfolgend angedachten Anpassungen unterfielen nach Art. 70 Abs. 1 GG der Gesetzgebungskompetenz des jeweiligen Landes. Unabhängig davon, ob auf der Ebene des Bundesrechts in einem der Bücher des SGB eine Weiterentwicklung der MVZ erfolgt, würde eine Verankerung von CHN in den thematisch jeweils infrage kommenden gesundheitsbezogenen Gesetzen der Länder eine zusätzliche Anerkennung bedeuten. Aus den genannten Gründen sollte aber von der expliziten Übertragung als kommunale Pflichtaufgabe[224] abgesehen werden.

---

224 Vgl. zu dieser Aufgabenkategorie *Burgi*, Kommunalrecht, § 8 Rn. 13 bzw. Rn. 20 f. Dies beließe den Kommunen den nötigen politischen Spielraum und würde das jeweilige Land vor unmittelbar fälligen Finanztransfers bewahren.

Da in den verschiedenen Bundesländern Gesundheits- und Pflegethemen in sehr unterschiedlicher Weise kodifiziert sind, können nachfolgend lediglich einige wenige Hinweise gegeben werden.

### 4.5.2.1 Verankerung im jeweiligen Landesgesetz über die Pflege

Wenngleich unter unterschiedlichen Bezeichnungen (etwa Gesetz zur Umsetzung der Pflegeversicherung BW; Gesetz zur Ausführung der Sozialgesetze (Bayern); Landespflegegesetz (z.B. Mecklenburg-Vorpommern) oder Alten- und Pflegegesetz (beispielsweise NRW); teilweise gibt es auch zusätzlich Wohn-, Teilhabe- und Pflegegesetze (so etwa in Bayern und Baden-Württemberg)), finden sich in allen Ländern gesetzliche Regelungen über die Rahmenbedingungen der Pflege.

In deren Mittelpunkt steht zwar die Pflege i.S.d. SGB XI, sie enthalten aber doch zumeist Aussagen zur Zusammenarbeit mit anderen Anbietern bzw. zur Koordinierung des Angebots, und vielfach sind auch planerische Ansätze vorhanden. Teilweise erfolgen auch Bezugnahmen auf sozialräumliche Konzepte und/oder Teilhabebereiche (z.B. § 7 Abs. 1 Alten- und Pflegegesetz NRW vom 2.10.2014).[225] In einem solchen Kontext könnte CHN als relevante Akteursstruktur adressiert und zugleich eine Perspektive für Tätigkeiten von Pflegepersonen außerhalb des SGB XI-Horizonts aufgezeigt werden. Dabei sollte auch der Zusammenhang zum Aufgabenkreis der kommunalen Daseinsvorsorge hergestellt werden.

### 4.5.2.2 Verankerung in den Gesetzen über den Öffentlichen Gesundheitsdienst

Eine Verankerung von CHN in den jeweiligen Landesgesetzen über den Öffentlichen Gesundheitsdienst würde eine zusätzliche Anerkennung bieten, allerdings nur mit Bezug auf diejenigen Kommunen, die Träger der jeweiligen Behörde des Öffentlichen Gesundheitsdienstes (typischerweise der Landkreis oder die kreisfreie Stadt) sind.

Naheliegend erscheint eine Verankerung an zwei verschiedenen Stellen innerhalb dieser Gesetze:
- Innerhalb der zumeist zu Beginn des jeweiligen Gesetzes umschriebenen „Ziele und Aufgaben des Öffentlichen Gesundheitsdienstes" könn-

---

225 GV NRW, S. 625.

te ein Auftrag zum Zusammenwirken mit ggf. vorhandenen CHN-Personen bzw. CHN-Einheiten normiert werden, ferner eine Pflicht der Behörden des Öffentlichen Gesundheitsdienstes zur Beratung und Unterstützung gegenüber jenen Strukturen (etwa in Ergänzung der gegenwärtig in § 1 Abs. 3 des Gesundheitsdienstgesetzes (ÖGDG BW vom 17.12.2015[226]) enthaltenen Formulierung).

• Wichtig wäre sodann, innerhalb der Bestimmungen über die einzelnen, dem ÖGDG übertragenen Aufgaben die oben (4.4.1.2) skizzierte Option der (entgeltlichen) Übertragung einzelner Teilfunktionen an CHN-Einheiten in kommunaler (Mit-)Trägerschaft vorzusehen. Denkbar wäre auch die Eröffnung einer dahingehenden Perspektive im Hinblick auf CHN-Einheiten außerhalb einer kommunalen Trägerschaft, was allerdings die Pflicht zur Beachtung des Vergaberechts auslösen könnte.[227]

Geht es um Aufgaben, die den Einsatz öffentlich-rechtlicher Befugnisse implizieren (namentlich Kontroll- und Überwachungsaufgaben), käme auch eine im Gesetz angelegte und sodann durch Rechtsverordnung vorzunehmende Beleihung von CHN-Personen bzw. -Einheiten in Betracht (etwa nach dem Muster von § 3 Abs. 4 ÖGDG BW).

In allen Fällen müssten innerhalb des gesetzlich vorgezeichneten Rahmens die jeweiligen Leistungs-, Mitwirkungs-, Duldungs- und Unterlassungspflichten sowie der Umgang mit den jeweils zu verarbeitenden personenbezogenen Daten durch Vereinbarung konkretisiert werden.

---

226  GBl. S. 1210.

227  Während die Zusammenarbeit im erstgenannten Fall als gesetzlich geregelte Zuständigkeitsverlagerung grundsätzlich vergaberechtsfrei ausgestaltet werden könnte.

# 5 Perspektiven de lege ferenda

## 5.1 Reformimpulse aus dem Verfassungsrecht

Bevor abschließend die verschiedenen Reformoptionen dokumentiert werden, die sich als Resultat dieses rechtswissenschaftlichen Gutachtens aus der eingehenden Analyse der rechtlichen und tatsächlichen Ausgangslage ergeben, soll skizziert werden, ob sich nicht sogar der Verfassung (dem Grundgesetz) Impulse zugunsten der Verwirklichung dieser Reformoptionen entnehmen lassen. Dies würde bedeuten, dass es nicht ausschließlich eine Frage des politischen Gestaltungswillens ist, diese oder jene Reformoption aufzugreifen, bzw. den gegenwärtigen Rechtszustand einfach so zu belassen, wie er ist. Vielmehr würden die politisch Willigen Rückenwind gleichsam „von ganz oben" erhalten. In einem so stark auch von verfassungsrechtlichen Determinanten geprägten politischen System wie dem der Bundesrepublik Deutschland ist es naheliegend, nach dort verankerten Reformimpulsen zu fragen. Sie können zu finden sein im Grundrecht der Berufsfreiheit nach Art. 12 Abs. 1 GG der einzelnen CHN-Personen (5.1.1), in der staatlichen Verantwortung für eine insbesondere der Schutzpflicht gegenüber den Patientinnen und Patienten entsprechenden Gesundheitsversorgung (5.1.2) und teilweise schließlich in der Garantie der kommunalen Selbstverwaltung nach Art. 28 Abs. 2 GG (5.1.3).

### 5.1.1 Das Grundrecht der Berufsfreiheit (Art. 12 Abs. 1 GG) der CHN-Personen

#### 5.1.1.1 Schutzbereich und Eingriffswirkung

Aus dem Grundrecht der Berufsfreiheit (Art. 12 Abs. 1 GG) könnte sich ein erster Impuls für die Zulassung von durch ein Hochschulstudium qualifizierten CHN-Personen zur Ausübung von Heilkunde in den skizzierten Bereichen (vgl. z. B. oben 1.1.3.2., 1.1.3.3., 2.2.7 – 2.2.9) sowie zur vergütungsberechtigten Leistungserbringung (s. oben Abschnitt 3) ergeben. Diese so ausgebildeten CHN-Personen werden im Folgenden als Advanced Practice Nurses / Nurse Practitioners (APN / NP) bezeichnet.

Zunächst müsste der Schutzbereich der Berufsfreiheit (Art. 12 Abs. 1 GG) eröffnet sein. Ein Beruf ist „jede auf eine gewisse Dauer angelegte und nicht nur vorübergehende Betätigung, die der Schaffung und Erhaltung einer Lebensgrundlage dient."[228] APN / NP üben unstrittig einen Beruf i.S.v. Art. 12 Abs. 1 GG aus.

Das Verbot, im Rahmen der Gesundheitspflege auch heilkundlich tätig zu werden, stellt einen Eingriff in die Berufsfreiheit bisheriger APN / NP dar. Das staatliche Verbot, eine bestimmte berufliche Tätigkeit vornehmen zu dürfen, stellt schon einen klassischen Eingriff in den Schutzbereich des Grundrechts dar. Das Gleiche gilt für die daran anknüpfenden leistungserbringungsrechtlichen Restriktionen. Auf die objektive Erkennbarkeit einer berufsregelnden Tendenz[229], wie sie vom BVerfG insbesondere für bloß faktische und mittelbare Beeinträchtigungen gefordert wird, kommt es daher nicht an. Gleichwohl liegt sie vor.

Bei der verfassungsrechtlichen Rechtfertigung von Eingriffen in die Berufsfreiheit (Art. 12 Abs. 1 GG) wurde vom BVerfG die Drei-Stufen-Lehre zur Strukturierung der Verhältnismäßigkeitsprüfung entwickelt.[230] Danach richten sich die Anforderungen an den legitimen Zweck im Ausgangspunkt nach der Intensität des Eingriffs. Hier ist das Verbot der Ausübung von Heilkunde für APN / NP jedenfalls als *Berufsausübungsregelung* (Stufe 1) einzuordnen, denn es werden für diesen Beruf bestimmte Tätigkeiten ausgeschlossen. Freilich bilden die heilkundlichen Tätigkeiten einen bedeutenden Bereich innerhalb der Gesundheitsversorgung ab, sodass schon hierdurch die Eingriffsintensität steigt und damit die Rechtfertigungsanforderungen zunehmen. Richtigerweise ist das Erfordernis, alternativ ein Hochschulstudium der Humanmedizin zu absolvieren, um einen bestimmten Beruf und damit bestimmte berufliche Tätigkeiten (auch finanziell auskömmlich) ausüben zu dürfen, sogar als *(subjektive) Berufswahlregelung* (Stufe 2) zu bewerten.[231] Allgemein gilt, dass alle Eingriffe, die an bestimmte Eigenschaften, Fähigkeiten oder Kenntnisse der Grundrechtsträger anknüpfen und sie zur Voraussetzung für die Zulassung zu einem Beruf machen, als eine subjektive Berufswahlregelung einzuordnen sind,

---

228 *Burgi*, in: Kahl/Waldhoff/Walter (Hrsg.), Bonner Kommentar zum GG, Art. 12 Abs. 1 Rn. 107 m.w.N.; aus der Rspr. s. grundlegend BVerfGE 7, 377 (397); BVerfGE 14, 19 (22).

229 S. nur BVerfGE 13, 181 (186); BVerfGE 70, 191 (214).

230 St. Rspr., grundlegend BVerfGE 7, 377 (405 ff.).

231 Über das Studium hinaus ergeben sich sodann weitere Eingriffe bei der Zulassung zum Beruf der Ärztin bzw. des Artes. Zum ärztlichen Berufsrecht s. etwa *Igl*, in: Igl/Welti (Hrsg.), Gesundheitsrecht, § 15 Rn. 1 ff.

wie z. B. Juristische Staatsexamina oder Meisterprüfungen.[232] Die Zulassung zum Studium der Humanmedizin stellt indes einen Sonderfall dar: Weil dieses aus (vom einzelnen Grundrechtsträger nicht beeinflussbaren, sondern vom Staat geschaffenen) Kapazitätsgründen bundesweit zulassungsbeschränkt ist, kommt die Zulassung zum Studium der Humanmedizin fast schon einer *objektiven Berufswahlregelung* gleich (Stufe 3).[233]

Alternativ kann auch gefragt werden, ob eine angestrebte Betätigung als CHN, d.h. mit allen davon international erfassten Tätigkeitselementen nicht sogar selbst einen Beruf i.S.v. Art. 12 Abs. 1 GG darstellt. Schon im Apotheken-Urteil hat das Bundesverfassungsgericht festgehalten: „Aus dieser Sicht des Grundrechts ist der Begriff ‚Beruf‘ weit auszulegen. Er umfasst nicht nur alle Berufe, die sich in bestimmten, traditionell oder sogar rechtlich fixierten ‚Berufsbildern‘ darstellen, sondern auch die vom Einzelnen frei gewählten untypischen (erlaubten) Betätigungen, aus denen sich dann wieder neue, feste Berufsbilder ergeben mögen."[234] Art. 12 Abs. 1 GG gewährleistet mithin ein *Berufserfindungsrecht.*[235] Der Gesetzgeber kann jedoch unter Beachtung der grundrechtlichen Rechtfertigungsanforderungen ein bestimmtes *Berufsbild* ausgestalten und ordnen. Innerhalb solcher rechtlich fixierten Berufsbilder kann der Einzelne dann keine abweichenden, in diesem Sinne also untypischen Betätigungsformen wählen.[236] Dies gilt im Ausgangspunkt für CHN-Personen, da der Gesetzgeber hier die verschiedenen Berufsbilder (pflegerisch ausgebildete Personen einerseits, Ärztinnen und Ärzte andererseits) abschließend rechtlich fixiert hat.[237]

Die Fixierung eines Berufsbildes ist aber ihrerseits rechtfertigungsbedürftig. Indem sich der Gesetzgeber dazu bestimmter Qualifikationsanforderungen bedient, wie hier zum Beispiel der Anforderung des Abschlusses des Medizinstudiums und der fachärztlichen Weiterbildung, greift er gleichwohl in den Schutzbereich des Grundrechts ein. Hierbei handelt es sich wie gesehen um Berufswahlregelungen. Auch die bisherigen Verbots-

---

232 Vgl. dazu nur *Burgi*, in: Kahl/Waldhoff/Walter (Hrsg.), Bonner Kommentar zum GG, Art. 12 Abs. 1 Rn. 107 m.w.N.

233 BVerfGE 33, 303 (337 f.).

234 BVerfGE 7, 377 (397).

235 S. statt vieler *Burgi*, in: Kahl/Waldhoff/Walter (Hrsg.), Bonner Kommentar zum GG, Art. 12 Abs. 1 Rn. 112 m.w.N. (Hervorhebung im Original).

236 *Burgi*, in: Kahl/Waldhoff/Walter (Hrsg.), Bonner Kommentar zum GG, Art. 12 Abs. 1 Rn. 115 (Hervorhebung im Original).

237 Vor der Folie eines internationalen Vergleichs s. aber *Budroni/Daugardt/Ohms*, G + S 3/2020, S. 27 (28): „Dabei ist Community Health Nursing kein neues Berufsbild."

grenzen einer CHN-Betätigung hindern die Eröffnung des Schutzbereichs nicht. In der Rechtsprechung wurde bisweilen das Kriterium der „Erlaubtheit" diskutiert, wonach eine Schutzbereichsbegrenzung aber „allenfalls hinsichtlich solcher Tätigkeiten in Betracht [käme; Anm. der *Verf.*], die schon ihrem Wesen nach als verboten anzusehen sind, weil sie aufgrund ihrer Sozial- und Gemeinschaftsschädlichkeit schlechthin nicht am Schutz durch das Grundrecht der Berufsfreiheit teilhaben können".[238] Das trifft auf CHN-Personen schon nicht zu. Jedenfalls steht dem einfachen Gesetzgeber nicht die Dispositionsbefugnis über den Schutzbereich des Art. 12 Abs. 1 GG zu.[239] Das ausdrückliche oder konkludente – durch abschließende Fixierung von Berufsbildern – Verbot eines Berufes bleibt am Maßstab des Art. 12 Abs. 1 GG rechtfertigungsbedürftig. Insoweit greifen die Rechtfertigungsmaßstäbe, wie bereits gezeigt.

### 5.1.1.2 Zur Eingriffsrechtfertigung

Objektive Berufswahlregelungen bzw. Eingriffe, die diesen gleichkommen, können „nur zur Abwehr nachweisbarer oder höchstwahrscheinlicher Gefahren für ein überragend wichtiges Gemeinschaftsgut" und unter strenger Beachtung des Verhältnismäßigkeitsgrundsatzes gerechtfertigt werden.[240] Das Grundrecht auf Leben und körperliche Unversehrtheit (Art. 2 Abs. 2 S. 1 GG) im Allgemeinen sowie die Patientenversorgung im Besonderen stellen solche „überragend wichtigen Gemeinschaftsgüter" dar. Der Staat kommt mit den Eingriffsmaßnahmen gerade seiner Schutzpflicht für diese Verfassungsgüter (s. sogleich näher 5.1.2) nach. Zu ihrem Schutz sind die strengen Zulassungsanforderungen zum Medizinstudium und damit auch zu den ärztlichen Berufen und zur Ausübung von Heilkunde grundsätzlich gerechtfertigt.[241]

Wenn aber durch ein anderes, an verschiedenen Standorten ja bereits ins Werk gesetztes Hochschulstudium für CHN-Personen bei deren (künftigen) heilkundlichen Tätigkeiten (s. dazu 2.2.8, 2.2.9) eine nachweisbar adäquate oder teilweise u.U. bessere Patientenversorgung als bisher durch

---

238  BVerfGE 115, 276 (301).

239  Vgl. statt vieler *Burgi*, in: Kahl/Waldhoff/Walter (Hrsg.), Bonner Kommentar zum GG, Art. 12 Abs. 1 Rn. 118 m.w.N.

240  BVerfGE 33, 303 (337 f.); vgl. auch BVerfGE 43, 34 (45) m.w.N.

241  Vgl. zum Zusammenhang von Medizinerausbildung und Art. 2 Abs. 2 S. 1 GG auch *Starck*, in: von Mangoldt/Klein/Starck, Bd. 1, Art. 2 Rn. 235 m.w.N.

Ärztinnen und Ärzte gewährleistet werden kann (oder dies zumindest zu erwarten ist), so wird die verfassungsrechtliche Rechtfertigung der Exklusivität des Zugangs zur Ausübung von Heilkunde durch das Medizinstudium fragwürdig. Der alleinige Verweis der Interessentinnen und Interessenten auf das Medizinstudium ist überdies rechtspolitisch unbefriedigend, da dort selbst geeignete Bewerberinnen und Bewerber wegen der großen Kapazitätsengpässe bei der Studienplatzvergabe auf Dauer leer ausgehen können.[242]

Schließlich könnten mit dem Einsatz von CHN-Personen Entlastungsmöglichkeiten für Ärztinnen und Ärzte eröffnet werden, die sich sodann stärker auf die ihnen weiterhin vorbehaltenen Bereiche konzentrieren könnten, was am Ende ebenfalls der Patientenversorgung zugutekommen würde. Nicht zuletzt erhöhen – bei verbleibenden Vorbehalten der Vergleichbarkeit und Übertragbarkeit – empirische Studien aus anderen Staaten, die positive Effekte durch den Einsatz von CHN-Personen nachweisen (s. sogleich 5.1.2), den Rechtfertigungsdruck für die unveränderte Beibehaltung der heutigen Regelungen.

## 5.1.2 Staatliche Versorgungsverantwortung

Der Schutz im Falle von Krankheit ist fraglos eine der „Grundaufgaben des Staates".[243] Zu sichern ist eine angemessene und bundesweit einheitliche Versorgung, und zwar mittels eines funktionsfähigen Gesundheitssystems. Wer das zu leisten hat und wie, ist von Verfassungsrechts wegen nicht festgelegt, es besteht aber ein Reformimpuls verfassungsrechtlicher Natur. Als dessen normative Grundlagen fungieren das Sozialstaatsprinzip nach Art. 20 Abs. 1 GG und die Schutzpflicht für Leben und körperliche Unversehrtheit nach Art. 2 Abs. 2 S. 1 GG.[244] Die sich daraus speisende Versorgungsverantwortung des Staates verpflichtet diesen dazu, sämtliche getroffenen materiellen und organisatorischen Gestaltungen immer wieder dar-

---

242 So besteht im neu geregelten Zulassungsrecht, dessen Anlass das dritte Numerus clausus-Urteil (BVerfGE 147, 253) gewesen ist, grundsätzlich keine Möglichkeit mehr, sich einen Studienplatz durch bloßes Durchhalten der Wartezeit zu „ersitzen". Bei konsequentem Verständnis soll sogar keinerlei Rechtfertigungsmöglichkeit mehr für eine Aufrechterhaltung einer Wartezeitquote bestehen, so *Wolff/Zimmermann*, WissR 51 (2018), S. 159 (179 f.).

243 BVerfG, DVBl 2004, S. 1161 (1162); *Wallrabenstein*, ZMGR 2011, S. 197.

244 Vgl. BVerfGE 147, 253 (308 Rn. 108); weiterführend *Butzer*, in: Isensee/Kirchhoff (Hrsg.), HdbStR IV, § 74 Rn. 30, 39 ff.

aufhin zu überprüfen, ob mit ihnen der Verantwortung noch entsprochen werden kann, ob es Defizite gibt oder ob alles erfolgreich verläuft.

### 5.1.2.1 Keine Missachtung der staatlichen Versorgungsverantwortung im Falle der Einführung von CHN

Daraus lässt sich zum einen ableiten, dass das eingesetzte Personal für die Ausübung von Berufen in der Gesundheitsversorgung hinreichend qualifiziert werden muss. Je nach Art der Tätigkeit ist dazu eine fachspezifische Berufsausbildung oder ein Studium erforderlich. Wie gezeigt, können die damit verbundenen Eingriffe in die Berufsfreiheit der Bewerber grundsätzlich, wenn und soweit sie dem Schutz von Leben und körperlicher Unversehrtheit der Patientinnen und Patienten (Art. 2 Abs. 2 S. 1 GG) dienen, gerechtfertigt werden (vgl. oben 5.1.1).

Zum anderen wenden Teile der Ärzteschaft bzw. ihre Verbändevertreter ein, dass die Integration von nicht-ärztlichem Personal zu Qualitätsverlusten bei der Patientenversorgung führen würde und lehnen diesbezügliche Vorgaben daher vielfach ab.[245] Verfassungsrechtlich gesehen bedeutet dies, dass die Einführung von CHN einen Verstoß gegen die staatliche Schutzpflicht für die Gesundheit darstellen würde. Internationale Studien belegen dies nicht unbedingt. So wird teilweise berichtet, dass der Einsatz von Advanced Practice Nurses in den Feldern der Kommunikation (etwa bei der Erklärung von Untersuchungen), Information und Beratung zum Selbstmanagement von Krankheiten in der Praxis sogar zu besseren Ergebnissen führt als der Einsatz von Ärztinnen und Ärzten.[246] Zudem korreliert die 30-Tage-Mortalitätsrate mit der Quote des akademisch ausgebildeten Pflegepersonals.[247]

---

245 *Bundesärztekammer*, 117. Deutscher Ärztetag. Beschlussprotokoll, 2014, S. 243-245 (245): „Der 117. Deutsche Ärztetag 2014 lehnt jede Substitution ärztlicher Leistungen durch nichtärztliches akademisiertes Personal ab.".

246 S. dazu näher *Taufer/Fuchs/Focke*, G + S 4-5/2018, S. 85 (87 f.) m.w.N.; *Taufer/Fuchs/C. B. Maier/Focke*, G + S 6/2018, S. 30 (33 f.) m.w.N.; zur höheren Zufriedenheit mit der Versorgung und der Lebensqualität sowie der Häufigkeit und Länge von Beratungsversuchen s. auch *Budroni/Daugardt/Ohms*, G + S 3/2020, S. 27 (29) m.w.N.

247 *Taufer/Fuchs/C. B. Maier/Focke*, G + S 6/2018, S. 30 (34) m.w.N.; die Mortalitätsrate ist bezogen auf die Fall-Sterblichkeit innerhalb von 30 Tagen stationärer Behandlung.

Dies wird von *Taufer*, *Fuchs* und *Focke* folgendermaßen zusammenge-
fasst: „Die Advanced Practice Nurses decken also mit ihrer Tätigkeit zum
einen die Bereiche ab, die für Menschen mit chronischem Krankheitspano-
rama entscheidend sind. Es handelt sich genau um die pflegerischen Kompetenzen, die Menschen dabei unterstützen, mit den Auswirkungen einer
Erkrankung im Alltag zurechtzukommen. Zum anderen zeigt sich, dass
APN auch Aufgaben in der Primärversorgung übernehmen und dabei
mindestens gleichwertige Ergebnisse wie Mediziner erzielen. Daneben gibt
es Hinweise darauf, dass die Zufriedenheit sowohl von Versicherten als
auch deren Angehörigen bei der Betreuung durch eine APN höher ist und
sie im Rahmen von Fortbildungen die Implementierung von aktuellem
Wissen in die Praxis wirksam fördern können."[248]

Wenn die erforderliche Ausbildung und Qualifikation der CHN-Personen gewährleistet ist (s. dazu 2.3.3.3.5), so steht die staatliche Schutzpflicht
für das Leben und die Gesundheit (Art. 2 Abs. 2 S. 1 GG) der Patientinnen
und Patienten einer Einführung von CHN in Deutschland somit nicht
entgegen.

Dabei bietet sich eine Parallele zu einer anderen jüngst in vielen Flä-
chenländern implementierten Maßnahme an, nämlich den *Landarztquoten*
bei der Zulassung zum Medizinstudium. (Ein) Hintergrund ist auch dabei
die immer prekärer werdende Versorgung des ländlichen Raums (unter
Umständen aber auch von Städten und Stadtteilen, die soziale Brennpunk-
te aufweisen) mit ärztlichen und insbesondere hausärztlichen Leistungen.[249] Nordrhein-Westfalen hat als erstes Land eine Landarztquote beschlossen.[250] Andere Länder (z. B. das Saarland, Mecklenburg-Vorpommern oder Sachsen-Anhalt) haben nahezu inhaltsgleiche oder ähnliche Regelungen erlassen. Im Rahmen der Landarztquote werden bis zu 7,6 % aller Medizinstudienplätze an Bewerber vergeben, die sich verpflichten,
nach dem Studium und der fachärztlichen Weiterbildung für die Dauer
von zehn Jahren in Bereichen, für die das Land im Zusammenwirken mit
den Kassenärztlichen Vereinigungen einen besonderen öffentlichen Bedarf
festgestellt hat, tätig zu werden (§ 2 S. 1 Nr. 2 LAG NRW). Diese mit einer
Vertragsstrafe von 250.000 € bewehrte Regelung ist verfassungskon-

---

248  *Taufer/Fuchs/Focke*, G + S 4-5/2018, S. 85 (88).
249  S. dazu nur *Wolff/Zimmermann*, WissR 51 (2018), S. 159 (193 f.).
250  Gesetz zur Sicherstellung der hausärztlichen Versorgung in Bereichen besonde-
      ren öffentlichen Bedarfs des Landes Nordrhein-Westfalen (Landarztgesetz –
      LAG NRW) vom 18. Dezember 2018, GV. NRW 2018, S. 802.

form,[251] da Art. 2 Abs. 2 S. 1 GG die Gewährleistung der Patientenversorgung im gesamten Landesgebiet und damit auch im ländlichen Raum gebietet.

Der Einwand, dass dies zu einer Absenkung der Anforderungen an die Bewerberinnen und Bewerber führen könnte, weil neben der Abiturnote auch andere Kriterien (etwa eine einschlägige Berufsausbildung und Berufserfahrung) stärker berücksichtigt werden, lässt sich durch die Anordnung eines aufwändigen Auswahlverfahrens mit verschiedenen Auswahlkriterien (§ 5 LAG NRW) sowie das tatsächlich große Bewerber-Plätze-Verhältnis, das sogar das allgemeine Verhältnis von Bewerberinnen und Bewerbern zu allen Medizinstudienplätzen übersteigt,[252] bisher widerlegen. Auch hier ist nochmals zu betonen, dass mehr als die bislang 9.458 erfolgreichen Bewerberinnen und Bewerber für einen Medizinstudienplatz (bezogen auf das Wintersemester 2019/2020) grundsätzlich für die Ausbildung in der Heilkunde geeignet sind. Eigenständige CHN-Studiengänge können aus diesem Reservoir schöpfen und von vornherein für Interessierte am Medizinstudium eine attraktive Alternative werden.

### 5.1.2.2 CHN als Beitrag zur Erfüllung der staatlichen Versorgungsverantwortung

Eingedenk der in der vorliegenden Untersuchung gewonnenen Erkenntnisse kann sogar gefragt werden, ob die staatliche Schutzpflicht bereits den Einsatz von CHN bzw. die Zulassung von bereits Berufstätigen zu bestimmten weiteren Aufgaben verlangt, wenn diese die bisher bestehenden

---

251  S. ausführlich *Wolff/Zimmermann,* WissR 51 (2018), S. 159 (193 ff.); *Huster/Büscher,* VSSR 2019, S. 217 (222 ff.); *Stollmann,* NWVBl. 2020, 52 (53).

252  Nordrhein-Westfalen: Für das Wintersemester 2019/2020 bewarben sich 1.312 Bewerber auf 145 Plätze (Verhältnis: 9,04:1), s. *N. N.,* Neun auf einen: 1.312 Bewerber für Landarztstudienplätze, in: aerzteblatt.de, 03.05.2019, https://www.ae rzteblatt.de/nachrichten/102835/Neun-auf-einen-1-312-Bewerber-fuer-Landarztst udienplaetze; Sachsen-Anhalt: Für das Wintersemester 2020/2021 bewarben sich 277 Bewerber auf 21 Plätze (Verhältnis: 13,19:1), s. *N. N.,* 277 Bewerbungen für 21 Landarztstudienplätze in Sachsen-Anhalt, in: aerzteblatt.de, 06.05.2020, https://www.aerzteblatt.de/nachrichten/112653/277-Bewerbungen-fuer-21-Landa rztstudienplaetze-in-Sachsen-Anhalt. Insgesamt belief sich dagegen das Verhältnis für das Wintersemester 2019/2020 auf „nur" 4,42:1 (9.458 Plätze für 41.791 Bewerber, s. *Stiftung für Hochschulzulassung,* Daten der bundesweit zulassungsbeschränkten Studiengänge an Hochschulen, Stand: 09.08.2019, https://www.hoc hschulstart.de/fileadmin/user_upload/bew_zv_ws19.pdf, S. 2.

Lücken fachlicher oder räumlicher[253] Art schließen können oder bestimmte Aufgaben sogar besser bewältigen können als das bisher damit betraute medizinische Personal. Der grundsätzlich weite Einschätzungs-, Wertungs- und Gestaltungsspielraum, der dem Staat bei der Erfüllung grundrechtlicher Schutzpflichten zuzugestehen ist, findet seine Grenze im Untermaßverbot.[254] Je größer und wahrscheinlicher eine Gefährdung des Lebens und/oder der körperlichen Unversehrtheit ist, desto weniger Maßnahmen genügen dem Maßstab des Untermaßverbots. Im Extremfall ist nur eine einzige Maßnahme verfassungskonform.

Nach gegenwärtigem Stand genügen die bisherigen Maßnahmen in der Gesundheitsversorgung dem Untermaßverbot, da sie für einen „angemessenen und wirksamen Schutz" ausreichend sind. Mit der zunehmenden Zahl an empirischen Studien, die den positiven Effekt von CHN-Personen in anderen Staaten sowie insbesondere in Modellversuchen in Deutschland nachweisen, bei gleichzeitiger Erhöhung des Qualitätsniveaus von CHN und fortgesetzter Rückläufigkeit flächendeckender hausärztlicher Angebote wird dies in Zukunft aber zweifelhafter werden.

### 5.1.3 Die Garantie kommunaler Selbstverwaltung (Art. 28 Abs. 2 GG)

Die Garantie der kommunalen Selbstverwaltung (Art. 28 Abs. 2 GG) wird im Zusammenhang mit dem Gesundheits- und Sozialrecht immer noch selten erwähnt. Dennoch kann nicht bezweifelt werden, dass die Versorgung der eigenen Bevölkerung eine „Angelegenheit der örtlichen Gemeinschaft" ist, da die Kranken- bzw. Patientenversorgung im Sinne der einschlägigen Begriffsbestimmung des BVerfG sowohl in der örtlichen Gemeinschaft wurzelt als auch auf sie einen spezifischen Bezug hat.[255] Die

---

253 So ist die Patientenversorgung ein Kriterium, dass neben dem nunmehr zentralen Auswahlmaßstab der Eignung bei der Verteilung von Medizinstudienplätzen berücksichtigt werden kann, BVerfGE 147, 253 (308 Rn. 108). Dieser Gedanke spielt – wie soeben gesehen – insbesondere bei den sog. Landarztquoten eine Rolle.

254 Zum Untermaßverbot s. BVerfGE 88, 203 (254): „Die Vorkehrungen, die der Gesetzgeber trifft, müssen für einen angemessenen und wirksamen Schutz ausreichend sein und zudem auf sorgfältigen Tatsachenermittlungen und vertretbaren Einschätzungen beruhen."

255 So bereits *Burgi*, Kommunale Verantwortung, S. 31; zum Maßstab s. grundlegend BVerfGE 79, 127 (151 f.); zur kommunalen Prävention und Gesundheitsförderung als Bestandteile der kommunalen Daseinsvorsorge s. auch *Walter/ Volkenand*, Gesundheitswesen 2017, 229 ff. S. nun jüngst *Budroni/Daugardt/*

Zuordnung gilt nicht nur für den Betrieb bzw. die planerische und finanzielle Unterstützung von Krankenhäusern, sondern auch für die Sicherstellung einer ausreichenden Zahl an niedergelassenen Ärztinnen und Ärzten und anderen Anbietern von Gesundheitsdienstleistungen.[256]

In den allgemeinen Grenzen besitzen namentlich die Gemeinden ein Aufgaben- und Funktionenerfindungsrecht.[257] Der selbstbestimmte Einstieg einer Kommune in ein CHN-Projekt, z. B. durch deren Anbindung bei einem bestehenden kommunalen Krankenhaus (vgl. oben 4.4.1) oder in einem kommunalen Gesundheitszentrum (vgl. oben 1.1.5), ist von diesem Aufgaben- und Funktionenerfindungsrecht erfasst. Der Gewährleistungsbereich der Selbstverwaltungsgarantie des Art. 28 Abs. 2 GG ist eröffnet. Art. 28 Abs. 2 GG entsendet mithin einen veritablen verfassungsrechtlichen Impuls für Bemühungen um eine stärkere Dezentralisierung der Versorgung und konkret für den das kommunale Handeln kennzeichnenden ganzheitlichen und partizipativen Ansatz, der zugleich einen Leitgedanken von CHN bildet.

## 5.2 Im Berufsrecht

Es bieten sich drei Lösungsvarianten für die Gestaltung der Aus- und Weiterbildung von APN / NP an, wobei die erste Variante eine gesetzliche Regelung auf Bundesebene erfordert, während die zweite und dritte Variante landesrechtlich geregelt werden können.

### 5.2.1 Variante 1: APN / NP-Ausbildungsgesetz auf Bundesebene (als Heilberufsgesetz)

Wenn beabsichtigt wird, in die Ausbildung von APN / NP auch Elemente oder Bereiche der primärmedizinischen Versorgung aufzunehmen, ist zu bedenken, dass nur der Bund die Ausbildung zur *selbstständigen* Ausübung bestimmter heilkundlicher Materien, z.B. primärmedizinischer Maßnahmen, gesetzlich regeln kann.

---

*Ohms,* G + S 3/2020, S. 27 (28): „Die Kommune ist somit der Nukleus der Primärversorgung für einen verbesserten Gesundheitsstatus der Bevölkerung."

256 S. dazu schon *Burgi,* Kommunale Verantwortung, S. 31.

257 S. nur *Dreier,* in: Dreier (Hrsg.), GG, Bd. II, Art. 28 Rn. 103 m.w.N.; zum „Grundsatz der Allzuständigkeit" s. auch *Burgi,* Kommunalrecht, § 6 Rn. 27.

Dabei empfiehlt es sich, bei den Ausbildungszielen zur primärmedizinischen Versorgung bestimmte Handlungsfelder / Aufgaben / Tätigkeiten (im Sinne von diagnose- und prozedurbezogen) herauszugreifen.

Der Bund kann in diesem Zusammenhang auch weitere nicht heilkundliche Materien regeln („Kompetenz kraft Sachzusammenhangs").

Die Ausbildung ist als hochschulisches Studium anzulegen (mit Studien- und Prüfungsverordnung auf Bundesebene).

Nach den im leistungsrechtlichen Teil (unter Abschnitt 3) dargelegten Vorstellungen zur Konfiguration der Leistungen, der Leistungserbringung und der Leistungsvergütung im Rahmen des SGB V ist im Bereich der medizinischen Primärversorgung eine selbstständige Ausübung von Heilkunde durch CHN-Personen neben oder statt des Arztes nicht vorgesehen. Aus diesem Grund stellt die Variante 1 zwar eine Möglichkeit dar, auch jetzt schon – und mit Blick auf die weitere Zukunft der Gesundheitsversorgung – entsprechend qualitativ hochstehendes CHN-Personal auch für die medizinische Primärversorgung oder für Teile dieser Versorgung auszubilden. Eine solche Ausbildung stellt aber keine *conditio sine qua non* für die im leistungsrechtlichen Teil vorgeschlagene Konfiguration von CHN dar.

### 5.2.2 Variante 2 und 3: Landesrechtliche Möglichkeiten

Wenn beabsichtigt wird, in die Ausbildung von APN / NP Elemente oder Bereiche der primärmedizinischen Versorgung aufzunehmen, diese Ausbildung aber *nicht* qualifizieren soll zur *selbstständigen* Durchführung heilkundlicher Maßnahmen, sondern nur zur Durchführung solcher Maßnahmen im Wege der Delegation durch einen Arzt oder unter Leitung eines Arztes in einem CHN-Zentrum, so kann hierfür eine landesrechtlich zu bestimmende Hochschulausbildung eingerichtet werden.

Diese als Variante 2 vorgestellte Ausbildungsmöglichkeit würde den Anforderungen an das hier im leistungsrechtlichen Teil favorisierte Konzept des Einsatzes von CHN-Personen im Rahmen des SGB V hinreichend entsprechen.

Bei einer weiteren Variante (Variante 3) soll eine Ausbildung in der medizinischen Primärversorgung nicht stattfinden, da eine spätere Tätigkeit in dieser Versorgung nicht vorgenommen werden soll. Auch hier kann eine landesrechtlich zu bestimmende Hochschulausbildung eingerichtet werden.

## 5.3 Im Leistungsrecht

Im Recht der Leistungen, der Leistungserbringer und der Vergütung von Leistungen kommen verschiedene Gesetzesänderungen in Betracht, um im Anwendungsbereich des ganz im Vordergrund stehenden SGB V, also im Bereich der Gesetzlichen Krankenversicherung, einen Beitrag zur Etablierung von CHN in Deutschland zu leisten. Die entsprechenden Regelungen wären durchgehend auf der Bundesebene, d.h. innerhalb des bestehenden normativen Rahmens des SGB V zu bewirken.

Die wichtigste Empfehlung geht dahin, CHN-Personen in einer neuen, inhaltlich an der bestehenden Vorschrift des § 63 Abs. 3c SGB V (Modellvorhaben zur Übertragung ärztlicher Tätigkeiten auf Angehörige der Pflegeberufe) orientierten Regelung explizit als Übertragungsadressaten zu benennen. Gleichzeitig wäre die dadurch ermöglichte Übertragung einzelner ärztlicher Tätigkeiten auf die Angehörigen dieser Berufe nicht mehr nur im Rahmen von Modellvorhaben, sondern als neue, innerhalb der Leistungsart „Ärztliche Behandlung" angesiedelte alternative Form der Leistungserbringung vorzusehen. Hinsichtlich des Kreises der hierfür infrage kommenden Tätigkeiten kann eine weitgehende Orientierung an der bereits seit mehreren Jahren existierenden Richtlinie des Gemeinsamen Bundesausschusses (GBA) über die Festlegung ärztlicher Tätigkeiten zur Übertragung auf Berufsangehörige der Alten- und Krankenpflege zur selbstständigen Ausübung von Heilkunde erfolgen.

Ein strukturell damit vergleichbarer Vorschlag betrifft die bislang nach § 63 Abs. 3b SGB V (auch lediglich im Rahmen von Modellvorhaben) erfassten Tätigkeiten der Verordnung von Verbandsmitteln und Pflegehilfsmitteln sowie der inhaltlichen Ausgestaltung der häuslichen Krankenpflege.

Des Weiteren wären durch eine Ergänzung von §§ 15 Abs. 1 S. 2, 28 Abs. 1 S. 2 SGB V CHN-Personen als explizit statthafte (weiterhin nur durch ärztliche Anordnung initiierte) Erbringer von „Hilfeleistungen" zu adressieren. Die nähere Ausgestaltung eines diesbezüglichen Tätigwerdens würde von der Ebene der Bundesmantelverträge auf die Ebene des Gesetzes bzw. einer auf der Grundlage des SGB V noch zu erlassenden Verordnung befördert. Hinsichtlich des Inhalts der erfassten Tätigkeiten könnte auch hier eine weitgehende Orientierung an den bislang in Vereinbarungen der Partner der Bundesmantelverträge enthaltenen Bestimmungen erfolgen.

Sodann wären CHN-Personen bzw. CHN-Einheiten im Hinblick auf all diejenigen Tätigkeiten, die bereits nach bisheriger Rechtslage auch von

Angehörigen der Pflegeberufe erbracht werden dürfen, im jeweiligen Normkontext explizit als Leistungserbringer zu benennen.

Zur Verklammerung all dieser sonach im Rahmen einzelner, bereits bislang im Leistungskatalog des SGB V vorgesehener Leistungen erbrachten Tätigkeiten wäre in einer Anknüpfungsnorm innerhalb des Abschnitts über die „Beziehungen der Krankenkassen zu sonstigen Leistungsanbietern" ein normativer Rahmen für die Vergütungsstrukturen einer Leistungserbringung durch CHN-Personen und insbesondere CHN-Einheiten sowie eine Begriffsbestimmung hierfür zu schaffen.

## 5.4 Im Hinblick auf institutionelle und organisatorische Aspekte

Im Hinblick auf die institutionellen (einschließlich finanziellen) und die organisatorischen Aspekte bieten sich Rechtsänderungen im Sozialgesetzbuch, in naheliegender Weise im SGB V an, die ebenfalls in die Gesetzgebungskompetenz des Bundes fielen. Inhaltlich geht es um eine Weiterentwicklung des bestehenden Medizinischen Versorgungszentrums (MVZ) zu einem „Gesundheitszentrum – GVZ". Die einzelnen CHN-Personen könnten in einer solchen Einheit angestellt sein, wodurch CHN mithin „aus einer Hand" erfolgen würde. Dies würde von vornherein mehr Synergien und weniger einzelvertraglichen Aufwand bedeuten. Diese weiterentwickelten Zentren müssten jedenfalls in (Mit-)Trägerschaft der jeweils zuständigen Kommune geführt werden. Dadurch könnten alle Handlungsfelder von CHN aus den verschiedenen einschlägigen Büchern des SGB ebenso integriert werden wie die Tätigkeiten der kommunalen Daseinsvorsorge außerhalb der Sozialversicherung.

Hinzu würden verschiedene Anpassungen im Recht der Kommunen (zu bewirken durch die Landesgesetzgeber) treten. Besonders wichtig wären eine Verankerung im jeweiligen Landesgesetz über die Pflege sowie eine Verankerung in den jeweiligen Gesetzen über den Öffentlichen Gesundheitsdienst.

# 6 Literaturverzeichnis

*Achterfeld, Claudia*, Aufgabenverteilung im Gesundheitswesen. Rechtliche Rahmenbedingungen der Delegation ärztlicher Leistungen, Heidelberg 2014.

*Agnes-Karll-Gesellschaft für Gesundheitsbildung und Pflegeforschung mbH* (Hrsg.), Community Health Nursing in Deutschland – Konzeptionelle Ansatzpunkte für Berufsbild und Curriculum, Berlin 2018, zitiert als: *Agnes-Karll-Gesellschaft,* CHN Deutschland.

*Bandelow, Nils C.*, Akteure und Interessen in der Gesundheitspolitik: Vom Korporatismus zum Pluralismus? In: Politische Bildung 37 (2004), S. 49-63.

*Becker, Ulrich / Kingreen, Thorsten* (Hrsg.), SGB V Gesetzliche Krankenversicherung, Kommentar, 7. Aufl., München 2020.

*Bohne, Kerstin*, Delegation ärztlicher Tätigkeiten, Frankfurt am Main 2012 (zugleich Univ. Diss. Halle Wittenberg, 2011).

*Brandhorst, Andreas / Hildebrandt, Helmut / Luthe, Ernst-Wilhelm* (Hrsg.), Kooperation und Integration – das unvollendete Projekt des Gesundheitssystems, Wiesbaden 2017.

*Budroni, Helmut / Daugardt, Katja / Ohms, Raphael*, Community Health Nursing – Pflege in der Primärversorgung. In: Gesundheits- und Sozialpolitik (G+S) 3/2020, S. 27-32.

*Bundesärztekammer*, 117. Deutscher Ärztetag. Beschlussprotokoll, 2014 Berlin.

*Bundesministerium für Familie, Senioren, Frauen und Jugend* (Hrsg.), Konzertierte Aktion Pflege, Ausbildungsoffensive Pflege (2019-2023), Vereinbarungen der Arbeitsgruppen 1 bis 5, Berlin 2019.

*Burgi, Martin*, Art. 12 GG, in: Kahl, Wolfgang / Waldhoff, Christian / Walter, Christian (Hrsg.), Bonner Kommentar zum Grundgesetz, Kommentar, Heidelberg, Stand: Mai 2019.

*Burgi, Martin*, Kommunalrecht, 6. Aufl., München 2019.

*Burgi, Martin*, Verwaltungsorganisationsrecht. Grundlagen in: Ehlers, Dirk / Pünder, Hermann (Hrsg.), Allgemeines Verwaltungsrecht, 15. Aufl., Berlin/Boston 2016, § 7.

*Burgi, Martin*, Kommunale Verantwortung und Regionalisierung von Strukturelementen in der Gesundheitsversorgung, Baden-Baden 2013.

*Burgi, Martin*, Künftige Aufgaben im sozialen Bundesstaat. In: Deutsches Verwaltungsblatt (DVBl.) 2007, S. 70-77.

*Büscher, Andreas*, Regionalisierung und Gesundheitsberufe. In: Robert Bosch Stiftung GmbH (Hrsg.), Arbeitsgruppe der Robert Bosch Stiftung „Gesundheitsberufe neu denken, Gesundheitsberufe neu regeln". Grundsätze und Perspektiven – Eine Denkschrift der Robert Bosch Stiftung, Stuttgart 2013, S. 50-62.

*Butzer, Hermann,* Sicherstellungsauftrag, in: Isensee, Josef / Kirchhof, Paul (Hrsg.), Handbuch des Staatsrechts der Bundesrepublik Deutschland, Band IV, 3. Aufl., Heidelberg 2006.

*Derlath, Jürgen,* 16 Jahre Medizinische Versorgungszentren, In: Praxis Freiberufler-Beratung (PFB) 2019, S. 308-316.

Deutscher Sozialrechtsverband, Qualitätssicherung im Sozialrecht, Berlin 2012.

*Dreier, Horst,* Art. 28 GG, in: Dreier, Horst (Hrsg.), Grundgesetz Kommentar, Band II, 3. Aufl., Tübingen 2015.

*Fleischer, Lukas,* Das Digitale-Versorgung-Gesetz (DVG): Überblick über die wesentlichen Regelungen des Gesetzes unter Einbeziehung des gesetzgeberischen Willens. In: juris PraxisReport IT-Recht (jurisPR-ITR) 2/2020 Anm. 2.

*Gerlach, Alice,* § 95 SGB V, in: Krauskopf, Dieter, Soziale Krankenversicherung. Pflegeversicherung, EL 93 (Oktober 2016) München.

*Guttau, Thomas,* Nichtärztliche Heilberufe im Gesundheitswesen, Baden-Baden 2013 (zugleich Diss. Univ. Bremen, 2012).

*Huster, Stefan / Büscher, Anna,* Das nordrhein-westfälische Landarztgesetz. Darstellung und verfassungsrechtliche Analyse. In: Vierteljahresschrift für Sozial- und Arbeitsrecht (VSSAR) 2019, S. 217–265.

*Huster, Stefan,* § 63 SGB V, in: Becker, Ulrich / Kingreen, Thorsten (Hrsg.), SGB V. Gesetzliche Krankenversicherung, 7. Aufl., München 2020.

*Igl, Gerhard* (Hrsg.), Recht der Gesundheitsfachberufe, Heilpraktiker und sonstigen Berufe im Gesundheitswesen, Heidelberg, 94. Aktualisierung (August 2020).

*Igl, Gerhard,* Zeitlich begrenzte heilberuferechtliche Ausnahmevorschriften bei einer epidemischen Lage mit nationaler Tragweite: Pflegefachberufe dürfen den Ärzten vorbehaltene heilkundliche Tätigkeiten ausüben. In: Pflegewissenschaft. Sonderausgabe: Die Corona-Pandemie. April 2020. S. 100-102.

*Igl, Gerhard,* Zeitlich begrenzte heilberuferechtliche Ausnahmevorschriften bei einer epidemischen Lage mit nationaler Tragweite: Pflegefachberufe dürfen den Ärzten vorbehaltene heilkundliche Tätigkeiten ausüben. In: Die Schwester Der Pfleger 5/2020, S. 88.

*Igl, Gerhard,* Gesetz über das Studium und den Beruf von Hebammen, Hebammen (Hebammengesetz – HebG), Studien- und Prüfungsverordnung für Hebammen (HebStPrV), Gesetzes- und Verordnungsbegründungen – Erläuterungen, Heidelberg 2020.

*Igl, Gerhard,* Gesetz über die Pflegeberufe (Pflegeberufegesetz – PflBG), Pflegeberufe-Ausbildungs- und Prüfungsverordnung (PflAPrV), Pflegeberufe-Ausbildungsfinanzierungsverordnung (PflAFinV), Praxiskommentar, 2. Aufl., Heidelberg 2019.

*Igl, Gerhard,* § 18 Pflegeversicherung, in: Ruland, Franz / Becker, Ulrich, / Axer, Peter (Hrsg.), Sozialrechtshandbuch (SRH), 6. Aufl., Baden-Baden 2018.

*Igl, Gerhard,* Öffentlich-rechtliche Regulierung nichtärztlicher Gesundheitsfachberufe und ihrer Tätigkeit auf den Gebieten der Diätetik, der Medizintechnik, der Orthoptik und der Pharmazie, München 2010.

*Igl, Gerhard / Welti, Felix* (Hrsg.), Gesundheitsrecht, 3. Aufl., München 2018.

*Igl, Gerhard / Welti, Felix,* Öffentlich-rechtliche Grundlagen für die Entwicklung vorbehaltener Aufgabenbereiche im Berufsfeld Pflege. In: Vierteljahresschrift für Sozialrecht (VSSR) 1999, S. 21-55.

*International Council of Nurses,* Guidelines on Advanced Practice Nursing, Geneva 2020.

*Joussen, Jacob,* § 95 SGB V, in: Becker, Ulrich / Kingreen, Thorsten (Hrsg.), SGB V. Gesetzliche Krankenversicherung, 7. Aufl., München 2020.

*Kenntner, Markus,* Vergabe von sektoralen Heilpraktikererlaubnissen nach Verwaltungsermessen? In: Neue Zeitschrift für Verwaltungsrecht (NVwZ) 2020, S. 438-442.

*Kingreen, Thorsten,* Regulierung und Wettbewerb in den Gesundheitsmärkten, in: Kühling, Jürgen / Zimmer, Daniel (Hrsg.), Neue Gemeinwohlherausforderungen – Konsequenzen für Wettbewerbsrecht und Regulierung, Baden-Baden 2020, S. 223-245.

*Kingreen, Thorsten / Kühling, Jürgen,* Kommunen als Trägerinnen Medizinischer Versorgungszentren. Sozialversicherungs-, kommunal- und wirtschaftsrechtliche Vorgaben. In: Die Öffentliche Verwaltung (DÖV) 2018, S. 890-901.

*Klug, Wolfgang,* Wohlfahrtsverbände zwischen Macht, Staat und Selbsthilfe, Freiburg 1997.

*Knieps, Franz / Müller, Eva Maria,* Neue Versorgungsformen, in: Schnapp, Friedrich E. / Wigge, Peter (Hrsg.), Handbuch des Vertragsarztrechts, 3. Aufl., München 2017.

*Kunig, Philip,* Art. 74, in: von Münch, Ingo / Kunig, Philip (Hrsg.), Grundgesetz-Kommentar, 6. Aufl., München 2012.

*Lennartz, Michael,* Grundlage des Berufsrechts anderer Heilberufe, in: Wenzel, Frank (Hrsg.), Handbuch des Fachanwalts Medizinrecht, 4. Aufl., Köln 2020, S. 1256-1289.

*Lücke, Stephan,* Community Health Nursing studieren. In: Die Schwester Der Pfleger 9/2020, S. 70-73.

*Maunz, Theodor,* Art. 74, in: Maunz, Theodor / Dürig, Günter (Hrsg.), Grundgesetz-Kommentar, München (Werkstand: 90. EL Februar 2020).

*Moos, Gabriele / Klug, Wolfgang,* Basiswissen Wohlfahrtsverbände, München 2009.

*Nebendahl, Mathias,* Arzthaftungsrecht, in: Igl, Gerhard / Welti, Felix (Hrsg.), Gesundheitsrecht, 3. Aufl., München 2018, S. 373-528.

*Neumann, Laura,* Die externe Qualitätssicherung im Krankenhausrecht, Baden-Baden 2019.

*Oberender AG,* Patientenorientierte Zentren zur Primär- und Langzeitversorgung. Gutachten: Umsetzung eines PORT-Zentrums, März 2020 (PORT I); Gutachten: Weiterentwicklung der Vergütung, 2020 (PORT II); Gutachten: Aufbau einer PORT-Region zur Stärkung der regionalen Primärversorgung, 2020 (PORT III).

*Plagemann, Florian / Ziegler, Ole,* Kommunale Trägerschaft von MVZ. In: Deutsches Verwaltungsblatt (DVBl) 2016, S. 1432-1443.

*Preißler, Reinhold,* Rechtsformprobleme beim Betrieb Medizinischer Versorgungszentren, in: Katzenmeier, Christian /Ratzel, Rudolf (Hrsg.), Festschrift für Franz-Josef Dahm. Glück auf! Medizinrecht gestalten, Berlin/Heidelberg 2017, S. 335-343.

*Prütting, Dorothea* (Hrsg.), Medizinrecht Kommentar, 4. Aufl., Köln 2016.

*Rehborn, Martin,* § 29a MBO-Ä, in: Prütting, Dorothea (Hrsg.), Medizinrecht Kommentar, 4. Aufl., Köln 2016; S. 1864-1867.

*Riesner, Sabine,* Bitte mehr von Eva, Verah, Agnes. In: Deutsches Ärzteblatt 45/2013, S. A 2106 f.

*Rosenbrock, Rolf,* Prävention und Gesundheitsförderung als Komponenten der Gesundheitssicherung. In: Zeitschrift für Sozialreform (ZSR) 2003, S. 342-354.

*Roters, Dominik,* § 63 SGB V, in: Körner, Anne / Leitherer, Stephan / Mutschler, Bernd / Rolfs, Christian (Hrsg.), Kasseler Kommentar zum Sozialversicherungsrecht, 95. EL (Juli 2017).

*Sachverständigenrat zur Begutachtung der Entwicklung im Gesundheitswesen,* Kooperation und Verantwortung. Voraussetzungen einer zielorientierten Gesundheitsversorgung. Gutachten 2007.

*Sasse, René,* Der Heilpraktiker. Ein Gesundheitsberuf ohne Berufsausübungsrecht? Baden-Baden 2011 (zugleich Univ. Diss. Bochum, 2011).

*Schirmer, Horst Dieter / Dochow, Carsten,* Ärztliches Berufsrecht, in: Wenzel, Frank (Hrsg.), Handbuch des Fachanwalts Medizinrecht, 4. Aufl., Köln 2020, S. 1131-1256.

*Schelling, Philip,* § 2 BÄO, in: Spickhoff, Andreas (Hrsg.), Medizinrecht, 3. Aufl., München 2018, S. 343-345.

*Schelling, Philip,* § 1 HeilprG, in: Spickhoff, Andreas (Hrsg.), Medizinrecht, 3. Aufl., München 2018, S. 1007-1014.

*Schliehe, Ferdinand,* Aktuelle organisationsrechtliche und organisatorische Probleme der Rehabilitation in der Sozialversicherung. In: Zeitschrift für Sozialreform, ZSR 1997, S. 439-451.

*Schmid, Andreas / Günther, Sarah / Baierlein, Jochen,* Vision und Umsetzung eines PORT-Gesundheitszentrums. Gutachten der Oberender AG im Auftrag der Robert Bosch Stiftung, Stuttgart, 2020.

*Schmid, Andreas / Günther, Sarah / Baierlein, Jochen,* Vom PORT-Gesundheitszentrum zur regionalen Primärversorgung. Gutachten der Oberender AG im Auftrag der Robert Bosch Stiftung, Stuttgart, 2020.

*Schmidt am Busch, Birgit,* Die Gesundheitssicherung im Mehrebenensystem, Tübingen 2007.

*Schneider, Egbert,* Das Gesetz zur Stärkung der Gesundheitsförderung und Prävention. In: Die Sozialgerichtsbarkeit – Zeitschrift für das aktuelle Sozialrecht (SGb) 2015, S. 599-606.

*Scholz, Karsten,* § 63 SGB V, in: Rolfs, Christian / Giesen, Richard / Kreikebohm, Ralf / Udsching, Peter (Hrsg.), BeckOK Sozialrecht, 57. Edition (Stand: 01.06.2020) München.

*Scholz, Karsten / Bartha, Wolf Constantin,* § 95 SGB V, in: Rolfs, Christian / Giesen, Richard / Kreikebohm, Ralf / Udsching, Peter (Hrsg.), BeckOK Sozialrecht, 57. Edition (Stand: 01.06.2020) München.

*Schuler-Harms, Margarete,* Soziale Infrastruktur im Gesundheitswesen – der ambulante Sektor, in: Fehling, Michael / Ruffert, Matthias, Regulierungsrecht, Tübingen 2010.

*Schulz-Nieswandt, Frank,* Das Projekt Gemeindeschwester[plus] in Rheinland-Pfalz im Kontext der kommunalen Daseinsvorsorge des bundesdeutschen sozialen Gewährleistungsstaates[plus]. In: Zeitschrift für öffentliche und gemeinwirtschaftliche Unternehmen (ZögU) 2018, S. 337-345.

*Starck, Christian,* Art. 2 GG, in: von Mangoldt, Hermann / Klein, Friedrich / Starck, Christian (Hrsg.), Kommentar zum GG, Band 1, 7. Aufl., München 2018.

*Stollmann, Frank,* Die Landarztquote – Einführung und Ausgestaltung in Nordrhein-Westfalen. In: Nordrhein-Westfälische Verwaltungsblätter (NWVBl.) 2020, S. 52-58.

*Ströhm, Christina / Stemmer, Renate,* APN im ländlichen Raum. In: Die Schwester Der Pfleger 9/2020, S. 46.

*Taufer, Raphael / Fuchs, Daniel / Focke, Klaus,* Pflege: Next Generation. Warum eine erweiterte pflegerische Praxis die Versorgungsqualität verbessert. In: Gesundheits- und Sozialpolitik (G + S) 4-5/2018, S. 85-89.

*Taufer, Raphael / Fuchs, Daniel / Maier, Claudia Bettina / Focke, Klaus,* Advanced Nursing Practice – eine Zukunftsperspektive für die Versorgung. Ansätze für eine Transformation der pflegerischen Praxis in Deutschland. In: Gesundheits- und Sozialpolitik (G + S) 6/2018, S. 30-36.

*Taupitz, Jochen / Pitz, Andreas / Niedziolka, Katharina,* Der Einsatz nicht-ärztlichen Heilpersonals bei der ambulanten Versorgung chronisch kranker Patienten, Berlin 2008.

*Ulmer, Mathias,* § 15 SGB V, in: Eichenhofer, Eberhard / von Koppenfels-Spies, Katharina / Wenner, Ulrich (Hrsg.), SGB V. Gesetzliche Krankenversicherung, 3. Aufl., Köln 2018.

*Ulmer, Mathias,* § 28 SGB V, in: Eichenhofer, Eberhard / von Koppenfels-Spies, Katharina / Wenner, Ulrich (Hrsg.), SGB V. Gesetzliche Krankenversicherung, 3. Aufl., Köln 2018.

*Völkel, Manuela / Weidner, Frank,* Community Health Nursing – Meilenstein in der Primärversorgung und der kommunalen Daseinsvorsorge. In: Bundeszentrale für politischen Bildung, Pflege. Praxis – Geschichte – Politik. Aus Politik und Zeitgeschichte (APuZ), Schriftenreihe Band 10497, Bonn 2020, S. 318-329.

*Wallrabenstein, Astrid,* Staatliche Gewährleistung einer angemessenen gesundheitlichen Versorgung im Bundesgebiet. In: Zeitschrift für das gesamte Medizin- und Gesundheitsrecht (ZMGR) 2011, S. 197 – 204.

*Walter, Ulla / Volkenand, Katrin,* Kommunale Prävention und Gesundheitsförderung in Deutschland. Pflichten, Rechte und Potenziale im Kontext der kommunalen Daseinsvorsorge. In: Gesundheitswesen 2017, S. 229-237.

*Weidenbach, Markus,* Sonstige Rechtsbeziehungen zu den Leistungserbringern, in: Soldan, Helge (Hrsg), Handbuch des Krankenversicherungsrechts, 3. Aufl., München 2018.

*Welti, Felix,* Soziale Selbstverwaltung und Bürgerbeteiligung im sozialen Gesundheitswesen, in: Mehde, Veith / Ramsauer, Ulrich / Seckelmann, Margrit (Hrsg.), Staat, Verwaltung, Information. Festschrift für Hans Peter Bull zum 75. Geburtstag, Berlin 2011, S. 903-922.

*Wenner, Ulrich,* § 63 SGB V, in: Eichenhofer, Eberhard / von Koppenfels-Spies, Katharina / Wenner, Ulrich (Hrsg.), SGB V. Gesetzliche Krankenversicherung, 3. Aufl., Köln 2018.

*Wigge, Peter,* § 6 Kooperationsformen im Vertragsarztrecht, in: Schnapp, Friedrich E. / Wigge, Peter (Hrsg.), Handbuch des Vertragsarztrechts, 3. Aufl., München 2017.

*Wolff, Daniel / Zimmermann, Patrick,* Gesetzgeberische Strategien für die Verteilung von Medizinstudienplätzen. Zur Vereinbarkeit des Staatsvertrags über die Hochschulzulassung und der landesrechtlichen Landarztquoten mit dem neujustierten Teilhaberecht aus Art. 12 Abs. 1 GG i. V. m. Art. 3 Abs. 1 GG. In: Wissenschaftsrecht (WissR) 51 (2018), S. 159-205.

# 7 Anhang

## Vereinbarung über die Delegation ärztlicher Leistungen an nichtärztliches Personal in der ambulanten vertragsärztlichen Versorgung gemäß § 28 Abs. 1 S. 3 SGB V
## vom 1. Oktober 2013
Stand: 1. Januar 2015

### § 1 Gegenstand
Die Vereinbarung regelt die Anforderungen für die Delegation ärztlicher Leistungen an nichtärztliche Mitarbeiter* in der ambulanten vertragsärztlichen Versorgung und führt in einem sich im Anhang befindenden Katalog beispielhaft auf, bei welchen Tätigkeiten nichtärztliche Mitarbeiter ärztliche Leistungen erbringen können und welche spezifischen Anforderungen an die Erbringung zu stellen sind. Die Beschreibung delegationsfähiger ärztlicher Leistungen ist nicht abschließend, sondern hat den Charakter einer bespielhaften Aufzählung, die der Orientierung der Handelnden dient.

### § 2 Nicht delegierbare (höchstpersönliche) Leistungen des Arztes
Der Arzt darf Leistungen, die er aufgrund der erforderlichen besonderen Fachkenntnisse nur persönlich erbringen kann, nicht delegieren. Dazu gehören insbesondere Anamnese, Indikationsstellung, Untersuchung des Patienten einschließlich invasiver diagnostischer Leistungen, Diagnosestellung, Aufklärung und Beratung des Patienten, Entscheidungen über die Therapie und Durchführung invasiver Therapien und operativer Eingriffe.

### § 3 Nichtärztliche Mitarbeiter
Nach § 28 Abs. 1 S. 2 SGB V gehört zur ärztlichen Behandlung auch die Hilfeleistung anderer Personen, die von einem Vertragsarzt angeordnet und von ihm zu verantworten ist. Zwischen dem nichtärztlichen Mitarbeiter und dem delegierenden Vertragsarzt besteht ein dienstvertragliches Verhältnis.

## § 4 Allgemeine Anforderungen an die Delegation

(1) Der Vertragsarzt entscheidet, ob und an wen er eine Leistung delegiert.
(2) Der Vertragsarzt hat sicherzustellen, dass der Mitarbeiter aufgrund seiner beruflichen Qualifikation oder allgemeinen Fähigkeiten und Kenntnisse für die Erbringung der delegierten Leistung geeignet ist (Auswahlpflicht). Er hat ihn zur selbständigen Durchführung der zu delegierenden Leistung anzuleiten (Anleitungspflicht) sowie regelmäßig zu überwachen (Überwachungspflicht). Die Qualifikation des Mitarbeiters ist ausschlaggebend für den Umfang der Anleitung und der Überwachung.

## § 5 Schlussbestimmungen

(1) Die Anlage 8 (Vereinbarung über die Erbringung ärztlich angeordneter Hilfeleistungen in der Häuslichkeit der Patienten, in Alten- oder Pflegeheimen oder in anderen beschützenden Einrichtungen gem. § 87 Abs. 2b S. 5 SGB V) zum Bundesmantelvertrag-Ärzte (BMV-Ä) bleibt von den Regelungen in dieser Vereinbarung unberührt.
(2) Diese Vereinbarung tritt zum 1. Oktober 2013 in Kraft. Sie wird auf unbestimmte Zeit geschlossen.
(3) Diese Vereinbarung kann von jedem Vertragspartner unter Einhaltung einer Kündigungsfrist von sechs Monaten zum Quartalsende gekündigt werden. Die Kündigung bedarf der Schriftform.

*Anhang zur Anlage 24 des BMV-Ä - Beispielkatalog delegierbarer ärztlicher Leistungen*

| I. Allgemein delegierbare ärztliche Tätigkeiten | | |
|---|---|---|
| **Delegierbare ärztliche Tätigkeit** | **Besonderheiten und Hinweise** | **Typische Mindestqualifikation** |
| | | Die geforderte Qualifikation kann auch durch den Abschluss einer vergleichbaren medizinischen / heilberuflichen Ausbildung nachgewiesen werden. Eine Delegation ist auch an in Ausbildung befindliche nichtärztliche Mitarbeiter grundsätzlich möglich; der Arzt ist in diesem Fall zu besonderer Sorgfalt verpflichtet und muss sich von den erworbenen Kenntnissen und Fähigkeiten überzeugen. |
| 1. **Administrative Tätigkeiten, z.B.** <br>• Datenerfassung und Dokumentation von Untersuchungsergebnissen und Therapieerfolgen <br>• Unterstützung des Arztes bei der Erstellung von schriftlichen Mitteilungen und Gutachten | | **Medizinische/r Fachangestellte/r (MFA)** <br>**Schreibkraft** <br>**Bürokraft** |
| 2. **Anamnesevorbereitung:** <br>• standardisierte Erhebung der Anamnese | Spätere Überprüfung, ggf. Ergänzung im Patientengespräch durch Arzt. | **Medizinische/r Fachangestellte/r (MFA)** |
| 3. **Aufklärung/Aufklärungsvorbereitung:** <br>• Unterstützung bei Vermittlung und Erläuterung standardisierter Informationsmaterialien | Spätere Überprüfung, ggf. Ergänzung im Patientengespräch durch Arzt. | **Medizinische/r Fachangestellte/r (MFA)** |
| 4. **Technische Durchführung von Untersuchungen** | | |

| Leistung | Voraussetzung | Qualifikation |
|---|---|---|
| **4a. Verfahren mit ionisierender Strahlung:**<br>• Röntgenuntersuchung<br>• Computertomographie (CT) | Bei Verwendung von Kontrastmitteln ist die Anwesenheit des Arztes erforderlich.<br>Technische Durchführung von Röntgenuntersuchungen (einschließlich CT) nur im Rahmen von Röntgenreihenuntersuchungen oder nachdem ein Arzt mit der erforderlichen Fachkunde im Strahlenschutz die rechtfertigende Indikation gestellt hat. | **Medizinisch-technische/r Radiologie-assistent/-in (MTRA)** und **Medizinisch-Technische/r Assistent/in (MTA)** mit der erforderlichen Fachkunde im Strahlenschutz (§ 24 Absatz 2 Nrn. 1 und 2 RöV in Verbindung mit § 18a Absatz 1 RöV)<br>**Medizinische/r Fachangestellte/r (MFA)** mit den erforderlichen Kenntnissen im Strahlenschutz. unter ständiger Aufsicht und Verantwortung eines Arztes mit der erforderlichen Fachkunde im Strahlenschutz (§ 24 Absatz 2 Nr. 4 RöV in Verbindung mit § 18a Absatz 3 RöV) |
| **4b. Verfahren mit nicht-ionisierender Strahlung:**<br>• Magnetresonanztomographie (MRT) | [wie obenstehend] | **Medizinische/r Fachangestellte/r (MFA)** |
| **5. Früherkennungsleistungen:**<br>• im Rahmen von Leistungen zur Früherkennung von Krankheiten bei Erwachsenen:<br>  Laboratoriumsuntersuchungen (Untersuchung auf Blut im Stuhl) im Rahmen der Krebsfrüherkennungsuntersuchung<br>• im Rahmen von Leistungen zur Früherkennung von Krankheiten bei Kindern und Jugendlichen:<br>  • Unterstützung bei der Aufklärung der Eltern im Rahmen von Screeninguntersuchungen und Impfungen<br>  • U1-J2: Seh- und Hörtest, Erfassung Körpermaße | Zuvor persönlicher Arzt-Patienten-Kontakt | **Medizinische/r Fachangestellte/r (MFA)**<br>[ggf. Fortbildung Laborkunde]<br>[ggf. Curriculum „Prävention im Kindes- und Jugendalter"]<br>[ggf. Curriculum „Prävention bei Jugendlichen und Erwachsenen"] |
| **6. Hausbesuche** | Zuvor persönlicher Arzt-Patienten-Kontakt | **Medizinische/r Fachangestellte/r (MFA)** |
| **7a. Injektion:** intramuskulär und subkutan (auch Impfungen) | In Abhängigkeit von der applizierten Substanz kann die Anwesenheit des Arztes erforderlich sein. | **Medizinische/r Fachangestellte/r (MFA)** |

| | | |
|---|---|---|
| **7b. Injektion:** intravenös<br>**Infusion:** intravenös; Anlegen einer Infusion | In Abhängigkeit von der applizierten Substanz. Die Anwesenheit des Arztes ist in der Regel erforderlich. Die intravenöse Erstapplikation von Medikamenten ist nicht delegierbar. | **Medizinische/r Fachangestellte/r (MFA) Kranken- und Gesundheitspfleger** |
| **8. Labordiagnostik**<br>• Allgemeine Laborleistungen (z.B. Blutzuckermessung, Urintest)<br>• Technische Aufarbeitung und Beurteilung von Untersuchungsmaterial<br>• Durchführung labortechnischer Untersuchungsgänge<br>• Humangenetische Leistungen | | **Medizinische/r Fachangestellte/r (MFA) Medizinisch-technische/r Laboratoriumsassistent/-in (MTLA)** |
| **9. Unterstützende Maßnahmen zur Diagnostik/ Überwachung:**<br>• Blutentnahme kapillär sowie venös<br>• (Langzeit-)Blutdruckmessung<br>• (Langzeit-)EKG<br>• Lungenfunktionstest/Spirographie<br>• Pulsoxymetrie<br>• Blutgasanalysen<br>• Weitere Vitalparameter | Bei Risikokonstellationen oder Provokationstests muss der Arzt hinzugezogen werden. | **Medizinische/r Fachangestellte/r (MFA)** |
| **10. Wundversorgung / Verbandwechsel** | Initiale Wundversorgung erfolgt durch Arzt. Weitere Wundversorgung nach Rücksprache mit Arzt. | **Medizinische/r Fachangestellte/r (MFA)**<br>[ggf. Fortbildung zum Wundexperten / Wundmanager]<br>[ggf. Curriculum „Ambulante Versorgung älterer Menschen"] |
| **II. Versorgungsbereichs-bzw. arztgruppenspezifische delegierbare ärztliche Tätigkeiten** | | |

| Delegierbare ärztliche Tätigkeit | Besonderheiten und Hinweise | Typische Mindestqualifikation |
|---|---|---|
| | | **Die geforderte Qualifikation kann auch durch den Abschluss einer vergleichbaren medizinischen / heilberuflichen Ausbildung nachgewiesen werden. Eine Delegation ist auch an in Ausbildung befindliche nichtärztliche Mitarbeiter grundsätzlich möglich; der Arzt ist in diesem Fall zu besonderer Sorgfalt verpflichtet und muss sich von den erworbenen Kenntnissen und Fähigkeiten überzeugen.** |
| **1. Anästhesiologische Leistungen** | | |
| Standardisierte Voruntersuchungen- Überwachung der Vitalfunktionen- Beobachtung und Betreuung eines Patienten nach einem operativen oder diagnostischen Eingriff | Bei Überwachung der Vitalfunktionen, Beobachtung und Betreuung ist in der Prä- und Postanästhesiephase je nach Situation und Patienten-zustand die Anwesenheit des Arztes erforderlich. | **Medizinische/r Fachangestellte/r (MFA)** |
| **2. Augenärztliche Leistungen** | | |
| Tonometrie- Verabreichung von Medikamenten am Augapfel (z.B. Mydriatika) | | **Medizinische/r Fachangestellte/r (MFA)** |
| **3. Hals-Nasen-Ohrenärztliche Leistungen** | | |
| Audiometrische Messungen, Prüfung des Hörens / der Gleichgewichtsnerven- Hörgeräteversorgung; Kontrolle der Hörgerätehandhabung | | **Medizinische/r Fachangestellte/r (MFA) Medizinisch-technische/r Assistent/-in für Funktionsdiagnostik (MTAF)** |
| **4. Hautärztliche Leistungen** | | |
| Überprüfung von Hautreaktionen- Metrische und fotografische Dokumentation vor Beginn und nach Abschluss der Therapie | | **Medizinische/r Fachangestellte/r (MFA)** |
| **5. Internistische Leistungen (schwerpunktorientiert)** | | |

211

| Leistungen | | Qualifikation |
|---|---|---|
| **a. Gastroenterologische Leistungen:**<br>– Vorbereitung von Untersuchungen und der Aufklärung des Patienten (z.B. vor einer Endoskopie)<br>– Unterstützung bei Nachbeobachtung und Betreuung | Bei Risikokonstellationen muss der Arzt hinzugezogen werden. | **Medizinische/r Fachangestellte/r (MFA)**<br>[ggf. Curriculum „GastroenterologischeEndoskopie"] |
| **b. Hämato-/Onkologische Leistungen:**<br>– Entfernen von Portnadeln<br>– Vorbereitung von und Assistenz bei Punktionen<br>– Pflege/Ziehen von Drainagen | Bei Risikokonstellationen muss der Arzthinzugezogen werden. | **Medizinische/r Fachangestellte/r (MFA)**<br>[ggf. Curriculum „Onkologie"] |
| **c. Nephrologische Leistungen:**<br>– Unterstützende Maßnahmen im Rahmen der Diagnostik<br>– Anlegen, Steuerung und Überwachung einer Dialyse | | **Medizinische/r Fachangestellte/r (MFA)**<br>[ggf. Curriculum „Dialyse"] |
| **d. Pneumologische Leistungen:**<br>– Spirographische Untersuchung(en)<br>– Ganzkörperplethysmographische Lungenfunktionsdiagnostik mit grafischer(-en) Registrierung(en) | Bei Risikokonstellationen oder Provokationstests muss der Arzt hinzugezogen werden. | **Medizinische/r Fachangestellte/r (MFA)**<br>[ggf. Curriculum „Pneumologie"]<br>**Medizinisch-technische/r Assistent/-in für Funktionsdiagnostik (MTAF)** |
| **6. Mutterschaftsvorsorge**<br>– Unterstützung bei der Betreuung einer Schwangeren oUntersuchungen während der Schwangerschaft (z.B. Gewichtskontrolle, Blutzuckerbestimmung)<br>– CTG | Zuvor persönlicher Arzt-Patienten-Kontakt. Sonographische Untersuchungen obliegen dem Arzt. | **Medizinische/r Fachangestellte/r (MFA)** |

| | | |
|---|---|---|
| **7. Neurologische und neurochirurgische Leistungen** | | |
| Unterstützung bei der kontinuierlichen Mitbetreuung eines Patienten mit einer neurologischen Erkrankung<br><br>– Anleitung zur Durchführung von Bewegungsübungen<br>– (Langzeit-)EEG<br>– Elektroneurographische Untersuchung(en) mit Bestimmung(en) der motorischen oder sensiblen Nervenleitgeschwindigkeit | Zuvor persönlicher Arzt-Patienten-Kontakt. Bei Elektroneurographie und Elektromygraphie Anwesenheit des Arztes erforderlich. | **Medizinische/r Fachangestellte/r (MFA)**<br>**Medizinisch-technische/r Assistent/-in für Funktionsdiagnostik (MTAF)** |
| **8. Nuklearmedizinische Leistungen** | | |
| – Technische Mitwirkung bei der Durchführung szintigraphischer Untersuchungen | Nur nachdem ein Arzt mit der erforderlichen Fachkunde im Strahlenschutz die rechtfertigende Indikation gestellt hat. Die Injektion des Radionuklids erfolgt entsprechend den Vorschriften der Richtlinie Strahlen-schutz in der Medizin. | **Medizinisch-technische/r Radiologie-assistent/-in (MTRA)** und **Medizinisch-Technische/r Assistent/in (MTA)** mit der erforderlichen Fachkunde im Strahlen-schutz (§ 82 Absatz 2 Nrm. 1 und 2 StrlSchV in Verbindung mit § 30 Absatz 1 StrlSchV)<br>**Medizinische/r Fachangestellte/r (MFA)** mit den erforderlichen Kenntnissen im Strahlenschutz unter ständiger Aufsicht und Verantwortung eines Arztes mit der erforderlichen Fachkunde (§ 82 Absatz 2 Nr. 4 StrlSchV in Verbindung mit § 30 Absatz 4 StrlSchV) |
| **9. Orthopädische/unfallchirurgische Leistungen** | | |

| Leistung | Voraussetzung | Qualifikation |
|---|---|---|
| – Anlage und/oder Wiederanlage von Verbänden und Orthesen<br>– Dokumentation von Bewegungseinschränkungen<br>– Anleitung zur Durchführung von Bewegungsübungen<br>– Koordination mit Berufen der Hilfsmitteltechnik<br>– Abdrücke oder Modellherstellung durch Gips oder andere Werkstoffe | Bei der Anlage fixierender Verbände (insbesondere Gipsverbände) ist die abschließende Kontrolle durch den Arzt erforderlich. | **Medizinische/r Fachangestellte/r (MFA)** [ggf. Fortbildung zum Wundexperten / Wundmanager] |
| **10. Strahlentherapeutische Leistungen** | | |
| – Technische Mitwirkung bei der Durchführung der Strahlentherapie | Nur nachdem ein Arzt mit der erforderlichen Fachkunde im Strahlenschutz die rechtfertigende Indikation gestellt hat. | **Medizinisch-technische/r Radiologie-assistent/-in (MTRA)** und **Medizinisch-Technische/r Assistent/in (MTA)** mit der erforderlichen Fachkunde im Strahlenschutz (§ 82 Absatz 2 Nrn. 1 und 2 StrlSchV in Verbindung mit § 30 Absatz 1 StrlSchV)<br>**Medizinische/r Fachangestellte/r (MFA)** mit den erforderlichen Kenntnissen im Strahlenschutz unter ständiger Aufsicht und Verantwortung eines Arztes mit der erforderlichen Fachkunde (§ 82 Absatz 2 Nr. 4 StrlSchV in Verbindung mit § 30 Absatz 4 StrlSchV) |
| **11. Urologische Leistungen** | | |
| – Unterstützung bei der apparativen Untersuchung bei Harninkontinenz<br>– Katheterwechsel | | **Medizinische/r Fachangestellte/r (MFA)** |
| **12. Prä-und postoperative Leistungen im Rahmen von ambulanten und belegärztlichen Operationen** | | |

| | Rücksprache mit Arzt erforderlich. | **Medizinische/r Fachangestellte/r (MFA)** [ggf. Curriculum „Ambulantes Operieren"] [ggf. Fortbildung zum Wundexperten / Wundmanager] |
|---|---|---|
| **Präoperativ:**<br>– Unterstützung bei der Operationsvorbereitung<br>**Postoperativ:**<br>– Wund- und Verlaufskontrollen<br>– Drainageüberwachung | | |

215

## 7.2 § 7 der Anlage 8 zum Bundesmantelvertrag-Ärzte (BMV-Ä)

### § 7 Zusatzqualifikation der nicht-ärztlichen Praxisassistenten

(1) Die Zusatzqualifikation dient dem Erwerb von Kenntnissen, Erfahrungen und Fertigkeiten, die den nicht-ärztlichen Praxisassistenten aufbauend auf der jeweiligen Primärqualifikation befähigen müssen, Hilfeleistungen in der Häuslichkeit der Patienten, in Alten- oder Pflegeheimen oder in anderen beschützenden Einrichtungen in Abwesenheit des anordnenden Arztes zu erbringen. Die für den Erwerb der Zusatzqualifikation nachzuweisenden Fortbildungsmaßnahmen müssen eine theoretische Fortbildung zu den Themen Berufsbild, medizinische Kompetenz und Kommunikation/Dokumentation, eine praktische Fortbildung in Form von Hausbesuchen und eine Fortbildung in Notfallmanagement umfassen. Der Umfang der für die Zusatzqualifikation nachzuweisenden Stunden richtet sich nach der Dauer der bisherigen Berufstätigkeit des nicht-ärztlichen Praxisassistenten.

(2) Die theoretische und die praktische Fortbildung sowie die Fortbildung in Notfallmanagement gelten als nachgewiesen, wenn der nicht-ärztliche Praxisassistent abhängig von der Dauer seiner bisherigen Berufstätigkeit nach dem qualifizierten Berufsabschluss Fortbildungsmaßnahmen in folgendem zeitlichen Umfang nachweisen kann:

| Dauer der Berufstätigkeit | Theoretische Fortbildung (Stunden) | Praktische Fortbildung (Stunden) | Notfallmanagement Erweiterte Notfallkompetenz (Stunden) |
|---|---|---|---|
| weniger als 5 Jahre | 200 | 50 | 20 |
| weniger als 10 Jahre | 170 | 30 | 20 |
| mehr als 10 Jahre | 150 | 20 | 20 |

(3) Die theoretische Fortbildung kann insbesondere durch Teilnahme an Fortbildungsmaßnahmen nach den Fortbildungscurricula der Bundesärztekammer nachgewiesen werden. Sie muss folgende Inhalte umfassen:

    a) Die Fortbildung „**Berufsbild**" (mindestens 15 Stunden) hat das Ziel, das Berufsbild des nicht-ärztlichen Praxisassistenten im Kontext des deutschen Gesundheitssystems darzustellen. Sie soll insbesondere folgende Inhalte um-fassen:

        • rechtliche Grundlagen und Rahmenbedingungen für die Tätigkeit des nicht-ärztlichen Praxisassistenten,

        • demographische Entwicklung in Deutschland und deren Einfluss auf die Epidemiologie relevanter Erkrankungen sowie deren Auswirkungen auf die ärztliche Versorgung,

- Verfahrensabläufe und Instrumente im professionellen Handeln des nicht-ärztlichen Praxisassistenten.

b) Die Fortbildung „**medizinische Kompetenz**" (mindestens 110 Stunden) dient, aufbauend auf den Grundkenntnissen des nicht-ärztlichen Praxisassistenten aus Ausbildung und bisheriger Berufstätigkeit, dem Erwerb von erweiterten und vertieften medizinischen Kenntnissen, Erfahrungen und Fertigkeiten in Bezug auf häufig auftretende Krankheitsbilder und Krankheitsverläufe aus dem hausärztlichen Behandlungsspektrum, insbesondere in Bezug auf

- nichtinfektiöse, infektiöse, toxische und neoplastische sowie auf allergische, metabolische, ernährungsabhängige und degenerative Erkrankungen, auch unter Berücksichtigung der Besonderheiten dieser Erkrankungen im höheren Lebensalter,
- die Grundlagen der Tumortherapie und der Schmerzbehandlung von Tumorpatienten,
- die Begleitung palliativmedizinisch zu versorgender Patienten,
- geriatrische Syndrome und Krankheitsfolgen im Alter,
- psychogene Symptome, somatopsychische Reaktionen und psychosoziale Zusammenhänge,
- ernährungsbedingte Gesundheitsstörungen einschließlich diätetischer Behandlung,
- die Überwachung physikalischer Therapiemaßnahmen,
- die Arzneimitteltherapie, deren Interaktionen und Nebenwirkungen, insbesondere bei geriatrischen Patienten,
- die Früherkennung von Gesundheitsstörungen und häuslichen Gefahren-potentialen (z. B. Sturzprophylaxe),
- die Wundpflege, Wundversorgung und Behandlung von Dekubitus und auf
- die Grundlagen der Vorsorge- und Früherkennungsmaßnahmen

sowie insbesondere in Bezug auf folgende Untersuchungs- und Behandlungsverfahren:

Grundlagen der Diabetikerbehandlung einschließlich strukturierter Schulungen,

Elektrokardiogramm,

Langzeit-EKG,

Langzeitblutdruckmessung,

☐Grundlagen der Infusionsbehandlung, enteralen und parenteralen Ernährung.

c) Die Fortbildung **„Kommunikation/Dokumentation"** (mindestens 25 Stunden) dient dem Erwerb von Kenntnissen, Erfahrungen und Fertigkeiten zur Erweiterung der Sozialkompetenz des nicht-ärztlichen Praxisassistenten, der Fähigkeit zur selbständigen medizinischen Dokumentation sowie zur Kommunikation mit dem Arzt. Sie soll insbesondere folgende Inhalte umfassen:

- Wahrnehmung und Motivation von Patienten,
- Kommunikation und Gesprächsführung mit Patienten,
- Patienteninformation und -edukation,
- Kommunikation mit Angehörigen,
- Medizinische Dokumentation,
- Kommunikation mit dem Arzt.

Sofern der nicht-ärztliche Praxisassistent über einen qualifizierten Berufsabschluss nach dem Krankenpflegegesetz verfügt und in den letzten zehn Jahren vor Antragstellung mindestens vier Jahre in diesem Beruf tätig war, reduziert sich die theoretische Fortbildung auf 80 Stunden.

(4) Die Praktische Fortbildung soll den nicht-ärztlichen Praxisassistenten zur Anwendung des in der theoretischen Fortbildung Erlernten befähigen. Dazu begleitet der nicht-ärztliche Praxisassistent Hausbesuche des Arztes in der Häuslichkeit der Patienten, in Alten- oder Pflegeheimen oder in anderen beschützenden Einrichtungen und übernimmt unter Aufsicht des Arztes Hausbesuche in der Häuslichkeit, in Alten- oder Pflegeheimen oder in anderen beschützenden Einrichtungen bei Patienten mit unterschiedlichen Erkrankungen. Hausbesuche in der Häuslichkeit der Patienten, in Alten- oder Pflegeheimen oder in anderen beschützenden Einrichtungen im Rahmen von Modellvorhaben und im Rahmen von Fortbildungsmaßnahmen nach den Fortbildungscurricula der Bundesärztekammer werden angerechnet. Sind in den letzten 24 Monaten vor Antragstellung bereits selbständige Hausbesuche in der Häuslichkeit der Patienten, in Alten- oder Pflegeheimen oder in anderen beschützenden Einrichtungen entsprechend GOP 40240/40260 bzw. der GOP 38100/38105 durchgeführt worden, werden diese mit jeweils 30 Minuten auf die Pflicht zur praktischen Fortbildung angerechnet. Werden im Rahmen der Fortbildungsmaßnahme Praktika bei sozialen Netzwerkpartnern der Hausarztpraxis absolviert, können diese ebenfalls auf die Pflicht zur praktischen Fortbildung angerechnet werden.

(5) Die Fortbildung in **Notfallmanagement** umfasst einen Kurs von mindestens 20 Stunden inklusive praktischer Übungen. Der Kurs soll insbesondere auf Notfälle in der Häuslichkeit der Patienten, in Alten- oder Pflegeheimen oder in anderen beschützenden Einrichtungen eingehen. Er soll insbesondere folgende Inhalte umfassen:
- Vitalparameter und deren Bedeutung,
- Bewusstseinsgrade,
- Vorgehen bei Bewusstlosigkeit, Herz- und Atemstillstand,
- Notfallstressmanagement (Selbstkunde, Umgang mit Patienten und Angehörigen),
- Notfallkunde (Wunden, internistische Notfälle, Traumatologie, Schädelhirntrauma, Medikamente, Schock),
- Lagerungsarten,
- Kenntnisse des Rettungsdienstes,
- Praktischer Teil mit Übungen am Phantom.

(6) Alle drei Jahre ist eine Fortbildung mit mindestens 16 Stunden Dauer, davon mindestens je 8 Stunden Notfallmanagement, inklusive Übungen am Phantom und mindestens je acht Stunden Fortbildung zur Weiterentwicklung des Berufsbildes des nicht-ärztlichen Praxisassistenten insbesondere in Bezug auf Digitalisierung und Telemedizin nachzuweisen.

(7) Die Zusatzqualifikation muss durch erfolgreiche Teilnahme an einer Lernerfolgskontrolle nachgewiesen werden. Die Lernerfolgskontrolle muss bezüglich der medizinischen Kompetenz (Abs. 3 b) in schriftlicher Form erfolgen. Das Qualifikationsangebot muss von der Ärztekammer anerkannt sein.

## 7.3 Ausbildungsziele nach §§ 7 bis 10 ATA-OTA-G

### § 7 Ziel der Ausbildung

(1) [1]Die Ausbildung zur Anästhesietechnischen Assistentin oder zum Anästhesietechnischen Assistenten und zur Operationstechnischen Assistentin oder zum Operationstechnischen Assistenten vermittelt die für die Berufsausübung erforderlichen fachlichen und methodischen Kompetenzen zur eigenverantwortlichen Durchführung und zur Mitwirkung, insbesondere in den operativen oder anästhesiologischen Bereichen der stationären und ambulanten Versorgung sowie in weiteren diagnostischen und therapeutischen Versorgungsbereichen, einschließlich der zugrunde liegenden Lernkompetenzen sowie der Fähigkeit zum Wissenstransfer und zur

Selbstreflexion. [2]Darüber hinaus vermittelt sie personale und soziale Kompetenzen. [3]Die Vermittlung hat entsprechend dem anerkannten Stand medizinischer, medizinisch-technischer und weiterer bezugswissenschaftlicher Erkenntnisse zu erfolgen.

(2) Die Ausbildung befähigt die Anästhesietechnische Assistentin oder den Anästhesietechnischen Assistenten und die Operationstechnische Assistentin oder den Operationstechnischen Assistenten außerdem, die konkrete Situation der Patientinnen und Patienten, insbesondere deren Selbständigkeit und Selbstbestimmung sowie deren kulturellen und religiösen Hintergrund, in ihr Handeln mit einzubeziehen.

(3) [1]Den Auszubildenden wird vermittelt, ihre persönliche und fachliche Weiterentwicklung als notwendig anzuerkennen und lebenslanges Lernen als Teil der eigenen beruflichen Biographie zu verstehen. [2]Die Ausbildung führt dazu, dass die Auszubildenden ein professionelles, ethisch fundiertes berufliches Selbstverständnis entwickeln, das der Bedeutung ihrer zukünftigen Tätigkeit angemessen ist.

### § 8 Gemeinsames Ausbildungsziel

Alle Auszubildenden sind zu befähigen,

1. eigenverantwortlich insbesondere die folgenden Aufgaben auszuführen:
   a) Herstellen der Funktions- und Betriebsbereitschaft des jeweiligen Einsatzbereichs unter Beachtung spezifischer Anforderungen von diagnostischen und therapeutischen Versorgungsbereichen im ambulanten und stationären Bereich,
   b) geplantes und strukturiertes Vorbereiten, Durchführen und Nachbereiten von berufsfeldspezifischen Maßnahmen der medizinischen Diagnostik und Therapie,
   c) sach- und fachgerechtes Umgehen mit Medikamenten, medizinischen Geräten und Materialien sowie mit Medizinprodukten,
   d) Sicherstellen der Funktions- und Betriebsbereitschaft des jeweiligen Versorgungsbereichs,
   e) Einhalten der Hygienevorschriften sowie der rechtlichen Arbeits- und Gesundheitsschutzvorschriften,
   f) Übernehmen der Patientinnen und Patienten in den jeweiligen Versorgungsbereichen unter Berücksichtigung ihres gesundheitlichen Zustandes,
   g) Überwachen des gesundheitlichen Zustandes der Patientinnen und Patienten und seines Verlaufs während des Aufenthaltes in den jeweiligen Versorgungsbereichen,

h) fachgerechte Übergabe und Überleitung der Patientinnen und Patienten einschließlich des Beschreibens und der Dokumentation ihres gesundheitlichen Zustandes und dessen Verlaufs,

i) angemessenes Kommunizieren mit den Patientinnen und Patienten sowie weiteren beteiligten Personen und Berufsgruppen,

j) Durchführen von qualitätssichernden und organisatorischen Maßnahmen in den jeweiligen Einsatzbereichen sowie Dokumentieren der angewendeten Maßnahmen,

k) Aufbereiten von Medizinprodukten und medizinischen Geräten und

l) Einleiten lebenserhaltender Sofortmaßnahmen bis zum Eintreffen der Ärztin oder des Arztes,

2. im Rahmen der Mitwirkung insbesondere die folgenden Aufgaben auszuführen:

a) fach- und situationsgerechtes Assistieren bei anästhesiologischen Maßnahmen und Verfahren und operativen Eingriffen in anästhesiologischen und operativen Funktionsbereichen und weiteren Versorgungsbereichen und

b) eigenständiges Durchführen ärztlich veranlasster Maßnahmen in anästhesiologischen und operativen Funktionsbereichen und weiteren Versorgungsbereichen sowie

3. insbesondere die folgenden übergreifenden fachlichen, methodischen und personalen Kompetenzen anzuwenden:

a) interdisziplinäre und multiprofessionelle Zusammenarbeit und fachliche Kommunikation,

b) Entwicklung und Umsetzung berufsübergreifender Lösungen, die die Optimierung der Arbeitsabläufe ermöglichen und die Bedürfnisse der Patientinnen und Patienten berücksichtigen,

c) Analyse, Evaluation, Sicherung und Weiterentwicklung der Qualität des eigenen beruflichen Handelns,

d) Mitwirkung an der Einarbeitung neuer Mitarbeiterinnen und Mitarbeiter sowie an der praktischen Ausbildung von Angehörigen von Gesundheitsfachberufen und

e) Berücksichtigung von Aspekten der Qualitätssicherung, der Patientensicherheit, der Ökologie und der Wirtschaftlichkeit.

**§ 9 Spezifisches Ausbildungsziel für Anästhesietechnische Assistentinnen und Anästhesietechnische Assistenten**

Die zur Anästhesietechnischen Assistentin oder zum Anästhesietechnischen Assistenten Auszubildenden sind zu befähigen,

1. eigenverantwortlich insbesondere die folgenden Aufgaben auszuführen:

    a) Herstellen der Funktions- und Betriebsfähigkeit des anästhesiologischen Versorgungsbereichs,

    b) Vorbereiten und Koordinieren der zur Durchführung anästhesiologischer Maßnahmen und Verfahren erforderlichen Arbeitsabläufe sowie deren Nachbereitung,

    c) sach- und fachgerechtes Umgehen mit Medikamenten, die zur Anästhesie und im Rahmen der Anästhesie in anästhesiologischen Versorgungsbereichen angewendet werden,

    d) Durchführen von bedarfsgerechten Maßnahmen und Verfahren zur Betreuung der Patientinnen und Patienten während ihres Aufenthaltes im anästhesiologischen Versorgungsbereich unter Berücksichtigung ihres jeweiligen physischen und psychischen Gesundheitszustandes und

    e) Überwachen des gesundheitlichen Zustandes der Patientinnen und Patienten und seines Verlaufs während des Aufenthaltes in den jeweiligen Versorgungsbereichen und Aufwacheinheiten außerhalb von Intensivtherapiestationen sowie

2. im Rahmen der Mitwirkung insbesondere die folgenden Aufgaben auszuführen:

    a) fach- und situationsgerechtes Assistieren bei anästhesiologischen Maßnahmen und Verfahren in anästhesiologischen Funktionsbereichen und weiteren Versorgungsbereichen und

    b) eigenständiges Durchführen ärztlich veranlasster Maßnahmen in anästhesiologischen Funktionsbereichen und weiteren Versorgungsbereichen.

**§ 10 Spezifisches Ausbildungsziel für Operationstechnische Assistentinnen und Operationstechnische Assistenten**

Die zur Operationstechnischen Assistentin oder zum Operationstechnischen Assistenten Auszubildenden sind zu befähigen,

1. eigenverantwortlich insbesondere die folgenden Aufgaben auszuführen:

    a) Herstellen der Funktions- und Betriebsfähigkeit des operativen Versorgungsbereichs,

b) Vorbereiten und Koordinieren der zur Durchführung operativer Eingriffe erforderlichen Arbeitsabläufe und deren Nachbereitung,

c) geplantes und strukturiertes Ausführen der Springertätigkeit,

d) Durchführen von bedarfsgerechten Maßnahmen und Verfahren zur Betreuung der Patientinnen und Patienten während ihres Aufenthaltes im operativen Versorgungsbereich unter Berücksichtigung ihres jeweiligen physischen und psychischen Gesundheitszustandes und

e) Überwachen des gesundheitlichen Zustandes der Patientinnen und Patienten und seines Verlaufs während des Aufenthaltes in den jeweiligen Versorgungsbereichen außerhalb von Aufwacheinheiten und Intensivtherapiestationen sowie

2. im Rahmen der Mitwirkung insbesondere die folgenden Aufgaben auszuführen:

a) fach- und situationsgerechtes Assistieren bei operativen Eingriffen in operativen Funktionsbereichen und weiteren Versorgungsbereichen und

b) eigenständiges Durchführen ärztlich veranlasster Maßnahmen in operativen Funktionsbereichen und weiteren Versorgungsbereichen.

## 7.4 Richtlinie nach § 63 Abs. 3c SGB V

**Richtlinie nach § 63 Abs. 3c SGB V des Gemeinsamen Bundesausschusses über die Festlegung ärztlicher Tätigkeiten zur Übertragung auf Berufsangehörige der Alten- und Krankenpflege zur selbständigen Ausübung von Heilkunde im Rahmen von Modellvorhaben nach § 63 Abs. 3c SGB V**
**(Richtlinie nach § 63 Abs. 3c SGB V)**
in der Fassung vom 20. Oktober 2011 veröffentlicht im Bundesanzeiger Nr. 46 (S. 1 128) vom 21. März 2012 und Nr. 50 (S. 1 228) vom 28. März 2012, in Kraft getreten am 22. März 2012
**A. Allgemeiner Teil**
**§ 1 Gesetzliche Grundlagen und Regelungsgegenstand der Richtlinie**
(1) Der Gemeinsame Bundesausschuss bestimmt gemäß § 63 Abs. 3c S. 3 SGB V in dieser Richtlinie einen abschließenden Katalog von ärztlichen Tätigkeiten, die im Rahmen von Modellvorhaben nach § 63 Abs. 1 und 3c SGB V auf Berufsangehörige der Kranken- und Altenpflege zur selbständigen Ausübung von Heilkunde übertragen werden können, sofern sie nach

§ 4 Abs. 7 des jeweiligen Berufszulassungsgesetzes (Krankenpflegegesetz oder Altenpflegegesetz) qualifiziert sind.

(2) Die Richtlinie macht hierzu Vorgaben zur selbständigen Ausübung von Heilkunde durch Berufsangehörige nach § 1 Abs. 1 und bestimmt Art und Umfang der übertragbaren ärztlichen Tätigkeiten sowie die zur selbständigen Ausübung von Heilkunde jeweils erforderlichen Qualifikationen. Weiterhin benennt sie Regelungsbestandteile, die die Vereinbarungen zur Durchführung von Modellvorhaben beinhalten müssen oder beinhalten sollen.

### § 2 Selbständige Ausübung von Heilkunde

(1) Berufsangehörige nach § 1 Abs. 1 üben Heilkunde durch Vornahme der ihnen auf der Grundlage dieser Richtlinie übertragenen ärztlichen Tätigkeiten aus. Ausübung von Heilkunde ist die auf wissenschaftliche Erkenntnis gegründete, praktische, selbständige oder im Dienst anderer ausgeübte Tätigkeit zur Verhütung, Feststellung, Heilung oder Linderung menschlicher Krankheiten, Körperschäden oder Leiden.

(2) Die Heilkunde wird von entsprechend qualifizierten Berufsangehörigen nach § 1 Abs. 1 innerhalb des durch die Richtlinie vorgegebenen Rahmens selbständig und eigenverantwortlich ausgeübt. Die Ausübung beinhaltet die Übernahme fachlicher, wirtschaftlicher und rechtlicher Verantwortung. Von dieser umfasst ist nach der Übertragung der ärztlichen Tätigkeiten durch den Arzt die Entscheidungsbefugnis, ob und in welchem Umfang die selbständige Ausübung der Heilkunde durch Vornahme der übertragenen ärztlichen Tätigkeiten medizinisch geboten ist.

(3) Eine Verantwortlichkeit der Ärztin/des Arztes für nach dieser Richtlinie durch Berufsangehörige nach § 1 Abs. 1 ausgeübte Tätigkeiten besteht nicht. Die Verantwortlichkeit der Ärztin/des Arztes für eigene Entscheidungen und Handlungen bleibt unberührt.

### § 3 Bindung und Begrenzung der selbständigen Ausübung von Heilkunde

(1) Die selbständige Ausübung von Heilkunde durch Berufsangehörige nach § 1 Abs. 1 setzt eine ärztliche Diagnose und Indikationsstellung voraus. An diese sind die Berufsangehörigen nach § 1 Abs. 1 gebunden. Die Diagnose und Indikationsstellung ist den dazu qualifizierten Berufsangehörigen nach § 1 Abs. 1 dokumentiert mitzuteilen. Die therapeutische Tätigkeit nach dem besonderen Teil B dieser Richtlinie wird zur eigenverantwortlichen Durchführung auf dazu qualifizierte Berufsangehörige nach § 1 Abs. 1 übertragen.

(2) Die Befugnis nach § 2 wird begrenzt durch anderweitige entgegenstehende Entscheidungen oder Maßnahmen eines Arztes oder einer Ärztin zur Vermeidung einer kontraindizierten Behandlung. Dies bedarf der Begründung in einer dokumentierten Mitteilung. Nicht in dieser Richtlinie beschriebene ärztliche Tätigkeiten können nicht auf Berufsangehörige nach § 1 Abs. 1 übertragen werden.

(3) Sofern die Berufsangehörigen nach § 1 Abs. 1 zu Erkenntnissen kommen, die einer Vornahme der ihnen auf der Grundlage dieser Richtlinie übertragenen ärztlichen Tätigkeiten entgegenstehen oder die die ärztliche Diagnose und Indikationsstellung betreffen, ist umgehend der behandelnde Arzt bzw. die behandelnde Ärztin dokumentiert zu informieren.

**§ 4 Vorgaben zur Verordnung**

(1) Die Übertragung von ärztlichen Tätigkeiten auf Berufsangehörige nach § 1 Abs. 1 kann die Kompetenz zur Verordnung von bestimmten, im Rahmen der Modellvorhaben zu definierenden Medizinprodukten und von Hilfsmitteln sowie in der Richtlinie abschließend aufgeführten Heilmitteln (Besonderer Teil B) einschließen. Die Partner des Bundesmantelvertrages treffen eine Vereinbarung, wonach in den Modellvorhaben zur Verordnung von Hilfsmitteln Vordrucke aus der vertragsärztlichen Versorgung verwendet werden können. Mit der Vereinbarung ist sicherzustellen, dass im Rahmen der Modellversuche eine Trennung dieser Verordnungen von Verordnungen der vertragsärztlichen Versorgung vorgesehen wird.

(2) Berufsangehörige nach § 1 Abs. 1 verwenden vereinbarte Vordrucke nach § 87 Abs. 1 S. 2 SGB V auch soweit im Rahmen eines Modellversuchs die Befugnis zur Einbeziehung weiterer diagnostischer oder therapeutischer Leistungen durch einen Arzt oder eine Ärztin vorgesehen sind. Die verwendeten Vordrucke sind dabei nach Maßgabe im Rahmen der Modellprojekte zu treffender Regelungen zu kennzeichnen.

**§ 5 Regelungsbestandteile der Modellvorhaben**

(1) Die Modellvorhaben haben folgende Regelungsbestandteile zu beinhalten:

- Die jeweils notwendigen sachlichen, personellen und organisatorischen Voraussetzungen zur selbständigen Ausübung der übertragenen ärztlichen Tätigkeit,
- Regelungen über die Dauer des Modellvorhabens sowie Vorgaben über die Inhalte und Zielsetzung sowie zur Auswertung der Modellvorhaben gemäß § 65 SGB V,

– Regelungen zur erforderlichen Kommunikation und Kooperation,
– Verfahrensanweisungen für Behandlungspfade (standardisierte Prozesse).
(2) Soweit sich keine verpflichtenden Regelungen zur Sicherung der Prozessqualität aus anderen Rechtsnormen ergeben, muss die Erhebung und Auswertung der Prozessqualität und Ergebnisqualität in den Vereinbarungen zum Modellvorhaben festgelegt werden.

### § 6 Empfehlungen zu weiteren Regelungsbestandteilen der Modellvorhaben

Die Modellvorhaben sollen zusätzlich folgende Regelungsbestandteile beinhalten:
– Regelungen zur Einbeziehung der Berufsangehörigen nach § 1 Abs. 1 in die ärztliche Versorgung unter Berücksichtigung der erforderlichen Vernetzung und Kommunikation („interprofessionelle Leitlinie").
– Die Partner des Bundesmantelvertrages treffen eine Vereinbarung, wonach im Rahmen von Modellvorhaben Leistungserbringer- und Betriebsstättennummern zur Verwendung von Vordrucken aus der vertragsärztlichen Versorgung vergeben werden.

### B. Besonderer Teil

Einzelne übertragbare ärztliche Tätigkeiten und Qualifikationsanforderungen

Bei den im Folgenden aufgeführten ärztlichen Tätigkeiten kann im Rahmen von Modellvorhaben eine Übertragung auf Berufsangehörige der Kranken- und Altenpflege zur selbständigen Ausübung von Heilkunde erfolgen. Die selbständige Ausübung von Heilkunde setzt voraus, dass die jeweils erforderliche Qualifikation gemäß § 4 Abs. 7 Krankenpflegegesetz (KrPflG) bzw. § 4 Abs. 7 Altenpflegegesetz (AltPflG) erworben wurde.

*1. Heilkundliche Tätigkeiten diagnosebezogen*

| Diagnose | Übertragbare ärztliche Tätigkeit | Definition von Art und Umfang | Qualifikation nach § 4 Krankenpflegegesetz bzw. Altenpflegegesetz |
|---|---|---|---|
| **1. Diabetes mellitus Typ 1** | **Assessment** | – Blutentnahmen kapillär sowie venös zur Routinediagnostik bzw. Verlaufskontrolle, körperliche Untersuchungen (u.a. Hautzustand der Extremitäten-Spritzstellen, BZ-Stickstellen, insb. Füße, Funktionsfähigkeit/genauigkeit BZ- Gerät sowie des Schuhwerks oder Wundzustandes) insbesondere im Kontext eines routinemäßigen Therapiemonitorings (inkl. Führen des Diab. Pass/HbA1c-Wert, Aceton, Insulininjektion, BZ-Werte) | – Wissen um Pathophysiologie, Diagnostik, Prävention und Therapie sowie Notfallmanagement der verschiedenen Diabetes Mellitus-Typen und ihrer Folgeerkrankungen (u.a. diabetesassoziierte Endorganschäden)<br>– Wissen um Varianten der körperlichen Untersuchungen im Kontext der Hauptdiagnose sowie ihrer Begleit- und Folgeerscheinungen und Wissen um Assessmentinstrumente (z.B. Schmerzeinschätzskala wie Numerische Rating-Skala Schmerz)<br>– Wissen um die Wirkzusammenhänge (nicht) medikamentöser bzw. (nicht)invasiver Interventionen |

| 1. Diabetes mellitus Typ 1 | Planung einzuleitender Interventionen (Algorithmus/ Behandlungspfad) | – Beratung des Patienten und aller am Prozess Beteiligten sowie des multiprofessionellen Teams über die notwendigen diagnoseabhängigen Interventionen und Maßnahmen und ihre Alternativen (Shared-Decision- Making-Process)<br>– Monitoring der Füße<br>– Erfassung und Analyse der Medikation(snebenwirkungen)<br>– Ernährungsberatung<br>– Hautpflege: insb. Füße und Hände<br>– Schulung sowie Folgeverordnungen gemäß „Häuslicher Krankenpflege- Richtlinie" (HKP-RiLi § 37 SGB V) | – Wissen um verschiedene (nicht)medikamentöse sowie (nicht)invasive Therapiemöglichkeiten des Diab. mell. Typ I und deren Konsequenzen sowie Umsetzung daraus ableitbarer heilkundlicher Maßnahmen (u.a. Verordnungen und Wundversorgung)<br>– Wissen zu Beratung und Anleitung zur gesundheitsfördernden Lebensführung (u.a. Ernährung und Bewegung, Sportschulung, Schule und Kindergarten)<br>– Wissen um und Umsetzung von Schulungen (u.a.mit/ohne Insulinbehandlung; mit/ohne Insulinpumpen; Fußpflege; Schmerzen bzw. bezogen auf Nebendiagnosen (wie z.B. Hypothyreose, Zöliakie) sowie Anleitungen zum Selbstmanagement (insbesondere hinsichtlich Compliance)<br>– Wissen um Versorgungsstrukturen und -angebote (Case Management) |

| 1. Diabetes mellitus Typ 1 | Umsetzung des Therapieplans | Prozesssteuerung und Durchführung therapeutischer Maßnahmen sowie deren Beurteilung, u.a.<br>– der Diab. Typ I assoziierten klinischen Werte (siehe Assessment)<br>– der geplanten Interventionen<br>– Information, Beratung und Anleitung von Patienten und anderer am Prozess Beteiligten im persönlichen Umfeld sowie<br>– Bewertung der Selbstmanagementfähigkeiten und Hilfebedarfe der Betroffenen (inkl. Monitoring der Füße) insbesondere im Kontext nachstationärer Versorgung (einschließlich ggf. notwendiger podologischer Verordnungen)<br>– in Kooperation mit dem Patienten und aller am Prozess Beteiligten frühzeitige Abstimmung des voraussichtlichen Entlassungstermins sowie die erforderlichen nachstationären Maßnahmen | – Wissen um Aufgabenprofile und Aufgabenbereiche der an der Diab. mell. Typ I Versorgung beteiligten Akteure und Fähigkeit zur Koordination der Leistungen<br>– Wissen um und Kompetenz zur Beurteilung klinischer Werte als Ergebnis therapeutischer Interventionen insbesondere im Kontext diabetesassoziierter möglicher Folgeschäden<br>– Wissen um Grundlagen, Auswahl, Anwendung und Evaluation von heilkundlichen Interventionen (u.a. Medikamentenwechselwirkung)<br>– Kompetenz zur Koordination (Case Management) der häuslichen Pflege- und Versorgungssituationen (u.a. verordnete Hilfsmittel) sowie zur Veranlassung vertragsärztlicher Überweisung an Fachärzte<br>– Fähigkeit zu Information, Beratung und Anleitung (u.a. hinsichtlich möglicher Folgeschäden)<br>– Wissen um die Gestaltung einer bedarfsgerechten Entlassung |

| 2. Diabetes mellitus Typ 2 | Assessment | | |
|---|---|---|---|
| | – | Blutentnahmen kapillär sowie venös zur Routinediagnostik bzw. Verlaufskontrolle, körperliche Untersuchungen (u.a. Hautzustand der Extremitäten sowie des Schuhwerks oder Wundzustandes) insbesondere im Kontext eines routinemäßigen Therapiemonitoring (inkl. Führen des Diab. Pass/HbA1c-Wert) | – Wissen um Pathophysiologie, Diagnostik, Prävention und Therapie sowie Notfallmanagement der verschiedenen Diabetes Mellitus-Typen und ihrer Folgeerkrankungen (u.a. diabetesassoziierte Endorganschäden sowie insbesondere der Diagnosen Diabetisches Fußsyndrom; Ulcus cruris venosum; Ulcus cruris arteriosum; Ulcus cruris mixtum; Dekubitalulcera)<br>– Wissen um Varianten der körperlichen Untersuchungen im Kontext der Hauptdiagnose sowie ihrer Begleit- und Folgeerscheinungen und Wissen um Assessmentinstrumente (z.B. Schmerzeinschätzskala wie NRS, Wund Assessment, FAS-PräDiFuß; Selbständigkeit analog NBA/GDS/Barthel)<br>– Wissen um die Wirkzusammenhänge (nicht)medikamentöser bzw. (nicht)invasiver Interventionen |

| 2. Diabetes mellitus Typ 2 | Planung einzuleitender Interventionen (Algorithmus/Behandlungspfad) | – Beratung des Patienten und aller am Prozess Beteiligten sowie des multiprofessionellen Teams über die notwendigen diagnoseabhängigen Interventionen und Maßnahmen und ihrer Alternativen (Shared-Decision-Making-Process)<br>– Monitoring der Füße (z.B. selbständiger Wundmanager der/die beauftragt wird) u.a. analog „Frankfurter Aktivitätenkatalog der Selbstpflege-Prävention Diabetisches Fußsyndrom" (FAS-PräDiFuß)<br>– Erfassung und Analyse der Medikation(snebenwirkungen) (Polypharmazie im Alter)<br>– Ernährungsberatung und Hypertonieschulung<br>– Versorgung Diagnosen analog chronische Wunden (Diabetisches Fußsyndrom; Ulcus cruris venosum; Ulcus cruris arteriosum; Ulcus cruris mixtum; Dekubitalulcera)<br>– Verordnung von Pflegehilfsmitteln (u.a. Rollator, Kontinenzmaterialien, etc.); Verbands- und Wundmaterialien (analog chronische Wunden); Materialien zur Insulinbehandlung<br>– sowie Folgeverordnung HKP-RiLi (§ 37 SGB V) | – Wissen um verschiedene (nicht)medikamentöse sowie (nicht)invasive Therapiemöglichkeiten des Diab. mell. Typ II und deren Konsequenzen sowie Umsetzung daraus ableitbarer heilkundlicher Maßnahmen (u.a. Verordnungen und Wundversorgung)<br>– Wissen zu Beratung und Anleitung zur gesundheitsfördernden Lebensführung (u.a. Ernährung und Bewegung, Hypertonieschulung)<br>– Wissen um und Umsetzung von Schulungen (u.a. mit/ohne Insulinbehandlung; mit/ohne Insulinpumpen; Fußpflege; Schmerzen bzw. bezogen auf Nebendiagnosen (wie z.B. Hypertonie) sowie Anleitungen zum Selbstmanagement (insbesondere hinsichtlich Compliance)<br>– Wissen um Versorgungsstrukturen und -angebote (Case Management) siehe oben |

| 2. Diabetes mellitus Typ 2 | Umsetzung des Therapieplans | Prozesssteuerung und Durchführung therapeutischer Maßnahmen sowie deren Beurteilung, u.a. | |
|---|---|---|---|
| | | – der Diab. Typ II assoziierten klinischen Werte (siehe Assessment) | – Wissen um Aufgabenprofile und Aufgabenbereiche der an der Diab. mell. Typ II beteiligten Akteure und Fähigkeit zur Koordination der Leistungen (auch im Kontext von DMP) |
| | | – der geplanten Interventionen (siehe chronische Wunden u.a. Diabetisches Fußsyndrom) | – Wissen um und Kompetenz zur Beurteilung klinischer Werte als Ergebnis therapeutischer Interventionen insbesondere im Kontext diabetesassoziierter möglicher Folgeschäden |
| | | – Information, Beratung und Anleitung | |
| | | – von Patienten und anderer am Prozess Beteiligten im persönlichen Umfeld sowie | – Wissen um Grundlagen, Auswahl, Anwendung und Evaluation von heilkundlichen Interventionen (u.a. Medikamentenwechselwirkung; Wundversorgung) |
| | | – Bewertung der Selbstmanagementfähigkeiten und Hilfebedarfe der Betroffenen (inkl. Monitoring der Füße z.B. analog | |
| | | • „Frankfurter Aktivitätenkatalog der Selbstpflege-Prävention Diabetisches Fußsyndrom" (FAS-PräDiFuß) insbesondere im Kontext nachstationärer Versorgung (inkl. notwendiger podologischer Verordnungen) | – Kompetenz zur Koordination (Case Management) der häuslichen Pflege- und Versorgungssituationen (u.a. verordnete Hilfsmittel; Wundmanagement) sowie zur Veranlassung vertragsärztlicher Überweisung an Fachärzte |
| | | – in Kooperation mit dem Patienten und aller am Prozess Beteiligten frühzeitige Abstimmung des voraussichtlichen Entlassungstermins sowie die Initiierung erforderlicher nachstationärer Maßnahmen | – Fähigkeit zu Information, Beratung und Anleitung (u.a. hinsichtlich möglicher Folgeschäden) |
| | | | – Wissen um die Gestaltung einer bedarfsgerechten Entlassung und deren Durchführung |

| | | | |
|---|---|---|---|
| 3. Chronische Wunden z.B. Ulcus cruris | Assessment Verlaufsdiagnostik | – Erfassung des Wundzustands inklusive Wundgröße und Wundinfektion und pathophysiologischer Ursachen sowie relevanter Begleitparameter; tiefe Wundabstriche<br>– Veranlassung von vertragsärztlichen Überweisungen zur weiterführenden Diagnostik (u.a. Konsil) | – Wissen über Pathophysiologie, Diagnostik und Therapie von Wunden und ursächlichen Erkrankungen (z.B. Diabetes mell.);<br>– Auswahl und Anwendung von Assessmentinstrumenten (u.a. Scoringskalen, GREIS-Modell, Ufer- Prinzip; URGE-Einteilung; Schmerzskala; Selbständigkeit analog NBA/GDS/Barthel) |
| 3. Chronische Wunden z.B. Ulcus cruris | Planung einzuleitender Interventionen (Algorithmus/ Behandlungspfad) | – Mitwirkung und Begleitung bei diagnosebedingter Intervention im multiprofessionellen Team des persönlichen Umfeldes der Betroffenen im Shared-Decision-Making-Process.<br>– Entscheidung über konkrete Vorgehensweise, z.B. konservatives Vorgehen, Debridement, weitere<br>– einzuleitende Maßnahmen<br>– Veranlassung von vertragsärztlichen Überweisungen bzw. Konsilen (z.B. Chirurgen, Internisten, Psychologen, Anästhesisten, etc.)<br>– Verordnungen (u.a. Hilfsmittel wie Gehstützen; Podologie entsprechend der Heilmittel-Richtlinie bei gleichzeitigem Vorliegen des diabetischen Fußsyndroms)<br>– Ernährungsberatung<br>– ggf. Verordnung von manueller Lymphdrainage nach Maßgabe der Heilmittel-Richtlinie | – Wissen um (nicht)medikamentöse und (nicht)invasive Therapiemöglichkeiten, falladäquate Auswahl geeigneter Interventionen und deren Auswirkungen sowie die Implikationen für das multiprofessionelle Team<br>– Wissen um Beratungsnotwendigkeiten und -möglichkeiten und Kompetenz zur Durchführung von Beratungen und<br>– Anleitung (u.a. Ernährungsberatung; Hypertonieschulung) sowie notwendige sozialräumliche Umfeldanpassungen etc.<br>– Wissen um Versorgungsstrukturen und -angebote (Case Management) |

7 Anhang

| 3. Chronische Wunden z.B. Ulcus cruris | Umsetzung des Therapieplans (Wundmanagement) | Prozesssteuerung und Durchführung therapeutischer Maßnahmen<br>– lokale Wundbehandlung:<br>– z.B. konservatives Vorgehen, Debridement, weitere einzuleitende Maßnahmen<br>– Information, Beratung und Anleitung von Patienten und anderer am Prozess Beteiligten im persönlichen Umfeld<br>– Bewertung des Behandlungsergebnisses; der Selbstmanagementfähigkeiten und Hilfebedarfe der Betroffenen insbesondere im Kontext der häuslichen Pflege-, Betreuungs- und Versorgungssituation<br>– bei stationärer Versorgung in Kooperation mit dem Patienten und aller am Prozess Beteiligten frühzeitige Abstimmung des voraussichtlichen Entlassungstermins sowie die Initiierung erforderlicher nachstationärer Maßnahmen | – Wissen um Aufgabenprofile und Aufgabenbereiche der am Wundmanagement beteiligten Akteure und Fähigkeit zur Koordination der Leistungen<br>– Wissen um Grundlagen (z.B. pharmakologisch, internistisch, chirurgisch), Auswahl, Anwendung und Evaluation von heilkundlichen Interventionen<br>– Wissen um Versorgungsstrukturen und -angebote für chronisch Kranke (u.a. Selbstmanagement, IV)<br>– Fähigkeit zu Information, Beratung und Anleitung<br>– Wissen um die Gestaltung einer bedarfsgerechten Entlassung und deren verantwortliche Durchführung |

| 4. (Verd. auf) **Demenz** (nicht palliativ) | Assessment | | |
|---|---|---|---|
| | | – Erfassung alters- und krankheitsbedingter beobachtbarer Verhaltensweisen sowie Symptome bzw. pathophysiologischer Ursachen unter Anwendung verschiedener Assessmentinstrumente<br>– Erfassung der Medikation im Kontext beobachtbarer Verhaltensweisen bzw. Symptome<br>– Veranlassung von weiterführender Diagnostik bzw. der Feststellung der Pflegebedürftigkeit | – Wissen über (Patho)Physiologie alters- bzw. krankheitsbedingter Begleiterscheinungen sowie Einschätzung von Pflegebedürftigkeit sowie der Abgrenzung dementieller Erkrankungen von altersbedingten sowie geronto-psychiatrischen Erkrankungen<br>– Auswahl und Anwendung von Assessmentinstrumenten (u.a. Geriatrisches Assessment; ADL, AFBL, Mini-Mental-Status-Test; Uhrentest; Time up and go-Test; NPI; AES-D; Selbständigkeit analog NBA/GDS/Barthel sowie bspw. QUALIDEM o. QUALID o. DEMQOL etc.) im Kontext des Diagnostikprozesses<br>– Wissen über (prä)diagnostische Maßnahmen, Therapie der verschiedenen Demenzformen sowie/und der Wirkzusammenhänge (nicht)medikamentöser Interventionen |

| 4. (Verd. auf) Demenz (nicht palliativ) | Planung einzuleitender Interventionen (Algorithmus/ Behandlungspfad) | | |
|---|---|---|---|
| | | – Mitwirkung und Begleitung bei diagnosebedingten Interventionen im multiprofessionellen Team des persönlichen Umfeldes der Betroffenen im Shared-Decision-Making-Process<br>– Entscheidung über Folgeverordnung bzw. deren Einleitung:<br>  – von Folgeverordnungen der häuslichen Krankenpflege HKP-RiLi § 37 SGB V<br>  – sozial-räumliche Umfeldanpassungen (u.a. Barrierefreiheit)<br>  – von Folgeverordnungen des Reha-Sports sowie<br>  – von Pflegehilfsmitteln (u.a. Rollator; Hüftprotektoren; Kontinenzmaterialien; Materialien zur Wundversorgung etc.)<br>– Erfassung und Analyse der Medikations(nebenwirkungen) im Kontext beobachtbarer Verhaltensweisen (u.a. herausforderndes Verhalten) bzw. Symptomen (auch psychopathologische) unter Anwendung verschiedener Assessmentinstrumente (u.a. aus Redufix) | – Wissen um (nicht)medikamentöse Therapiemöglichkeiten, rehabilitative und präventive (auch Tertiärprävention) Maßnahmen und deren Konsequenzen für die Betroffenen<br>– Wissen über und Anwendung fallanalytischer Instrumente (z.B. clinical reasoning; Serial-Trial-Intervention STI; PAINAD/BESD, DCM) zur situativen Bewertung von Verhaltensweisen<br>– Wissen und Umsetzungskompetenz daraus ableitbarer heilkundlicher Maßnahmen (u.a. Verordnung freiheitsentziehender Maßnahmen) sowie wirksamer Alternativen zu körpernahen Fixierungsmaßnahmen<br>– Wissen um Beratungsnotwendigkeiten und -möglichkeiten und Kompetenz zur Durchführung von Beratungen und Anleitung (z.B. Entlastungsangebote für pflegende Angehörige/Kurse nach § 45 SGB XI; § 37c SGB XI) sowie Initiierung notwendiger sozialräumlicher Umfeldanpassungen; Einbindung von Berufsbetreuern und Richtern etc. |

| 4. (Verd. auf) Demenz (nicht palliativ) | Umsetzung des Therapieplanes | Prozesssteuerung und Durchführung heilkundlicher Maßnahmen: |
|---|---|---|

Prozesssteuerung und Durchführung heilkundlicher Maßnahmen:

- Verhaltensbeobachtung (siehe Assessment) sowie Verlaufsdokumentation
- Bewertung der Selbstmanagementfähigkeiten und Hilfebedarfe der Betroffenen insbesondere im Kontext der
  - häuslichen Pflege-, Betreuungs- und Versorgungssituation
  - verordneten therapeutischen und pflegerischen Leistungen
- Information, Beratung und Anleitung von Patienten und anderer am Prozess Beteiligten im persönlichen Umfeld (Im Einzelfall gesetzliche Berufsbetreuer und Richter)
- in Kooperation mit dem Patienten und aller am Prozess Beteiligten frühzeitige Abstimmung des voraussichtlichen Entlassungstermins sowie Initiierung erforderlicher nachstationärer Maßnahmen

- Wissen um und Kompetenz zur Beurteilung von beobachtbaren Verhaltensweisen als Ergebnis therapeutischer Interventionen (u.a. Nebenwirkungsmanagement)
- Wissen um Grundlagen, Auswahl sowie Anwendung und Evaluation von heilkundlichen Interventionen (z.B. Medikamentenwechselwirkung mit Hilfe von CPOE)
- Kompetenz hinsichtlich Durchführungsverantwortung in der Koordination
  - der häuslichen Pflege- und Versorgungssituationen (u.a. Aushandlung mit Kassen über Verordnete Hilfsmittel) sowie
  - zu verordnender Leistungen (wie Physiotherapie bzw. Einbindung von Fachärzten sowie im Einzelfall gesetzlichen Betreuern und Richtern)
- Umsetzungskompetenz hinsichtlich Information, Beratung und Anleitung (u.a. Entlastungsangebote für pflegende Angehörige; Umgang mit herausforderndem Verhalten bzw. Notwendigkeiten freiheitseinschränkender Maßnahmen)
- Wissen um die Gestaltung einer bedarfsgerechten Entlassung und deren verantwortliche Durchführung

| 5. (Verd. auf) Hypertonus (ohne Schwangerschaft) | Assessment | – Erfassung alters- und krankheitsbedingter klinischer und familiärer (Risiko)Aspekte | – Wissen über (Patho)Physiologie verschiedener Hypertonusarten/-grade als Haupt- bzw. Nebendiagnose sowie deren Begleitsymptome, mikro- und makrovaskuläre Risikofaktoren (u.a. hinsichtlich Ernährung und Bewegung; Alter; Metabolisches Syndrom; altersspezifischer Verlaufs- und Komplikationsrisiken) bzw. Anzeichen hypertoner Krisen |
| | | | – Wissen über Diagnostik, Therapie der verschiedenen Hypertonusarten bzw. damit korrespondierender Erkrankungen (hier: kardiovasuläres Gesamtrisiko und Komorbiditäten) sowie/und der Wirkzusammenhänge (nicht)medikamentöser Interventionen |
| | | | – Auswahl und Anwendung von Assessmentinstrumenten (u.a. arriba oder PROCAM zur Identifizierung des Risikoscore/getrennt nach Geschlecht; BMI und Bauchumfang, HEALTH) |

| 5. (Verd. auf) Hypertonus (ohne Schwangerschaft) | Planung einzuleitenden der Interventionen (Algorithmus/ Behandlungspfad) | |
|---|---|---|
| | – Mitwirkung und Begleitung bei diagnosebedingten Interventionen im multiprofessionellen Team sowie des persönlichen Umfeldes der Betroffenen (Unterstützung im Shared-Decision- Making-Process) | – Wissen um und Planung des therapeutischen Managements, u.a. bezogen auf HD/ND; Risikofaktoren/ Komorbidität (medikamentöse/nicht medikamentöse Interventionen) |
| | – Ernährungsberatung und Anleitung im Medikamentenmanagement | – Wissen um und Planung von verhaltensmedizinischen Maßnahmen mit dem Ziel einer Verhaltensmodifikation (z.B. Ernährungsschulung, Rauchentwöhnung, Bewegungsgruppen); Primär- und Sekundärprävention |
| | – Hinweis auf einzuleitende Verordnungen von regelmäßigen Blutdruckkontrollen/ Laborkontrollen 24- Stunden-Blutdruckmessung; Diäten; etc. | – Wissen um Beratungsnotwendigkeiten und –möglichkeiten und Kompetenz zur Durchführung von Beratungen und Anleitung (u.a. gesundheitsförderlicher Lebensstil; Selbstmessungen des Blutdruckes; Ernährung; Medikamentenmanagement etc.) |
| | – Folgeverordnung ambulanter Pflege und Hauswirtschaft (HKP-RiLi § 37 SGB V) | – Wissen um Telemonitoring und Telemetrie |
| | | – Wissen um Versorgungsstrukturen und -angebote (Case Management) |

| 5. (Verd. auf) Hypertonus (ohne Schwangerschaft) | Umsetzung des Therapieplans | Prozesssteuerung und Durchführung: | |
|---|---|---|---|
| | | – Monitoring der Risikowerte/-profile (u.a. Blutdruck; BMI, Bauchumfang; Laborwerte etc.; <br> – Monitoring der (nicht) medikamentösen Interventionen (u.a. Bewertung der Selbstmanagementfähigkeiten/Compliance; u.a. der Hilfebedarfe der Betroffenen insbesondere im Kontext der nachstationären/ambulanten Versorgung) <br> – Information, Beratung und Anleitung von Patienten und anderer am Prozess Beteiligten im persönlichen Umfeld (z.B. analog arriba Beratungsbogen) <br> – in Kooperation mit dem Patienten und aller am Prozess Beteiligten frühzeitige Abstimmung des voraussichtlichen Entlassungstermins sowie die erforderlichen nachstationären Maßnahmen | – Wissen um und Kompetenz zur Beurteilung von beobachtbaren Verhaltensweisen als Ergebnis therapeutischer Interventionen (u.a. Nebenwirkungsmanagement) <br> – Kompetenz zur Koordination (Case Management) des therapeutischen Managements bezogen auf HD/ND und Risikofaktoren sowie extern zu erbringender Leistungen <br> – Wissen um Grundlagen, Auswahl, Anwendung und Evaluation von heilkundlichen Interventionen (u.a. analog arriba oder PROCAM; Hochdruckpass; Wiederholungs-ABDM sowie HEALTH <br> – Fähigkeit zu Information, Beratung und Anleitung und deren Evaluation <br> – Wissen um die Gestaltung einer bedarfsgerechten Entlassung |

## Abkürzungsverzeichnis
zum Besonderen Teil B, 1. Heilkundliche Tätigkeiten diagnosebezogen:

**BDM** - Ambulante Blutdruck-Langzeitmessung

**ADL** - Activities of Daily Living Assessment

**AES-D** - Apathy Evaluation Scale (German Version)

**Arriba** – Risikoscore (edv-gestütztes Verfahren zur Ermittlung des Herz-Kreislauf-Risikos für die Hausarztpraxis)

**Barthel** - Assessment: Barthel-Index

**BESD** - Beurteilung von Schmerz bei Demenz

**BMI** – Body Mass Index

**BZ** - Blutzucker

**CPOE** - Computerized Physician Order Entry (edv-gestützte Verfahren zur Bestimmung von Wechselwirkungen zwischen Arzneiwirkstoffen)

**DCM** - Dementia Care Mapping

**DEMQOL** - das Instrument wird nur mit einem Akronym bezeichnet, weil bereits ein anderer Dementia-Quality-of-Life-Fragebogen, der DQoL, existiert

**DMP** - Disease Management Programme

**FAS-PräDiFuß** - Frankfurter Aktivitätenkatalog der Selbstpflege – Prävention Diabetisches Fußsyndrom

**GDS** - Geriatric Depression Scale Assessment

**GREIS-Modell** - Assessment zur strukturierten Dokumentation von Hautwunden

**HD/ND** – Hauptdiagnose/Nebendiagnose

**HEALTH** - Hamburger Module zur Erfassung allgemeiner Aspekte psychosozialer Gesundheit für die therapeutische Praxis

**HKP-RiLi** - Häusliche Krankenpflege-Richtlinie

**NBA** - Neues Begutachtungsassessment SGB XI

**NPI** - Neuropsychiatrisches Inventar

**NRS** - Numerische Rating Skala

**PAINAD** - Pain Assessment in Advanced Dementia Scale

**PROCAM** - Prospective Cardiovascular Münster Heart Study, Risikoscore (edv-gestütztes Verfahren zur Ermittlung des Herz-Kreislauf-Risikos)

**QUALID** - Quality of Life in Late-Stage Dementia

**QUALIDEM** - Quality of life in dementia Test

**Redufix** - Projekt zur Reduktion körpernaher Fixierung

**STI** – Serial Trial Intervention

**Ufer-Prinzip** - Assessment zur strukturierten Dokumentation von Hautwunden

**URGE Einteilung** - Assessment zur strukturierten Dokumentation von Hautwunden

2. *Heilkundliche Tätigkeiten prozedurenbezogen*

| Übertragbare ärztliche Tätigkeit | Definition von Art und Umfang | Qualifikation nach § 4 Krankenpflegegesetz bzw. Altenpflegegesetz |
|---|---|---|
| Infusionstherapie/ Injektionen | Anlage, Kontrolle, Sicherstellung, Entfernen, Erneuerung von peripheren Venenverweilkanülen | – Kenntnisse der Anatomie der Venen und des menschlichen Kreislaufs<br>– Kenntnisse zu Indikationen, Kontraindikationen und Komplikationen von peripheren Venenverweilkanülen<br>– Kenntnisse zu Prozessstandards in Bezug auf periphere Venenverweilkanülen<br>– Beherrschen der grundlegenden Fertigkeiten zur Venenpunktion und zum Umgang mit peripheren Zugängen |
| Infusionstherapie/ Injektionen | Venöse Blutentnahme nach Behandlungspfad/Standard oder spezieller Anordnung | – Kenntnisse der Anatomie der Venen und des menschlichen Kreislaufs und zu Indikation, Kontraindikation und Komplikationen venöser Blutabnahmen<br>– Kenntnisse zu Prozessstandards in Bezug auf venöse Blutentnahmen<br>– Beherrschen der grundlegenden Fertigkeiten zur Venenpunktion |
| Infusionstherapie/ Injektionen | Kenntnisnahme von definierten Laborwerten und ggf. Ableitung/Veranlassung entsprechender Maßnahmen nach Standard | – Kenntnisse der einzelnen Normwerte von Standardlaborparametern liegen vor<br>– Einschätzung von Normabweichungen von definierten Laborwerten und Einleitung von geeigneten Maßnahmen nach einem festgelegten Standard |
| Infusionstherapie/ Injektionen | Flüssigkeitssubstitution: Planung und Durchführung nach Standard (Infusionsplan) und Kontrolle | – Kenntnisse des Elektrolyt- und Flüssigkeitshaushalt<br>– Fähigkeit zum Schätzen des Substitutionsbedarfs eines Patienten und zur Evaluation des Bedarfs liegt vor<br>– Beherrschen der grundlegenden Fertigkeiten zur Durchführung und Überwachung einer Infusionstherapie |

| | | |
|---|---|---|
| Infusionstherapie/ Injektionen | Parenterale Ernährung, Durchführung, Anpassung nach Standard (SOP) | – Kenntnisse zur Einschätzung des Ernährungszustandes und des Malnutritionsrisikos eines Patienten<br>– Fähigkeit zur Einschätzung des Nährstoffbedarfs eines Patienten und zur Planung der par-enteralen Ernährung unter Berücksichtigung von Standards (SOP)<br>– Beherrschen der grundlegenden Fertigkeiten zur Durchführung und Überwachung einer Infusionstherapie |
| Infusionstherapie/ Injektionen | Anlegen von (Kurz-) Infusionen | – Kenntnisse zu Indikationen, Kontraindikationen und Komplikationen von per Kurzinfusion applizierten Wirkstoffen<br>– Beherrschen der grundlegenden Fertigkeiten zur Durchführung und Überwachung einer Infusionstherapie mit Medikamentenzusätzen |
| Infusionstherapie/ Injektionen | Antibiose anhängen | – Kenntnisse zu Indikationen, Kontraindikation und Nebenwirkungen von Antibiotika<br>– Beherrschen der grundlegenden Fertigkeiten zur Durchführung und Überwachung einer Infusionstherapie mit Antibiose |
| Infusionstherapie/ Injektionen | i.v.- Injektionen und Injektionen in liegende Infusionssysteme von Medikamenten (Selektion durch Positivliste) nach Anordnung/Verordnung | – Kenntnisse zu Indikationen, Kontraindikationen und Komplikationen von verschiedenen applizierten i.v. Medikamenten<br>– Beherrschen der grundlegenden Fertigkeiten zur Durchführung und Überwachung einer venösen Bolusinjektion |
| Infusionstherapie/ Injektionen | Intravenöse Applikation von Zytostatika mit Positivliste nach festgelegtem Schema (in der Regel über liegenden Portkatheter) oder nach spezieller Anordnung | – Kenntnisse zu Indikationen, Kontraindikationen und Komplikationen von Zytostatika<br>– Beherrschen der grundlegenden Fertigkeiten zur Durchführung und Überwachung einer Infusionstherapie mit Zytostatika<br>– Kenntnisse über Portkatheterpflege |

| | |
|---|---|
| **Stomatherapie** | Versorgung eines Stomas Festlegung Wundmanagement, Auswahl Versorgungssystem, Anleitung Patient und/oder von Angehörigen bzw. Betreuungspersonal | – Kenntnisse zur Anatomie und Indikation eines Stomas und zu lokalen Komplikationen<br>– Kenntnisse zu Prozessstandards in Bezug auf die Versorgung eines Stomas<br>– Kenntnisse über die aktuellen Regelungen zur Verordnung von Material zur Stomaversorgung<br>– Beherrschen der grundlegenden Fertigkeiten zur Reinigung, Überwachung und Versorgung eines Stomas<br>– Beherrschen der Fähigkeit, die Wundheilung festzustellen und Überblick über die entsprechende evidenzbasierte Wundtherapie im Zusammenhang mit einem Stoma<br>– Beratungskompetenz zur Information, Schulung und Beratung eines betroffenen Patienten und/oder von Angehörigen bzw. Betreuungspersonal |
| **Wechsel von Trachealkanülen** | Wechsel von Trachealkanülen bei ausgebildetem Wundkanal, Festlegung, Durchführung, Kontrolle, Anpassung | – Kenntnisse zur Anatomie des Halses und zu Arten, Indikationen, Kontraindikationen und Komplikationen von Trachealkanülen<br>– Beherrschen der grundlegenden Fertigkeiten zur Kontrolle und zum Wechsel einer Trachealkanüle und zur Beobachtung der Atmung |
| **Tracheostomamanagement** | Tracheostomamanagement Kontrolle von (Schleim-) Haut, Wunde, Verbandwechsel, Wundtherapie, Entblockung der Trachealkanüle, Kontrolle/Messung des Cuffdruck, Auswahl der Trachealkanüle, Wechsel, Säuberung und Aufbereitung von Innen- und Außenkanüle, Anleitung von Patienten und Angehörigen bzw. Betreuungspersonal zur eigenständigen Übernahme | – Kenntnisse zur Anatomie des Halses und zu Arten, Indikationen, Kontraindikationen und Komplikationen von Trachealkanülen<br>– Beherrschen der grundlegenden Fertigkeiten der Wundversorgung im Rahmen eines Tracheostomas unter zu Grunde Legung der entsprechenden evidenzbasierten Wundtherapie<br>– Beherrschen der grundlegenden Fertigkeiten zur Kontrolle und zum Wechsel einer Trachealkanüle und zur Beobachtung der Atmung<br>– Beratungskompetenz zur Information, Schulung und Beratung eines betroffenen Patienten bzw. Angehörigen/ Betreuungspersonal |

| | | |
|---|---|---|
| Anlage und Versorgung Magensonde | Magensonde transnasal, Anlage, Vorbereitung, Lagekontrolle, Sondenpflege nach Standard | – Kenntnisse zu Arten, Indikationen, Kontraindikationen und Komplikationen von transnasalen Magen- bzw. Duodenalsonden<br>– Kenntnisse zu Prozessstandards in Bezug auf die Versorgung einer transnasalen Magensonde<br>– Beherrschen der Fertigkeiten zum Legen bzw. Wechseln und Überwachen einer transnasalen Magensonde |
| Legen und Überwachen eines transurethralen Blasenkatheters | Transurethraler Blasen(dauer-)katheter: Katheterisieren, Blasenspülung, Anlage, Kontrolle, Wechsel, nach Standard | – Kenntnisse zu Arten, Indikationen, Kontraindikationen und Komplikationen von transurethralen Blasenkathetern<br>– Kenntnisse zu Prozessstandards in Bezug auf die Versorgung eines transurethralen Blasenkatheters<br>– Beherrschen der grundlegenden Fertigkeiten zum Legen bzw. Wechseln eines transurethralen Blasenkatheters<br>– Beherrschen der Fertigkeit, die Lage eines Blasendauerkatheters zu überwachen und den Patienten auf Zeichen eines Harnwegsinfektes zu überwachen |
| Versorgung und Wechsel eines suprapubischen Blasenkatheters | Versorgung und Wechsel eines suprapubischen Blasenkatheters: Wundversorgung, Verbandswechsel, Katheterwechsel bei ausgebildetem Wundkanal | – Kenntnisse zur lokalen Anatomie, zu Arten, Indikationen, Kontraindikationen und Komplikationen von suprapubischen Blasenkathetern<br>– Kenntnisse zu Prozessstandards in Bezug auf die Versorgung eines suprapubischen Blasenkatheters<br>– Beherrschen der grundlegenden Fertigkeiten zum Wechseln eines suprapubischen Blasenkatheters bei ausgebildetem Wundkanal<br>– Beherrschen der Fertigkeit, die Lage eines suprapubischen Blasendauerkatheters zu überwachen und den Patienten auf Zeichen eines Harnwegsinfektes zu überwachen |
| Ableitungen/ Entlastungen/ Zugänge | Verordnung von/Versorgung mit Medizinprodukten und Pflegehilfsmitteln | – Kenntnisse über die aktuellen Regelungen zur Verordnung von Medizinprodukten und Pflegehilfsmitteln |

| | | |
|---|---|---|
| Atemtherapie | Inhalationstherapie und Atemgymnastik: Vorbereitung, Durchführung und Kontrolle | – Kenntnisse zu Ventilationsstörungen, Indikationen und Kontraindikationen atmungsfördernder Therapien und Inhalationstherapien<br>– Kenntnisse zu Prozessstandards in Bezug auf die Durchführung einer Inhalationstherapie und zur Atemgymnastik<br>– Beherrschen der Fertigkeiten, die Atmung eines Patienten zu überwachen und sein Risiko einer Ventilationsstörung zu evaluieren<br>– Beherrschen der Fertigkeiten zur Durchführung einer Inhalationstherapie bzw. einer Atemgymnastik<br>– Beratungskompetenz zur Information, Schulung und Beratung eines betroffenen Patienten bzw. von Angehörigen/Betreuungspersonal |
| Ernährung/ Ausscheidung | Krankheitsbezogene Ernährung/Diät; Ernährungsplan, Festlegung, Beratung spezielle Ernährung, Umsetzung, Überprüfung, Organisation | – Kenntnisse zur Einschätzung des Ernährungszustandes und des Malnutritionsrisikos eines Patienten<br>– Kenntnisse zu krankheitsbedingten Einschränkungen der Ernährung<br>– Beherrschen der Fertigkeiten zur Einschätzung des Nährstoffbedarfs eines Patienten in Kombination mit Einschränkungen infolge einer Erkrankung und zur Planung einer bedarfsgerechten Ernährung<br>– Beherrschen der Fertigkeiten zur Koordination einer Ernährungsplanung mit beteiligten Berufsgruppen<br>– Beratungskompetenz zur Information, Schulung und Beratung eines betroffenen Patienten bzw. von Angehörigen/Betreuungspersonal |
| Ernährung/ Ausscheidung | Bilanz Ernährung und Flüssigkeit: Erfassung, Maßnahmenableitung, Durchführung | – Kenntnisse zur Berechnung und Einschätzung der Flüssigkeitsbilanz<br>– Kenntnisse zu krankheitsbedingten Veränderungen der Ausscheidungsfunktion<br>– Beherrschen der Fertigkeiten zur Einschätzung des Flüssigkeitsbedarf eines Patienten in Kombination mit Einschränkungen infolge einer Ausscheidungsstörung und zur Planung einer bedarfsgerechten Flüssigkeitszufuhr |

| Ernährung/ Ausscheidung | Festlegung, Verabreichung und Überwachung und Flüssigkeit enteral, Sondieren über Magensonde | – Kenntnisse zur Einschätzung des Ernährungszustandes und des Malnutritionsrisikos eines Patienten<br>– Kenntnisse zu krankheitsbedingten Einschränkungen der Ernährung<br>– Beherrschen der Fertigkeiten zur Einschätzung des Nährstoffbedarfs eines Patienten in Kombination mit Einschränkungen infolge einer Erkrankung und zur Planung einer bedarfsgerechten Ernährung<br>– Beherrschen der Fertigkeiten zur Einschätzung des Flüssigkeitsbedarf eines Patienten in Kombination mit Einschränkungen infolge einer Ausscheidungsstörung und zur Planung einer bedarfsgerechten Flüssigkeitszufuhr<br>– Beherrschen der Fertigkeiten zur Koordination einer Ernährungsplanung mit beteiligten Berufsgruppen<br>– Beherrschen der grundlegenden Fertigkeiten zur Durchführung einer enteralen Ernährung per PEG oder transnasaler Magensonde<br>– Beherrschen der grundlegenden Fertigkeiten zur Reinigung, Überwachung und Versorgung einer PEG<br>– Beratungskompetenz zur Information, Schulung und Beratung eines betroffenen Patienten bzw. von Angehörigen/Betreuungspersonal |
| Ernährung/ Ausscheidung | Stuhlregulation (Vorbedingung: ärztliche Diagnostik zur Abklärung notwendiger medizinischer Intervention z. B bei Ileus): Maßnahme, Durchführung von abführenden Maßnahmen und orthograde und retrograde Darmreinigung nach Standard | – Kenntnisse zur Einschätzung von Veränderungen der Defäkation<br>– Kenntnisse zu krankheitsbedingten Einschränkungen der Defäkation<br>– Beherrschen der Fertigkeiten zur Einschätzung des Unterstützungsbedarfs eines Patienten in Bezug auf Ausscheidungsstörungen und zur bedarfsgerechten Maßnahmenplanung<br>– Beherrschen der grundlegenden Fertigkeiten zur Durchführung abführender Maßnahmen und zur Darmreinigung<br>– Beratungskompetenz zur Information, Schulung und Beratung eines betroffenen Patienten bzw. von Angehörigen/Betreuungspersonal |

| | | |
|---|---|---|
| Schmerztherapie/-management | Schmerzerfassung, Medikation nach Standard (Positivliste), Überprüfung, Anpassung nach Standard | – Kenntnisse zur Einschätzung bzw. Erfassung von Schmerzqualität und -quantität<br>– Kenntnisse zu Folgen akuter und chronischer Schmerzen für die Lebensführung<br>– Kenntnisse zu Indikation, Kontraindikation und Nebenwirkungen der im Standard festgelegten Medikation<br>– Beherrschen der grundlegenden Fertigkeiten zur Einschätzung des Unterstützungsbedarf eines Patienten in Bezug auf komplementäre Schmerztherapie und zur Planung bedarfsgerechter Maßnahmen<br>– Beratungskompetenz zur Information, Schulung und Beratung eines betroffenen Patienten bzw. von Angehörigen/Betreuungspersonal |
| Patientenmanagement Casemanagement Überleitungsmanagement bei Entlassung aus der stationären Behandlung | Vorbereitung der ärztlichen Behandlung inklusive Veranlassung notwendiger diagnostischer Maßnahmen nach Standard/Pfaden | – Kenntnisse zu diagnostischen Maßnahmen nach Standard/Pfaden<br>– Kenntnisse zu medizinischer Diagnostik und Therapie |
| Patientenmanagement Casemanagement Überleitungsmanagement | Aufklärung und Beratung Nach Aufklärung durch den Arzt über Diagnostik / Therapie/Prognose, weiterführende Beratungs- / Aufklärungsgespräche Organisation der Beratung durch Betroffene/Selbsthilfe | – Kenntnisse zu diagnostischen Maßnahmen nach Standard/Pfaden<br>– Kenntnisse zu medizinischer Diagnostik und Therapie<br>– Beratungskompetenz zur Information, Schulung und Beratung eines betroffenen Patienten bzw. von Angehörigen/Betreuungspersonal |

| | | |
|---|---|---|
| Patientenmanagement Casemanagement Überleitungsmanagement | Auswahl, Festlegung, Beratung und Organisation von Bewegungs-, Mobilisations- und Lagerungsmitteln | – Kenntnisse zu Möglichkeiten ambulanter Betreuung und Möglichkeiten der Finanzierung ambulanter Leistungen<br>– Kenntnisse über die aktuellen Regelungen zur Verordnung von Medizinprodukten und Pflegehilfsmitteln<br>– Kenntnisse zum Umgang mit und Beschaffung von Pflegehilfsmitteln<br>– Beherrschen der grundlegenden Fertigkeiten zur Bedienung und Überwachung von Medizinprodukten und Pflegehilfsmitteln nach MPG<br>– Beratungskompetenz zur Information, Schulung und Beratung eines betroffenen Patienten bzw. von Angehörigen/ Betreuungspersonal |
| Patientenmanagement Casemanagement Überleitungsmanagement | Medikation und Verbandmaterial (Bedarfserfassung, Beschaffung zur Fortführung der klinischen Diagnostik, Therapie und Indikation) | – Kenntnisse zu Möglichkeiten ambulanter Betreuung und Möglichkeiten der Finanzierung ambulanter Leistungen<br>– Kenntnisse zur Einschätzung und Beschaffung von Bedarf an Medikation und Verbandmaterial<br>– Beratungskompetenz zur Information, Schulung und Beratung eines betroffenen Patienten bzw. von Angehörigen/Betreuungspersonal |
| Patientenmanagement Casemanagement Überleitungsmanagement | Organisation und Bereitstellung sonstiger Pflegehilfsmittel und Medizinprodukte (ggf. Geräteunterweisung) | – Kenntnisse zu Möglichkeiten ambulanter Betreuung und Möglichkeiten der Finanzierung ambulanter Leistungen<br>– Kenntnisse zu Hilfsmitteln und MPG<br>– Kenntnisse über die aktuellen Regelungen zur Verordnung von Medizinprodukten und Pflegehilfsmitteln<br>– Beherrschen der grundlegenden Fertigkeiten zur Bedienung und Überwachung von Medizinprodukten und Pflegehilfsmitteln nach MPG<br>– Beratungskompetenz zur Information, Schulung und Beratung eines betroffenen Patienten bzw. von Angehörigen/Betreuungspersonal |
| Psychosoziale Versorgung | Beratung und Betreuung Angehöriger zur Krankheits- und Situationsbewältigung | – Beherrschen der grundlegenden Fertigkeiten zur Einschätzung des Unterstützungsbedarfs eines Angehörigen in Bezug auf Krankheitsbewältigung<br>– Beratungskompetenz zur Information, Schulung und Beratung eines betroffenen Angehörigen<br>– Gesprächskompetenz zur partnerzentrierten Gesprächsführung |

249

| Psychosoziale Versorgung | Beratung zu Hilfe zur Selbsthilfe, Hilfsangeboten, Krankheits- und Defizitbewältigung | – Beherrschen der grundlegenden Fertigkeiten zur Einschätzung des Unterstützungsbedarfs eines Patienten in Bezug auf Krankheitsbewältigung <br> – Beratungskompetenz zur Information, Schulung und Beratung eines betroffenen Patienten <br> – Gesprächskompetenz zur partnerzentrierten Gesprächsführung |
|---|---|---|
| Psychosoziale Versorgung | Beratung und Betreuung in besonderen Lebenssituationen, außergewöhnlichen Lebensumständen | – Beherrschen der grundlegenden Fertigkeiten zur Einschätzung des Unterstützungsbedarfs eines Patienten in Bezug auf Krankheitsbewältigung <br> – Beratungskompetenz zur Information, Schulung und Beratung eines betroffenen Patienten <br> – Gesprächskompetenz zur partnerzentrierten Gesprächsführung |
| Psychosoziale Versorgung | Beratung zur Sekundärprävention | – Kenntnisse zu diagnostischen Maßnahmen im Rahmen der Sekundärprävention <br> – Beherrschen der grundlegenden Fertigkeiten zur Einschätzung des Informations- und Schulungsbedarf eines Patienten in Bezug auf Sekundärprävention <br> – Beratungskompetenz zur Information, Schulung und Beratung eines betroffenen Patienten <br> – Gesprächskompetenz zur partnerzentrierten Gesprächsführung |